国家开放大学
THE OPEN UNIVERSITY OF CHINA

U0868083

国家开放教育汽车类专业(专科)规划教材
全国汽车职业教育人才培养工程规划教材

# 汽车金融与服务

国家开放大学汽车学院组织编写
康桂英　编

人民交通出版社股份有限公司·北京
中央广播电视大学出版社·北京

## 内 容 提 要

本书为国家开放教育汽车类专业(专科)规划教材、全国汽车职业教育人才培养工程规划教材之一。主要内容包括:汽车金融与服务概述、汽车金融公司、国内外汽车金融服务业、汽车消费信贷、汽车保险服务、汽车置换服务、汽车租赁服务、汽车金融产品设计与开发。

本书可作为高等职业技术学院和高等专科学校汽车类专业的教材,也可供从事汽车维修、汽车营销的工程技术人员参考。

**图书在版编目(CIP)数据**

汽车金融与服务 / 康桂英主编. —北京:人民交通出版社股份有限公司:中央广播电视大学出版社,2017.11

ISBN 978-7-114-14249-9

Ⅰ.①汽… Ⅱ.①康… Ⅲ.①汽车—金融 Ⅳ.①F830.571 ②F840.63

中国版本图书馆 CIP 数据核字(2017)第 246005 号

**书　　名**:汽车金融与服务
**著 作 者**:康桂英
**责任编辑**:郭　跃
**出版发行**:人民交通出版社股份有限公司
　　　　　中央广播电视大学出版社
**地　　址**:(100011)北京市朝阳区安定门外外馆斜街 3 号
　　　　　(100039)北京市海淀区西四环中路 45 号
**网　　址**:http://www.ccpress.com.cn
　　　　　http://www.crtvup.com.cn
**销售电话**:(010)59757973
　　　　　(010)66490011
**总 经 销**:人民交通出版社股份有限公司发行部
**经　　销**:各地新华书店
**印　　刷**:北京交通印务有限公司
**开　　本**:787×1092　1/16
**印　　张**:16.75
**字　　数**:360 千
**版　　次**:2017 年 11 月　第 1 版
**印　　次**:2022 年 7 月　第 3 次印刷
**书　　号**:ISBN 978-7-114-14249-9
**定　　价**:40.00 元
(有印刷、装订质量问题的图书由本公司负责调换)

# 总　　序

国家开放大学汽车学院是国家开放大学的二级学院。其前身为北京中德合力技术培训中心与中央广播电视大学(现国家开放大学)于2004年创建的汽车专业(专科)。经过多年的教学努力与经验积累,以及北京中德合力技术培训中心与国家开放大学、中国汽车维修行业协会、中国汽车文化促进会鼎力合作,2013年11月26日国家开放大学汽车学院正式成立。

在2003年颁布的《教育部等六部门关于实施职业院校制造业和现代服务业技能型紧缺人才培养培训工程的通知》中,汽车维修专业被确定为紧缺人才专业。为满足教学需要,由北京中德合力技术培训中心负责组织编写,中央广播电视大学出版社出版了汽车专业(专科)系列教材,包括27本文字教材和相配套的课程形成性考核册、音像资料等。2008年5月,远程开放教育首届汽车维修专业500多名专科毕业生走向社会,受到行业普遍欢迎。十几年来,国家开放大学累计培养汽车专业(专科)毕业生近3万人,社会评价较高。

2015年年底,按照教育部最新颁布的《普通高等学校高等职业教育(专科)专业目录(2015年版)》,国家开放大学汽车学院对已开设的开放教育汽车(汽车维修方向)专业、汽车(汽车营销方向)专业两个专业和"新型产业工人培养和发展助力计划"汽车检测与维修技术专业、汽车技术服务与营销专业两个专业进行了合并,重新设置了汽车运用与维修技术、汽车营销与服务两个专业(专科),制定了新专业的人才培养方案。为满足新专业的教学需要,汽车学院组织编写了本套国家开放教育汽车类专业(专科)规划教材、全国汽车职业教育人才培养工程规划教材。本套教材具有如下特点:

第一,针对性强。教材内容的选择、深浅程度的把握、编写体例严格按照国家开放大学关于开放教育教材的编写要求进行,满足成人教育的需要。

第二,专业特色鲜明。汽车运用与维修技术、汽车营销与服务两个专业(专科)是应用型专业。教材主编均为来自高校和汽车维修、营销一线的专家,他们的教学和实践经验丰富,所选内容能够强化实训环节,理论和实训部分比例适当,联系紧密,实用性强。

第三,采用互联网科技。全套教材实现了文字教材+二维码,引入了二维、三维动画和音视频等学习资源,对传统教材是一大突破,增加了教材的可读性、可视性、知识性和趣味性。

第四,整合优质资源。本套教材是由中央广播电视大学出版社、人民交通出版社股份有限公司联合出版发行的国家开放教育汽车类专业(专科)规划教材、全国汽车职业教育人才培养工程规划教材,面向国家开放大学系统和全社会公开发行,不但适合国家开放大学的需要,也适合其他高等职业院校汽车运用与维修技术、汽车营销与服务专业(专科)的教学需要。

在本套教材的组编过程中,国家开放大学就规划教材如何做出鲜明行业特色做了重要指示。北京中德合力技术培训中心承担了教材编写、审定的组织实施及出版、发行等环节的沟通协调工作。中国汽车维修行业协会积极调动行业资源，深入参与教材的组织编写，人民交通出版社股份有限公司积极提供二维码资源。中国汽车文化促进会积极推荐主编人选，参与教材编写的组织工作。各教材主编、参编老师和专家们认真负责、兢兢业业，确保教材的组编工作如期完成。没有他们认真负责的工作和辛勤的劳动付出，本套教材的编写、出版、发行就不可能这么顺利进行。借此机会，对所有参与、关心、支持本套教材编辑、出版、发行的先生、女士表示衷心感谢！

本套教材编写时间紧，协调各方优质资源任务重，难免存有不足之处，还请使用者批评指正，不吝赐教。

**2017 年 8 月**

# 前　言

《汽车金融与服务》是国家开放教育汽车类专业(专科)规划教材、全国汽车职业教育人才培养工程规划教材之一。

汽车金融是汽车产业与金融的结合,是当前产业金融的重要研究领域之一。汽车金融服务是依托并促进汽车产业发展的金融服务。当今世界,整个汽车产业的价值链已经发生了根本性的变化,金融与服务成为最有价值的环节之一。未来的汽车市场将不再是单纯车型的竞争,而是围绕汽车金融与服务展开的竞争。竞争的结果将决定未来汽车市场的格局。

本书试图讨论我国汽车金融与服务的发展模式,探讨国外汽车金融发展与服务经验,对我国新兴的汽车金融及服务具有重要的参考和借鉴作用。

本书分为8章,包含汽车金融和汽车服务两部分内容。通过理论学习,学生能够了解汽车金融的概念、特点和作用,熟悉汽车金融体系、汽车金融与金融业、汽车金融与汽车产业以及汽车金融服务等专业知识,以便对后面的汽车金融与服务具体业务的学习;能够进一步了解汽车金融机构以及汽车金融公司的监管,认识到我国目前的汽车消费信贷现状、汽车消费信贷模式、汽车金融的风险及防范;了解汽车金融公司融资结构的理论知识及基本内涵,学习汽车金融公司融资结构的基本模型和主要融资形式;了解盈利模式的概念,学习汽车金融公司盈利模式的分类以及各种类型的区别,比较国内外各种汽车金融盈利模式,能够结合中国现阶段汽车金融盈利模式的特点提出优化方案。通过对实务部分的学习,学生能够了解汽车消费信贷的概念、基本内容、特征以及目前中国汽车消费信贷的发展现状和解决办法,掌握汽车消费信贷的操作实务;了解汽车保险的基本理念、职能和作用以及汽车保险的险种类别与方案;学习和掌握汽车保险的基本流程、汽车消费信贷保证保险的基本条款和业务流程;初步了解什么是汽车租赁,对汽车租赁业务实务、汽车租赁企业的经营管理模式以及汽车租赁企业如何防范在业务中可能出现的风险;掌握汽车置换与二手车交易的概念,了解国内外二手车及汽车置换的现状及发展,学会二手车评估方法,提高实践认知能力;理解汽车金融产品设计的定义、特点和分类,并对汽车金融产品的设计与开发进行大致的了解。

根据开放式教育的特点,书中配有二维码,扫码后即可观看相关的动画或视频。本书二维码由人民交通出版社股份有限公司提供。

本书由国家开放大学汽车学院策划组稿,由北京理工大学康桂英老师编写,康桂英老师同时负责本书的统稿和最后定稿工作。北京理工大学图书馆馆长徐文国,书记郑焱,副馆长崔宇红、姚文莉以及杨璐露、王飒、赵琳、吕席卷、赵志英等老师在文献资料检索方面的帮助，在此一并表示感谢。最后，还要感谢为本教材的出版提供大力帮助的人民交通出版社股份有限公司和中央人民广播电视大学出版社。

由于编者能力有限，加之编写时间紧张，在文献资料的收集上出现疏忽在所难免。在此，诚恳期待各界专家及读者提出宝贵意见，以便我们及时修订与完善。

**编　者**

**2017 年 8 月**

# 学习指南

## 0.1 学习目标

完成本课程的学习后，你将达到以下目标：

1. 认知目标

（1）掌握汽车金融、汽车金融服务、汽车金融公司、汽车消费信贷、汽车保险、汽车置换、汽车租赁等基本概念。

（2）掌握新形势下我国汽车金融服务的发展方向及经营模式。

2. 技能目标

（1）熟悉汽车消费信贷、汽车保险服务、汽车置换以及汽车租赁的基本业务流程与操作实务。

（2）识别汽车金融公司、银行、保险公司、汽车租赁公司、汽车经销公司等企业机构从事的汽车消费信贷、汽车保险服、汽车置换以及汽车租赁等方面的服务。

（3）能进行汽车消费信贷、汽车保险、汽车置换及汽车租赁的实务操作流程。

3. 情感目标

（1）具有良好的语言表达与社会沟通能力。

（2）具有良好的组织与协调能力。

（3）具有良好的团队合作精神。

（4）具有良好的职业道德与行为操守。

## 0.2 学习内容

本教材包括以下内容：

1. 汽车金融理论

通过本章学习，了解汽车金融的概念、特点和作用；熟悉汽车金融体系、汽车金融与金融业、汽车金融与汽车产业以及汽车金融服务；并对汽车金融进行大概了解。

2. 汽车金融公司

通过本章学习，了解汽车金融公司以及汽车金融公司的监管，认识到我国目前的汽车信贷现状、汽车消费信贷模式、汽车金融的风险及防范。

3. 国内外汽车金融服务业

通过本章学习，了解国内外汽车金融服务业的发展现状、历程及发展趋势。

4. 汽车消费信贷

通过本章学习，了解汽车消费信贷的概念、基本内容、特征以及目前中国汽车消费信贷的发展现状和解决办法，掌握汽车消费信贷的操作实务。

5. 汽车保险服务

通过本章学习，了解汽车保险的基本概念、职能和作用以及汽车保险的险种类别与方案，学习和掌握汽车保险的基本流程、汽车消费信贷保证保险的基本条款和业务流程。

6. 汽车置换服务

通过本章学习，掌握汽车置换与二手车交易的概念和定义，了解国内外二手车及汽车置换的发展现状，学会二手车评估方法，提高实践认知能力。

7.汽车租赁服务

通过本章学习，了解汽车租赁的概念、特点，对汽车租赁业务实务、汽车租赁企业的经营管理模式以及汽车租赁企业如何防范在业务中可能遇到的风险有系统清醒的认识。

8.汽车金融产品的设计与开发

通过本章学习，理解汽车金融产品的定义、特点和分类，并对汽车金融产品的设计与开发进行大致了解。

## 0.3 学习准备

在学习本课程之前，学生应具有初步的金融基础知识和汽车产业产生及发展的相关基础知识。

## 0.4 学习资源

为了帮助学生更好地掌握本教材的内容，顺利地完成开放教学，本课程在文字教材的基础上配备了二维、三维动画及视频等配套学习资源，以二维码的形式呈现在各章节对应位置。

## 0.5 学习评价

1.评价方式

本课程的学习评价采用形成性考核和终结性考试两种方式进行。其中，形成性考核采取作业册的方式进行，主要检验学生的作业完成情况。终结性考试是在形成性考核的基础上，对学生学习情况和学习效果进行的一次全面检测。

2.评价要求

本课程的评价重点为文字教材的基本概念、基础知识和基本分析方法，各章内容均有考核要求。

3.试题题型

本课程试题题型及其他说明详见国家开放大学考试中心发布的课程考试管理文件“汽车金融与服务课程考核说明”。

# 目　　录

# 第1章 概　　述

## 导言

本章主要介绍汽车金融的概念、特点与作用;汽车金融体系、汽车金融与金融业、汽车金融与汽车产业以及汽车金融服务。在此基础上,对汽车金融进行大概了解,以便于后面对汽车金融具体业务的学习。本章的学习内容力求使学生掌握汽车金融服务基础知识,为继续学习相关章节打下坚实基础。

## 学习目标

1. 认知目标

(1)掌握汽车金融的概念、特点。

(2)掌握汽车金融体系、汽车金融市场。

(3)掌握汽车金融对汽车产业的促进作用。

(4)掌握汽车金融服务的概念、特征、内容、范围及作用。

2. 技能目标

(1)熟悉汽车金融市场体系。

(2)识别我国汽车金融服务体系面临的现实挑战。

(3)能构建新型的汽车金融服务体系。

3. 情感目标

(1)发挥自主学习的能力、收集学习资料的能力。

(2)发挥分析资料的能力、归纳总结关联知识点的能力。

## 1.1　汽车金融的概念、特点和作用

第二次工业革命之后,内燃机开始出现,汽车发展由此进入了工业化进程。随着科技的发展,技术的创新,汽车产业的发展不断壮大,汽车与金融相互结合、相互渗透的汽车金融产业开始出现。汽车金融是集汽车生产、流通、消费的各个环节中所涉及的资金融通,简言之,就是贷款给汽车生产商、贷款给经销商、贷款给消费者。最初是在20世纪初期,汽车制造商向用户提供汽车分期偿付销售货款方式的出现,意味着汽车金融的出现,这一举措不仅促进了汽车的销量,更重要的是转变了汽车销售模式。汽车金融公司是汽车金融中的关键角色,美国通用公司于1919年成立的通用汽车票据承兑公司开启了汽车金融公司的先河。

汽车金融是依托并促进汽车产业发展的金融活动。国外汽车金融的发展已经有了近百年的历史，其发展水平已经相当完善，汽车金融已经成为居房地产金融之后的第二大金融服务项目，是一个规模不断扩大、发展日趋成熟的产业，每年的平均增长率为3%左右。目前，全世界每年的汽车销售总额中，现金销售额在30%左右，汽车金融服务融资约占70%。当今世界，整个汽车的价值链已经发生了根本性的变化，金融服务已经成为最具有价值的环节之一。未来的汽车市场将不再是单纯车型的竞争，而是围绕金融及服务而展开的竞争。

### 1.1.1 汽车金融的概念

汽车金融是在汽车的生产、销售、维修服务以及消费者购买过程中融通资金的金融活动，主要包括资金筹集、信贷运用、抵押贴现、证券发行与交易，以及相关保险、投资等相关金融与服务的一系列金融服务的总称，它是汽车业与金融业相互渗透的必然结果。

汽车金融业概念的内涵随着汽车金融业务范围的拓展不断丰富。就现状而言，汽车金融业是指以商业银行、汽车金融公司、保险公司、信托联盟组织及其关联服务组织为经营主体，为消费者、汽车生产企业和汽车经销商提供金融服务的市场经营活动领域。由于汽车金融公司与汽车制造商、经销商之间天然的内在联系，使它能够提供包括生产、流通、消费各个环节的租赁、信贷等多品种、综合性、完善的金融服务，贯穿于汽车生产、流通和销售以及售后服务等整个过程中。

从生产环节开始，就开始为厂家提供生产流动资金，并在销售过程中为厂商提供维护销售体系、整合销售策略、提供市场信息的服务。对汽车制造企业来讲，企业要实现生产和销售资金的相互分离，必须有汽车金融和汽车金融公司。没有汽车金融，生产资金将被固定于经销商的库存和客户的应收账款之中，导致销售数量越多，生产资金越发枯竭。

在流通环节，汽车金融对汽车经销商可以起到提供存货融资、营运资金融资、设备融资的作用。汽车经销是对资金需求非常大的行业，汽车金融机构可对经销商必要的库存车辆提供周转融资；对经销商的服务设施，如展厅、配件仓库和维修厂的建立、改造、扩大等提供必要的贷款；对经销商提供日常的流动资金贷款。

此外，汽车金融对汽车用户可以提供消费信贷、租赁融资、维修融资、保险等业务。高折旧率是汽车消费的一个重要特点，全款购车要承担高折旧率的损失。对消费者而言，汽车信贷不仅是解决支付能力不足的问题，更重要的是降低消费者资金运用的机会成本。

### 1.1.2 汽车金融的特点

从以上对汽车金融概念的介绍可知，汽车金融有别于我国传统意义上的汽车消费信贷，它含义更为广泛。它为消费者提供全方位的服务，一方面大大分散了银行对汽车消费信贷的风险；另一方面提供汽车金融服务的组织可以从中获得良好的收益，消费者本身也享受到了全面周到的服务。汽车金融具有以下几个突出特点：

1. 促进汽车销售

在发展成熟的欧美汽车金融市场，典型的汽车金融服务公司是附属于汽车制造商的，与其母公司利益息息相关,因此能够保证汽车金融服务公司对汽车产业连续、稳定的支持。同时,汽车产业又是一个受经济周期影响很大的行业,在经济不景气时,由于缺乏直接的利益关联,银行为了减少风险,很可能收缩这一领域的金融服务。而作为汽车制造商附属的汽车金融公司,最主要的目的是帮助母公司销售汽车,在经济不景气时,不但不会减少汽车金融服务,相反,可能会推出明显亏损的零利润汽车贷款,以换来汽车销售的增长。

2. 存在规模效益

汽车产业规模越大,所取得的经济效益也越来越大。目前,随着汽车金融市场竞争程度的加剧,汽车产业的利润越来越向服务领域转移。汽车产业是典型的资金密集型规模经济行业,当大量投资转化为大批量生产能力时,必须通过强有力的金融服务才能形成相应的需求增长速度,否则,生产能力的闲置将导致大量的投资浪费,制约汽车工业的发展。另外,金融服务属于典型的零售金融业务,必须有一定的客户规模才能盈利。所以,不仅汽车产业的发展必须以连续稳定的市场需求、一定的规模做保证,相应的金融服务也要有一定的规模。这样,才能产生规模效益,实现预期的目标。

3. 服务内容多样化

广义的汽车金融服务机构不仅覆盖了汽车售前、售中、售后的全过程,并延伸到汽车消费的相关领域。汽车金融服务机构除了提供汽车金融贷款外,还提供融资租赁、购车储蓄、汽车消费保险、信用卡等服务。相比之下,银行的服务比较单一,仅局限于汽车金融贷款,购买汽车是一次性的行为,但汽车消费属于经常性行为。汽车金融服务机构将服务延伸到消费领域,既增加了金融服务的收益,又有利于经常监控客户风险。通用汽车金融公司的核心业务是购车贷款,这一业务侧重于为通过"通用汽车"特许经销商出售的汽车提供服务。公司向通用汽车经销商们提供所需的资金,用以维持一定的汽车提供服务。公司向通用汽车经销商们提供所需的资金,用以维持一定的汽车库存,并向零售客户提供灵活多样的方式,方便客户购买或租赁各类新旧汽车。

4. 经营管理专业化

在风险控制方面,专业汽车金融服务机构能够根据汽车销售的特点,开发出专门的风险评估模型、抵押登记管理系统、催收系统及不良债权处理系统等。在业务运营方面,汽车金融服务机构对金融产品设计开发、销售和售后服务等,都有一套标准化的操作系统。汽车金融公司作为附属于汽车制造业企业的专业化服务公司,可以通过汽车制造商和经销商的市场营销网络,与客户进行接触和沟通,提供量体裁衣式的专业化服务。汽车产品非常复杂,售前、售中、售后都需要专业的服务,如产品咨询、签订购车合同、办理登记手续、零部件供应、维护修理、保修、索赔、新车抵押等,汽车金融公司可以克服银行由于不熟悉这些业务而带来的种种缺陷。这种独立的、标准化的金融服务,不仅大大节省了交易费用,而且大幅提高了交易效率,从而获得规模经济效益,同时给消费者带来了便利。

5. 资金来源多样化

汽车金融服务机构的发起设立方式,决定了其资金来源。除银行以外,目前西方国家的政府规定,汽车金融服务机构不能吸收社会公众的存款,其资金来源除资本金和正常利润外,主要依靠资本市场和银行信贷。

### 1.1.3 汽车金融的作用

金融在经济发展中的重要作用毋庸置疑,而作为发达国家或发展中国家支柱产业的汽车业更离不开金融服务。发展汽车金融不仅能平衡汽车供需之间的矛盾,而且能解决整个生产流通消费的资金运转问题。

1. 平衡汽车供需矛盾

(1)汽车金融的产生和发展是同调节生产与消费矛盾的实际需要分不开的

由于社会生产力的发展,加速了生产社会化和消费。社会化产品结构变化中价值高的汽车等家庭耐用消费品生产的发展引起电子工业、材料工业的发展,并带动整个产业结构和技术结构体系的变革。这种变革强烈地刺激着人们的现实消费需求和潜在消费需求,然而社会满足这种汽车消费需求的能力却是十分有限,在市场上形成了生产有余、卖者有货、买者无钱的局面。如何调剂社会消费资金就成为汽车金融的基本职能。

(2)汽车金融的信贷和储蓄之间存在内在的互相转化的必然性

汽车金融服务机构资金的大部分来自消费者的储蓄,同样它应该而且也可以在汽车的生产性信贷和汽车的消费性信贷之间做适当的分配,以调节和保证社会消费基金与社会生产基金之间的平衡。

2. 提高资金效率

汽车金融提高资金效率的作用主要体现在对汽车生产制造企业、汽车经销商、汽车消费者的作用上。

(1)汽车金融对汽车厂商可以起到维护销售体系、整合销售策略、提供市场信息的作用

对汽车制造企业来讲,企业要实现生产和销售资金的相互分离,必须有汽车金融和汽车金融公司。有了汽车金融服务,就会大大改善生产企业的资金运用状况,提高资金使用效率。

(2)使经销商的批发和零售资金相分离

汽车金融对汽车经销商可以起到提供存货融资、营运资金融资、设备融资的作用。对于汽车销售商来讲,只有借助于汽车金融和汽车金融服务公司,才能实现批发和零售资金的相互分离。同时,汽车金融还有利于汽车生产制造和汽车销售企业开辟多种融资渠道,如商业信用、金融授信,即通过专门的金融机构(汽车金融服务公司)向社会筹集资金用于汽车金融服务,比如采用直接融资或间接融资等方式来进行。

(3)降低消费者资金运用的机会成本

汽车金融对于汽车用户可以起到提供消费信贷、租赁融资、维修融资、保险等业务。高折旧率是汽车消费的一个重要特点,如果以全款购车,不仅要承担投资回报率大于贷款利率的损失,而且要承担高折旧率的损失。因此,对消费者而言,汽车信贷不仅是解决支付能力不足的问题,更重要的是降低消费者资金运用的机会成本。而伴随汽车生产技术的发展,汽车的重置价值不断降低,进一步加速了汽车的折旧过程。这样,汽车消费的高折旧特点无疑大大拓展了对相关金融服务的市场需求。

3. 推动汽车产业高速发展

(1)汽车金融是汽车产业价值链的重要环节

汽车金融不仅能高效地促进汽车的销售,而且其本身有很强的获利能力。随着汽车工业的发展,其生产体系已逐渐完善,在汽车生命周期的各环节中,制造环节中的利润分配已不是主体。从世界范围来看,汽车产业的盈利正向服务贸易等环节转移,成为汽车产业价值链中的重要一环。据统计,在汽车金融及售后服务的收入中,有约20%的利润来自短期租赁、零配件及金融服务,汽车销售环节中的利润约占18%,保险收入约占15%,租赁和贷款业务收入约占9%。因此,汽车金融服务也逐渐成为盈利手段之一。目前汽车金融在以通用、福特等为首的跨国汽车企业中,战略地位日益提高,成为集团重要、稳定的利润来源,利润占集团总体利润比率越来越高。

(2)汽车金融提升了汽车产业价值链的整体竞争力

从国际经验分析,汽车金融推动了汽车产业的发展和汽车企业整体竞争力的提高。在汽车产业发展方面,汽车产业发达国家通过汽车金融促进汽车销售,拉动汽车制造业发展,汽车金融的发展带动了汽车服务等相关产业的发展,促进了汽车产业的稳定。在汽车企业竞争力提升方面,跨国汽车企业通过开展汽车金融服务,不仅改善了生产企业资金运营效率,加强了对经销商网络的控制,而且通过开展与汽车金融服务相结合营销活动,建立汽车衍生服务体系等,提高了汽车企业的盈利能力,提升了汽车企业集团整体的竞争能力。如"9·11"事件后,美国汽车产业面临着巨大的竞争压力,为了促进汽车销售的增长,保持美国汽车产业的国际竞争力,通用、福特等专业汽车金融公司立即在国际市场上以零利率开展汽车信贷服务,美国汽车产业由此以较短时间从危机中恢复过来。

(3)汽车产业资本与金融资本的融合是汽车产业更高层次的竞争

汽车金融是以信贷融资为起点,作为金融资本与产业资本的专业化融合,在汽车产业的生产、流通、消费等各个环节进行资源的优化配置。汽车生产企业为加快资金运转,使资金再次投入研发、生产等环节,缩短汽车产品从生产环节到流通环节的周期是关键,开通汽车融资销售可以实现这一过程。同时,汽车产业的发展也需要汽车金融在融资、投资、资本运作等方面的支持,也为汽车企业提高技术水平和研发能力,更好地参与市场竞争提供服务。另外,汽车企业在成长中获得的利润也为金融机构注入更多的金融资本,从而实现双赢。

4. 推动汽车产业和其他相关产业的协调发展

(1)汽车金融对汽车工业有"高价值转移性",对制造业和其他部门具有带动功能。

(2)汽车金融对汽车工业有"高度关联和带动性",带动第三产业的发展。

(3)汽车金融对就业有"高安置性",对扩大劳动就业发挥积极作用。

## 1.2 汽车金融体系

汽车金融体系主要包括汽车金融市场体系、汽车金融机构组织体系两部分。

### 1.2.1 汽车金融市场体系

金融市场体系是指其子市场的构成形式,包括货币市场和资本市场。货币市场包括同业拆借市场、回购协议市场、商业票据市场、银行承兑汇票市场、短期政府债券市场、大面额可转让存单市场。资本市场包括中长期银行信贷市场、证券市场(债券市场、股票市场)、保险市场、融资租赁市场。

从金融机构联合推出汽车消费贷款以来,汽车消费信贷市场规模已经获得了较快的发展。公开数据显示,2016 年我国新车销售采用分期总量已近 1000 万台,较之 2015 年约 700 万台规模,整体大幅增长近 40%。汽车金融渗透率也持续提升,据统计,2016 年我国汽车金融渗透率已接近 40% 水平。业内普遍认为,中国汽车金融行业已开始走进成熟期,未来我国汽车金融渗透率还将继续上升,预计到 2020 年我国汽车金融市场规模可能达 1.8 万亿元。这些都有力地推动了我国汽车金融市场的发展。目前,尽管我国审批设立了多家外商独资的专业性汽车金融公司,但汽车金融产品主要供给者仍然是商业银行。由于商业银行作为汽车业外部参与者,在市场上与汽车金融企业展开竞争,将影响专业汽车金融公司的市场行为、市场结构及市场绩效,难以对汽车市场的快速发展形成持续有效地支持,直接影响到汽车业可持续发展。因此,大力发展我国专业化的汽车金融服务体系是促进我国汽车产业可持续发展的重要条件,是提高我国汽车产业国际竞争力的必由之路;同时,将有效改变金融机构的资产结构与行为模式,有助于实现可持续盈利目标。

1. 汽车金融市场的构成要素

汽车金融市场由 3 个基本要素构成:

(1)融资主体

资金的供给者与消费者是汽车金融市场上资金商品的买卖双方,是汽车金融市场最为基本的要素。

(2)融资中介

融资中介是指在汽车资金融通过程中处于资金供给者和资金需求者之间的中间环节,主要是指兼营或专营汽车金融业务的金融机构,如汽车金融公司、商业银行、保险公司、证券公司等银行及非银行机构。

(3)市场金融工具

汽车金融市场的金融工具是指可以在汽车市场上同货币交易的各种金融契约。因为资金交易与一般商品买卖不同,必须借助于金融契约的形式,如商业票据、汽车金融债券、汽车抵押债券、汽车生产、销售、维修服务企业和汽车金融机构所发行的股票,以及未到期汽车存款存单和汽车抵押贷款契约等,这些都可以用于交易的金融工具。

2. 汽车金融市场的分类

汽车金融市场作为金融市场的重要组成部分,从不同的角度考察,可作如下分类:

(1)按地理范围划分

1)国际汽车金融市场,由经营国际货币业务的金融机构组成,其经营内容包括资金借贷、外汇买卖、证券买卖、资金交易等。

2)国内汽车金融市场,由国内金融机构组成,办理各种货币、证券及作用业务活动。它又分为城市金融市场和农村金融市场,或者分为全国性、区域性、地方性的金融市场。

(2)按经营场所划分

1)有形金融市场,指有固定场所和操作设施的金融市场。

2)无形金融市场,以营运网络形式存在的市场,通过电子电信手段达成交易。

(3)按融资交易期限划分

1)长期资金市场(资本市场),主要供应一年以上的中长期资金,如股票与长期债券的发行与流通等。

2)短期资金市场(货币市场),是一年以下的短期资金的融通市场,如同业拆借、票据贴现、短期债券及可转让存单的买卖。

(4)按交易性质划分

1)发行市场,也称一级市场,是新证券发行的市场。

2)流通市场,也称二级市场,是已经发行、处在流通中的证券的买卖市场。

(5)按交易对象划分

为拆借市场、贴现市场、大额定期存单市场、证券市场(包括股票市场和债券市场)、外汇市场、黄金市场和保险市场。

(6)按交割期限划分

1)金融现货市场,融资活动成交后立即付款交割。

2)金融期货市场,投融活动成交后按合约规定在指定日期付款交割。按照上述各内在联系对金融市场进行科学系统的划分,是进行金融市场有效管理的基础。

(7)按交易标的物划分

可以分为货币市场、资本市场、金融衍生品市场、外汇市场、保险市场、黄金及其他投资品市场等。

(8)根据融资方式划分

可分为直接融资市场和间接融资市场。

(9)根据具体的交易工具类型划分

可分为债券市场、票据市场、外汇市场、股票市场、黄金市场、保险市场等。

3.汽车金融市场的融资方式

汽车金融市场的融资方式包括间接融资和直接融资两种方式。

(1)间接融资

间接融资是指拥有暂时闲置货币资金的单位通过存款的形式,或者购买银行、信托、保险等金融机构发行的有价证券,将其暂时闲置的资金先行提供给这些金融中介机构,然后再由这些金融机构以贷款、贴现等形式,或通过购买需要资金的单位发行的有价证券,把资金提供给这些单位使用,从而实现资金融通的过程。

间接融资的基本特点是资金融通通过金融中介机构来进行,它由金融机构筹集资金和运用资金两个环节构成。由金融机构所发行的证券,称为间接证券。

间接融资主要包括:

1)银行信用。银行信用以及其他金融机构以货币形式向客户提供的信用,它是以银行作为中介金融机构所进行的资金融通形式。

2)消费信用。主要指的是银行向消费者个人提供用于购买住房或者耐用消费品的贷款。

(2)直接融资

直接融资是指拥有暂时闲置资金的单位(包括企业、机构和个人)与资金短缺需要补充资金的单位,相互之间直接进行协议,或者在金融市场上前者购买后者发行的有价证券,将货币资金提供给所需要补充资金的单位使用,从而完成资金融通的过程。

直接融资的基本特点是拥有暂时闲置资金的单位和需要资金的单位直接进行资金融通,不经过任何中介环节。

直接融资所使用的有价证券,通常是非金融机构,如政府、企业、个人所发行或者签署的公债、国库券、公司债券、股票、抵押契约、借款合同,以及其他各种形式的借据或者债务凭证,这些借据或者凭证一般又称为直接证券。

直接融资主要包括:

1)商业信用。商业信用是指企业与企业之间互相提供的同商品交易直接相联系的资金融通形式。其主要表现形式为两类:一类是提供商品的商业信用,如企业间的商品赊销、分期付款等,这类信用主要是通过提供商品实现资金融通;另一类是提供货币的商业信用,如在商品交易基础上发生的预付定金、预付货款等,这类信用主要是提供与商品交易有关的货币,以实现资金融通。伴随着商业信用,出现了商业票据,作为债权债务关系的证明。

2)国家信用。国家信用是以国家为主体的资金融通活动。其主要表现形式为:国家通过发行政府债券来筹措资金,如发行国库券或者公债等。国家发行国库券或者公债筹措的资金形成国家财政的债务收入,但是它属于一种借贷行为,具有偿还和付息的基本特征。

3)消费信用。具体而言,消费信用是指企业、金融机构对于个人以商品或货币形式提供的信用。包括:企业以分期付款的形式向消费者个人提供房屋或者高档耐用消费品,或金融机构对消费者提供的住房贷款、汽车贷款、助学贷款等。

4)民间个人信用。是指民间个人之间的资金融通活动,习惯上称为民间信用或者个人信用。

4.汽车金融市场竞争国际化趋势明显加快

在国内汽车市场竞争国际化趋势形成的同时,汽车金融服务业国内竞争国际化、国际竞争国内化的竞争格局已开始初步显现。一是国内竞争国际化。目前,中国银行业监督管理委员会(以下简称中国银监会)审批设立的专业汽车金融公司,如通用、福特、丰田、戴姆勒-克莱斯勒、大众、雪铁龙等,绝大多数是具有跨国汽车公司背景的外商独资的汽车金融企业,在战略取向、业务模式与产品创新都服从服务于母公司发展战略,直接与国内金融机构在汽车金融服务领域开展竞争。二是业务运行日益国际化。专业汽车公司凭借国际先进的管理模式和理念、全新的业务模式、良好的风险控制手段及专业化的服务体系,在国内汽车市场上与汽车制造企业形成了战略上的统一性及市场行为上的一致性。

### 1.2.2 汽车金融机构组织体系

任何金融活动的开展都必须依赖一定的金融机构,金融机构的经营活动对社会经济的发展起着十分重要的作用。

汽车金融机构是指经营汽车金融业务的各种金融中介和经营附属汽车金融业务的各种金融企业,主要包括汽车金融公司、商业银行及非银行金融机构的证券公司、保险公司、信托公司等。汽车金融机构是汽车金融运营的载体,从世界范围看,各国的汽车金融机构组织体系都因各国不同的政治、经济、文化背景而不同。

1. 国外的汽车金融机构体系

以国外从事汽车金融服务的机构来看,服务提供方主要的类型有商业银行、汽车金融服务公司、信托公司、信贷联盟、保险公司等。

(1)商业银行

作为金融体系最重要的组成部分,商业银行在汽车金融领域扮演了重要的角色。其作用表现在:一方面是直接参与汽车信贷业务,为个人消费者或汽车厂商、汽车销售商提供融资需求;另一方面是为其他的汽车金融机构提供资金上的支持,比如汽车金融公司在自身资金周转不利的情况下可以向商业银行金融资金拆借等。

(2)汽车金融服务公司

汽车金融服务公司是办理汽车金融业务的企业,通常隶属于汽车销售的母公司,向母公司经销商及其下属零售商的库存产品提供贷款服务,并以经销商为渠道向消费者提供多种选择的贷款或租赁服务。

(3)信托公司

第二次世界大战以后,信托公司作为金融中介的职能得到了迅速的发展,其资金来源主要集中在私人储蓄存款和定期存款,资金运用则侧重于长期信贷。汽车金融服务也是目前信托公司从事的主要业务之一。

(4)信贷联盟

信贷联盟最早起源于19世纪40年代的德国,它是由会员共同发起,旨在提高会员经济和社会地位,并以公平合理的利率为其会员提供金融服务的一种非营利性信用合作组织。

1998年,美国国会通过的《信贷联盟会员准入法》规定,经监管当局的批准,经联邦政府核准设立的信贷联盟可以吸收不符合原属会员准入资格者的加盟。在资金来源方面,除了会员的存款或储蓄外,信贷联盟还可以向银行其他信贷联盟筹集资金,但有最高限额或比例的限制。在信贷业务方面,信贷联盟可以对其会员发放生产信贷汽车消费信贷等,信贷联盟对会员发放贷款一般也有数额及期限上的限制条件。

(5)保险公司

汽车金融是汽车服务环节必不可少的一部分,但是只要涉及“金融”,伴随的就是“风险”。所以,一方面无论是社会管理部门还是汽车金融服务的供需双方都有规避风险的偏好;另一方面,保险公司是进行风险管理的专业商业机构,客观上哪里有风险,哪里就是保险公司生存的市场。因此,汽车金融服务领域中,保险公司是一个相对重要的参与主体。

2. 我国的汽车金融机构体系

我国的汽车金融服务市场具有极其广阔的发展前景，各类企业纷纷加入其中。目前，我国的汽车金融机构主要有汽车制造商、商业银行、汽车企业集团财务公司、汽车金融公司、汽车经销商、保险公司以及金融租赁公司等。

(1)汽车制造商

汽车制造商通常通过其财务公司来提供汽车金融服务。这种汽车金融服务机构的优势在于与其母公司，即汽车制造商关系紧密，能够相互配合，共同开拓市场，实现双赢；能够借助汽车制造商的力量整合经销商，从而建立起与汽车制造商和经销商一体化的市场营销网络，可以凭借自身的专业优势提供与汽车相关的一整套服务，在更大范围上满足客户需求，从而获得消费者的青睐。除了同银行一样靠利率赚钱之外，还可以通过汽车产业链的有效运作获得利润，因而在竞争上有更多的手段。

我国汽车集团财务公司最早出现于20世纪80年代中后期的东风汽车工业财务公司。目前，国内有多家汽车集团设立了财务公司。汽车集团财务公司的服务对象仅限于母公司，其作用主要是为企业集团技术改造、新产品开发和产品销售提供中、长期融资，而汽车金融业务只是其主要业务之一。我国汽车集团财务公司业绩不是很理想，主要有以下原因：主业不发达，从而基于汽车产品的汽车金融服务不容易做大做强；本身资金实力有限，而社会融资渠道又不通畅，在具体操作上还存在一定障碍；融资成本过高，规模上不去；缺少金融服务分支机构和网络，汽车金融业务难以得到有效开展，而把经销商这种销售网络改造成为金融服务网络，难度又太大；缺少具体操作经验和相关人才，风险控制能力比较弱。

(2)商业银行

国内商业银行在提供汽车金融服务方面的优势很明显。人民币资金实力雄厚，营业网点比较多，分支机构比较广，长期开展信贷业务，具有一大批既懂市场又懂业务的专业员工队伍。而且，国内商业银行已经开展了一段时间的汽车消费贷款业务，积累了不少经验，形成了一整套比较可行的操作模式和风险控制机制，加深了对我国汽车消费者和相关汽车金融服务参与者的了解，而这也正是许多汽车金融参与机构和潜在参与机构所不具备的。

从表面上看，银行占有贷款余额和放贷规模上的优势。优势的根源主要有3个方面：①银行既有的信用和评估体系采用规模评价，强于刚刚起步的汽车金融公司的个体评估。②银行的评估体系可以帮助厂商降低评估成本，而目前汽车金融公司的评估体系尚在建设中。③可以帮助实力差的汽车金融公司规避风险。

国内商业银行最大的不足就在于没有汽车行业背景，缺乏相关专业知识，不熟悉汽车业务，与经销商和制造商之间的关系松散，对客户的支持和开发能力不够。因此，也就不能够在汽车信贷以外的环节也提供令人满意的服务从而给客户带来了不便。

目前，商业银行提供的汽车消费信贷服务是我国汽车金融服务的主要形式。

(3)汽车金融公司

所谓汽车金融公司，是指经中国银监会批准设立的，为中国境内的汽车购买者及销售者提供金融服务的非银行金融机构。

汽车金融是由消费者在购买汽车需要贷款时，可以直接向汽车金融公司申请优惠的支付方式，可以按照自身的个性化需求来选择不同的车型和不同的支付方法。对比银行，汽车金融是一种购车新选择。

2004 年 8 月 18 日,中国银监会发布《汽车金融公司管理办法》。目前施行的是 2008 年发布的《汽车金融公司管理办法》。在此期间,我国汽车销量增长近 300%,但汽车金融的渗透率却仅仅翻了一番,与国外 70% ~80% 的消费比重相去甚远。

此外,近几年我国汽车金融公司数量增长几乎停滞,截至目前总共不过 10 余家,且大部分都是外资主导。

造成以上局面的原因,除了国内消费者的消费意识和方式与国外不同外,主要还在于汽车金融公司的资金主要来源于银行的资金拆借,导致我国汽车金融公司成本高企。另外,国内汽车市场的不够成熟和信用体系不够健全等都加大了汽车金融的风险。

实际上,我国汽车消费信贷有很大的发展潜力,蕴藏着巨大的商机。根据中国汽车工业协会的预测,到 2025 年,中国汽车金融业将有 5250 亿元的市场容量。

我国主要的汽车金融公司见表 1-1。

**我国主要的汽车金融公司** 表 1-1

| 企 业 | 成立时间 | 股 权 属 性 |
|---|---|---|
| 上汽通用汽车金融 | 2004 | 中外合资 |
| 大众汽车金融(中国) | 2004 | 外商独资 |
| 丰田汽车金融(中国) | 2005 | 外商独资 |
| 福特汽车金融(中国) | 2005 | 外商独资 |
| 戴姆勒-克莱斯勒汽车金融(中国) | 2005 | 外商独资 |
| 东风标致雪铁龙汽车金融 | 2006 | 中外合资 |
| 沃尔沃汽车金融(中国) | 2006 | 外商独资 |
| 东风日产汽车金融 | 2007 | 中外合资 |
| 菲亚特汽车金融 | 2007 | 外商独资 |
| 奇瑞徽银汽车金融 | 2009 | 奇瑞汽车 + 徽商银行 |
| 宝马汽车金融(中国) | 2010 | 外商独资 |
| 三一汽车金融 | 2010 | 三一集团 + 湖南省信托 + 华菱钢铁 |
| 广汽汇理汽车金融 | 2010 | 广汽集团 + 东方汇理 |
| 一汽汽车金融 | 2011 | 一汽财务 + 吉林银行 |
| 北京现代汽车金融 | 2012 | 中外合资 |
| 重庆汽车金融 | 2012 | 庆铃汽车 + 渝富资产管理 + 重庆农商银行 |
| 瑞福德汽车金融 | 2013 | 江淮汽车 + 桑坦德消费金融 |
| 天津长城滨银汽车金融有限公司 | 2013 | 长城汽车 + 天津滨海农村商业银行 |

(4)汽车企业集团财务公司

我国的《企业集团财务公司管理办法》中规定,企业财务公司是指以加强企业集团资金集中管理和提高企业集团资金使用效率为目的,为企业集团成员单位提供财务管理服务的非银行金融机构。其业务范围主要有:对成员单位办理财务和融资顾问、信用鉴证及相关的咨询、代理业务；协助成员单位实现交易款项的收付；经批准的保险代理业务；对成员单位提供担保；办理成员单位之间的委托贷款及委托投资；对成员单位办理票据承兑与贴现；办理成员单位之间的内部转账结算及相应的结算、清算方案设计；吸收成员单位的存款；对成员单位办理贷款及融资租赁；从事同业拆借(须经过人民银行批准获得网上拆借资格)；中国银行业监督管理委员会批准的其他业务(经批准发行财务公司债券；承销成员单位的企业债券；对金融机构的股权投资；有价证券投资；成员单位产品的消费信贷、买方信贷及融资租赁)。

目前，我国的汽车集团财务公司主要有：东风汽车财务公司、中国重汽财务有限公司、一汽财务有限公司、江铃汽车集团财务有限公司、上海汽车财务公司、上海汽车集团财务有限责任公司、万向集团财务公司、中汽财务公司、北京汽车集团财务有限公司等。

(5)汽车经销商

汽车经销商直接与广大消费者接触，具体负责办理与购车相关的各种手续，能够通过营销引导消费者购车。汽车经销商参与提供汽车金融服务，可以简化相关程序，提高服务的效率。

(6)金融租赁公司

金融租赁公司是指经中国银行业监督管理委员会批准，以经营融资租赁业务为主的非银行金融机构。其业务范围主要有：融资租赁业务；吸收股东 1 年期(含)以上定期存款；接受承租人的租赁保证金；向商业银行转让应收租赁款；经批准发行金融债券；同业拆借；向金融机构借款；境外外汇借款；租赁物品残值变卖及处理业务；经济咨询；中国银行业监督管理委员会批准的其他业务。

在汽车贷款风险居高的情况下，汽车金融公司一方面是银行的潜在竞争对手，另一方面又是银行风险分担的伙伴。目前，银行在做单笔小额业务方面是否合适还有待商榷，银行对车辆及贷款购车人的信息跟踪也不擅长，而这正是汽车金融公司的中心任务，所以汽车金融公司在处理与银行的关系方面，应当从竞争走向分工合作。汽车金融公司向银行申请批发贷款，银行可以减少直接面向广大终端客户的业务量，且由汽车金融公司向客户授信，可减少银行的风险。而汽车金融公司实行分期付款，势必造成资金回笼滞期的问题，汽车金融公司和汽车制造商的进一步做大需要向银行再融资，那么银行也就寻找到了良好的贷款发放新目标，汽车金融公司同时达到了销售汽车的目的，各得其所。

### 1.2.3　我国汽车金融服务体系面临的现实挑战

1.汽车消费市场中贷款购车比例较小

改革开放以后，我国汽车产量从 1978 年不到 15 万辆，至 2016 年汽车产销量均超过 2800 万辆，稳居世界第一。随着我国汽车产量的增加，汽车消费信贷市场的需求也大幅增长。但是从贷款购车人数比例来看，我国同发达国家的差距明显。全款付费仍是消费者付款的主要手段，半数以上的消费者不认同贷款消费汽车。2016 年国内消费者贷款购车比例保持在 25% 左右，而在欧美日等发达国家，汽车消费平均有 70% 是通过贷款完成的。

### 2. 汽车金融公司在汽车信贷中的主体地位没有显现

在西方发达国家,汽车金融业务的提供者主要是专业的汽车金融公司。美国的汽车金融业务中专业的汽车金融服务公司占整个汽车信贷业务的 80% 左右;而在我国,虽然消费者通过专业汽车金融公司贷款购车的比例在逐年提高,也越来越认识到专业汽车金融公司服务的方便性、服务选择的多样性和服务内容的丰富性,但由于我国汽车消费信贷的利率受中国人民银行控制,汽车金融公司及财务公司受到其资金来源以及成本等因素的限制,使其提供的贷款利率往往高于国有商业银行的贷款利率,因而仍有相当一部分购车者选择通过银行贷款购车,因此汽车金融公司在我国汽车信贷中的主体地位没有得到很好的体现。

### 3. 汽车金融产品品种较少

汽车金融除了为用户提供消费信贷服务外,还有融资性租赁、汽车置换、购车储蓄、汽车消费保险、信用卡、担保等多种金融产品。我国的汽车金融服务还处在初级阶段,以银行为代表的金融机构主要以提供消费贷款为主,而且在消费信贷支持的车型方面,我国的商业银行不约而同地把车型范围局限于几种较高档的车型上,而其他品牌的车型销售很少能得到银行的消费信贷支持,汽车金融公司也把服务主要定位于贷款购车,其他服务涉及较少。

### 4. 汽车金融服务软环境不理想

汽车消费软环境不佳主要是指汽车价格过高、税费负担过重,以及汽车消费金融服务的滞后。目前,我国城镇居民人均年收入与美、日有一定的差距;我国同一车型的轿车价格却高出上述两国的 2 ~3 倍,收入和车价之比高出发达国家数倍。此外,我国的汽车消费者在汽车消费中税费负担过重,如在购买阶段,消费者除了承担 17% 的增值税和 5% ~8% 的消费税外,还要承担 10% 的购置附加税,不少地方还要征收 15% 的增容费以及验车费、车辆牌照费、入户费等,税费约占车价的 47%。再加上使用阶段消费者承担的车船使用税、车辆管理费、年检费、保险费等其他费用。因此,价格和税费是汽车消费的主要障碍,抑制了人们的购车欲望。另外,汽车服务业尚不发达,车主往往要花不少时间和精力用于检查、维修及保养车辆,汽车的使用成本高。

### 5. 车市步入降价周期,理性违约上升

我国加入世界贸易组织以来,中国汽车市场的一个重大变化就是价格的下降。例如一汽大众于 2007 年 3 月 7 日宣布正式启动“突破 07 行动”,主力车型降幅最高达 2.1 万元,涉及降价的 26 款车型平均降幅在 9000 元以上。同年 3 月 15 日,上海大众正式宣布启动“E 计划”,对旗下 POLO 劲情、劲取、桑塔纳 3000、途安四大系列车型的销售价格进行调整,最高降幅达 1.1 万元。这在给购车族带来好处的同时,也对从事汽车信贷业务的金融机构提出了挑战。对于通过贷款购车的人来说,一旦其所购车辆价格出现大幅贴水,甚至出现剩余本息金额超过新车价格的情况,其理性的选择自然是违约,拒绝还贷。

### 6. 个人征信体系不完善、专业担保机构缺失使汽车金融业务风险加大

我国信用机制和信用管理主体缺失使汽车金融服务发展举步维艰。在这种现状下,金融机构对消费者个人的信用记录、资产负债情况的了解缺乏有效的渠道,无疑给银行等金融机构控制信贷风险带来挑战。由于汽车“动产”的性质,其信贷风险比住房消费信贷更大。

所以,国外是组建专门的汽车贷款信用担保公司来分散风险;而我国在这一制度上很不完善,没有汽车信用担保机构分担风险,加之房产抵押等其他担保方式操作性不强,银行将汽车消费信贷风险基本上全部转移给承办车贷履约险业务的保险公司,而采用保险公司作为第三担保人,易造成银行、汽车经销商的逆向选择风险,在个人信用不完善的情况下,赔付率较高成为必然。因此,目前我国以"银行模式"为主体提供的汽车金融服务,对汽车消费的风险评估、控制以及对不良债权的处理都缺乏专业化,风险控制能力薄弱。

### 1.2.4 构建新型汽车金融服务体系

1. 建立以汽车金融公司为主体的汽车金融服务市场

在国外,主导汽车金融市场的是由汽车制造商设立的专业汽车金融公司,而不是商业银行。美国汽车厂商下的金融公司占业务总量的 49%,银行占 34%,信贷联盟占 17%。而我国汽车金融服务主体仍是商业银行。要想解决汽车金融服务主体单一、风险集中的问题,应该借鉴国际上成熟的经验,建立以汽车金融公司为主的多元化的汽车金融服务市场结构,扩大市场主体。一方面要继续完善商业银行特别是城市商业银行的汽车消费信贷业务,扩大汽车消费信贷在银行业中的主体范围;另一方面,要大力发展专业化的汽车金融公司或汽车消费信贷银行,如汽车厂商设立的专业金融服务机构、汽车集团财务公司等。

2. 扩大汽车金融公司的资金来源,增强其资金实力

我国汽车金融公司同国际上成熟的汽车金融公司相比,在资金实力和规模上相差甚远。例如,通用汽车金融公司(GMAC)的业务遍布全球 40 多个国家和地区,已经为 15 亿辆轿车提供了高达 1 万多亿美元的汽车贷款。而福特汽车信贷公司资产超过 2000 亿美元,德国大众汽车融资服务股份公司的资产为 500 亿马克。它们任何一家的资金实力都远远超过我国国内的汽车金融公司。而我国的汽车金融公司只能依靠股东存款、银行借款、出售债权等途径筹集资金,而不能通过发行商业票据、企业债券、吸收购车储蓄等方式融资,资金来源十分有限。因此,要想扩大汽车金融服务公司的资金来源,一方面要加强银行对汽车金融公司的资金支持,降低汽车金融公司的信贷成本;另一方面,要放宽汽车金融公司的融资途径,允许汽车金融公司通过各种融资渠道增强其资金实力。

3. 构建汽车金融服务个人信用体系

汽车金融服务的信用是衡量一个国家和地区汽车金融服务是否发达的重要标志,是控制汽车金融服务风险的工具和手段。而构建汽车金融服务体系,最主要的就是要建立个人信用体系。我国应从以下几个方面着手建立个人信用体系:

(1)建立个人资信档案登记制度

个人资信档案是建立汽车金融服务信用制度的基础。具体来说,它应包括个人身份证明和个人社会档案、个人基本账户和收入来源、个人保险情况以及个人信用记录。

(2)健全个人信用评估体系

应依据客观、公正、独立的原则,培育个人信用调查与评价的中介机构,以对个人的整体信用做出评价。另外,制定权威性和统一性兼备的个人信用制度评估标准,由信用评价机构

运用科学的评估方法,对客户进行客观准确的信用风险评级。

(3)建立个人信用担保制度

按照国外成功的经验,第三方担保贷款一般是指专业化的信用担保公司的担保贷款,但在我国缺乏这种专业性机构,事实上贷款大多采用房产抵押、有价证券质押以及保险公司履约保险等形式。我国应尽快成立专业化的个人信用担保公司,简化贷款手续,加强信用风险管理。

(4)建立个人破产制度

所谓个人破产制度,是指不能按时偿还贷款的私人借款者,可以申请破产,取得法律保护。个人破产制度可以促进个人信用制度的发展,它是个人信用制度的一部分。我国到目前为止,只有企业破产制度,对于个人破产制度还没有涉及。我国应加快个人破产制度的建立,以完善个人信用体系。

4.建立并完善征信法律制度

我国应建立并完善征信法律制度,以保障和支持汽车金融服务的发展。征信法律制度的建立是汽车风险管理的一个主要方面。汽车信贷服务商决定是否提供汽车信贷的一个最主要的依据就是信用评估的结果,而信用评估的质量取决于一个社会的征信体系。当前我国对于征信体系建设缺乏相关法律支撑,因此应加快征信制度的法律建设,确保征信制度在全社会建立的强制性和实施的有效性。

## 1.3 汽车金融与金融业

### 1.3.1 汽车金融与金融业的定义

金融业是指银行与相关资金合作社以及保险业,除了工业性的经济行为外,其他的与经济相关的都是金融业。金融业是经营金融商品的特殊行业,它包括银行业、保险业、信托业、证券业和租赁业,具有指标性、垄断性、高风险性、效益依赖性和高负债经营性的特点。

汽车金融是指为汽车的生产、销售及消费者购买提供资金融通以及由此衍生的其他相关业务的金融服务。汽车金融是由消费者在购买汽车需要贷款时,可以直接向汽车金融公司申请优惠的支付方式,可以按照自身的个性化需求,来选择不同的车型和不同的支付方法。对比银行,汽车金融是一种购车新选择。

### 1.3.2 汽车金融与金融业的联系

金融业具有指标性、垄断性、高风险性、效益依赖性和高负债经营性的特点。指标性是指金融的指标数据从各个角度反映了国民经济的整体和个体状况,金融业是国民经济发展的晴雨表。垄断性一方面指金融业是政府严格控制的行业,未经中国人民银行审批,任何单位和个人都不允许随意开设金融机构;另一方面指具体金融业务的相对垄断性,信贷业务主要集中在四大商业银行,证券业务主要集中在国泰、华夏、南方等全国性证券公司,保险业务主要集中在中国人民保险集团、中国平安保险集团和中国太平洋保险集团。高风险性指金融业是巨额资金的集散中心,涉及国民经济各部门。单位和个人,其任何经营决策的失误都可能导致“多米诺骨牌效应”。效益依赖性是指金融效益取决于国民经济总体效益,受政策影响很大。高负债经营性是相对于一般工商企业而言,其自有资金比率较低。

金融业在国民经济中处于牵一发而动全身的地位,关系到经济发展和社会稳定,具有优化资金配置和调节、反映、监督经济的作用。金融业的独特地位和固有特点,使各国政府都非常重视本国金融业的发展,我国对此有一个认识和发展的过程。过去我国金融业发展既缓慢又不规范,经过十几年改革,金融业以前所未有的速度和规模在成长。随着经济的稳步增长和经济、金融体制改革的深入,金融业有着美好的发展前景。

汽车金融业是指以商业银行、汽车金融公司、保险公司、信托联盟组织及其关联服务组织为经营主体,为消费者、汽车生产企业和汽车经销商提供金融服务的市场经营活动领域。

完整的汽车金融业服务体系具备 3 项主要职能:①为厂商维护销售体系,整合销售渠道,提供市场信息;②为经销商提供存贷融资、营运融资、设备融资;③为直接用户提供消费信贷、租赁融资、维修融资、保险等业务。

汽车金融业最初的职能仅仅是向汽车生产企业的经销商及其下属零售商的库存产品提供贷款服务,并允许其经销商向消费者提供多种选择的贷款或租赁服务。随着其业务范围和职能的不断拓展,汽车金融服务公司开始逐步向消费者、经销商和生产商提供多种形式的全方位金融服务;现代成熟的汽车金融业已经衍生出行业金融职能:除了汽车消费信贷服务外,还包括融资性租赁、购车储蓄、汽车消费保险、信用卡等,渗透到了从制造→销售→消费→直到最后报废的整个汽车产业每个环节以及与之相关联的其他产业。包含有条件融资、储蓄、信用卡、贷款、保险与担保等业务,形成了比较完整的金融服务业链。有人甚至认为汽车产业有两条腿,其中一条腿就是汽车金融。

## 1.4 汽车金融与汽车产业

汽车产业作为国民经济的支柱产业,其发展质量对国民经济的发展起着重要的作用。汽车产业是汽车工业的升级,汽车产业包括汽车制造业、汽车批发零售业、汽车服务业 3 个门类。但在我国的标准产业分类目录中,汽车制造业属于交通运输设备制造业,包括载货汽车制造业、客车制造业、小轿车制造业、微型汽车制造业、特种车辆及改装汽车制造业、汽车车身制造业、汽车零部件及配件制造业 7 个行业;汽车批发、零售、汽车回收和二手车交易业属于批发零售业行业;汽车服务业涉及的范围较广,包括汽车修理业、汽车金融服务业、汽车装饰和美容业、汽车驾驶培训业、汽车救险服务业、汽车加油站、停车场等行业,其中汽车修理业与汽车制造业属于交通运输设备制造业中的交通运输设备修理业,汽车加油站属于能源零售业,停车场属于房地产管理业,汽车金融服务业属于金融业,汽车装饰和美容业、汽车驾驶培训业属于居民服务业。

从产业的性质看,汽车产业价值链中的汽车制造环节属于第二产业,产业价值链中的销售、服务等环节属于第三产业。因此,汽车产业既是一个技术密集型产业,也是一个资金密集型产业。汽车产业的高技术含量和规模化生产决定了它从融资到生产、销售及售后服务,都离不开金融资本及金融服务。汽车金融服务是指在汽车生产、销售及售后一系列过程中提供资金借贷等的金融服务,为汽车产业与金融业交叉衍生出的行业。汽车金融是服务业,属于第三产业,其经营的本质是为汽车产业提供资金,并在此基础上寻求自身的发展。这种产业之间的相互依赖性决定了汽车产业和汽车金融之间的必然联系。

从汽车产业的特殊性可知,汽车金融随着汽车产业的成熟发展已经有别于传统意义上的汽车消费信贷,含义变得更为广泛,它为汽车产业供应链提供全方位的服务。

## 1.4.1 汽车产业的发展需要汽车金融的支持

虽然我国的汽车产业起步较晚,但随着中国融入国际的步伐不断加快,汽车产业开始进入高速发展阶段,逐步成为我国国民经济的重要支柱产业,同时也促进了经济增长与经济的稳健发展。2009~2013年,中国的私人汽车保有量由4574.91万辆增长至10501.68万辆,增长幅度日趋增大。与此同时,载客载货汽车的数量也在与日俱增。除此之外,汽车产业的零售额与投资额也在不断攀升。而在2014年上半年,全国汽车零售总额达到18321亿元,同比增长10.1%;汽车制造业固定资产投资总额达到5495亿元,同比增长11.2%。由此可知,在汽车市场需求不断增长的情况下,汽车产业的相关金融服务及配套措施也亟须完善。

1.汽车生产、销售融通资金需要汽车金融的支持

汽车金融的介入可以在部分程度上解决我国汽车产业投资不足的问题,投资不足且分散以及决策失误是我国汽车产业发展缓慢、难以达到规模经济的重要原因。长期以来,我国汽车产业投资强度一直偏低。

因而,引入汽车金融的直接结果便是将中国的汽车产业资本规模扩大,考虑到目前中国的汽车金融市场还远远没有建立健全,初级阶段肯定是一个大规模投资的过程。这对汽车产业集约度的贡献不可估量。

2.汽车产业资金使用效率的提高需要汽车金融的帮助

汽车金融更大程度上提升了汽车产业的投资回报率,金融在经济发展中的重要作用毋庸置疑,金融业也一直以从业人员的“高要求、高学历、高回报率”冠居各行业之首,而作为发达国家或发展中国家支柱产业的汽车业更离不开金融服务。发展汽车金融不仅能平衡汽车供需之间的矛盾,而且能解决整个生产、流通、消费的资金运转问题,大幅度提高资金产出投入率。

3.提高资金效率

汽车金融提高资金效率的作用主要体现在对汽车生产制造企业、汽车经销商、汽车消费者的作用上。

(1)提高汽车厂商的资金使用效率

汽车金融对汽车厂商可以起到维护销售体系、整合销售策略、提供市场信息的作用。对汽车制造企业来讲,企业要实现生产和销售资金的相互分离,必须有汽车金融和汽车金融公司。没有汽车金融,生产资金将被固定于经销商的库存和客户的应收账款之中,导致销售数

量越多,生产资金越发枯竭。有了汽车金融服务,大部分的产销活动就会控制在产业链内,减少资金流动环节,从而大大改善生产企业的资金使用状况,提高资金使用效率。

(2)促进汽车消费规模的扩大

汽车消费信贷有助于促进宏观经济增长,扩大内需。发展信贷消费是我国现阶段经济发展和消费结构升级的必然选择。通过消费信贷,使部分急需改善生活条件并有一定经济实力的居民提前满足对住房、汽车等高价消费品的需求,以提高其生活水平及其质量。根据发达国家的经验,一个国家居民消费结构一旦升级到以"住""行"为主要内容的阶段,如果有消费信贷的支持,就可以顺利通过消费结构升级的实现促进国民经济的持续增长和繁荣。

经过前几年经济的持续增长,我国固定资产投资已达到一个相当的规模。同时,近几年在受世界经济发展减缓,对中国产品需求下降以及亚洲国家经济复苏和对外出口竞争力增强影响的情况下,我国外贸出口有减少的趋势。因此,面对我国已经形成的一个巨大的买方市场,刺激消费,扩大内需,拉动经济增长已成大势所趋。近几年召开的中央经济工作会议都明确提出把扩大内需作为经济工作的重点。对此,国家相继出台了一系列积极的货币政策,以期刺激国内消费与投资需求,扩大内需,推动经济发展,配合国民经济整体战略。

汽车消费信贷能促进产业规模迅速扩张。生产和消费之间是互相依存、互相促进的辩证关系。生产决定消费,没有生产就没有消费。而消费是生产的出发点和前提,是生产的目的和动力。离开了消费,生产便不可能存在和发展。

此外,消费还会创造出新的生产需要,推动和促进生产的更进一步发展。汽车工业是典型的社会化大生产产业,规模经济效益的特点十分突出,合理的经济规模是汽车生产厂商在当前日趋激烈的市场竞争中实现利润最大化、具有并保持竞争优势的必要条件。如果规模达不到有效批量的要求,直接造成的后果就是成本居高不下,汽车价格昂贵,何谈与其他企业的竞争。

可见,汽车消费需求规模的扩大是决定汽车产业规模的重要因素,而我国汽车消费规模的扩大在现阶段尤其有赖于信贷消费的鼎力支持。

(3)增强汽车企业竞争力

世界知名的大汽车企业,不仅生产规模庞大,而且行销能力极强。其重要手段就是由企业向消费者提供消费信贷。在美国,消费者贷款只有是由商业银行完成的,而销售财务公司发放的消费信贷十分可观,规模仅次于商业银行。

国外汽车企业之所以如此看重汽车信贷消费,是因为对于商业银行而言,汽车信贷只是一种单价比非常低的业务,利润并不高,因而不可能成为银行的主业。但从汽车企业来看,汽车消费信贷是整个产业中的配套项目,是汽车金融公司的核心业务,它通过为汽车消费者提供信贷服务来推动汽车消费,促进汽车销售。

### 1.4.2 汽车金融的发展需要汽车产业开拓业务

汽车金融是金融业的重要组成部分,开拓汽车金融对金融业的繁荣与发展具有举足轻重的作用。纵观国内外汽车产业与金融业的发展历史,大体上存在着如下的趋势。

1. 汽车金融的发展需要汽车产业安排资产业务

汽车金融的稳步发展,需要实行多元资产战略,体现金融业经营管理资产分散化原则的要求。通过汽车消费信贷可扭转金融业融资主体单一的局面,提高银行贷款对象素质,扩大资金供给,提高资金使用效率。汽车金融提供汽车消费贷款,一方面有利于促进中间业务的发展,增加收入;另一方面有利于扩大消费需求,引导居民消费行为,促进消费结构的合理化。

目前,中国有30%的汽车是通过消费贷款购买的,而在其他国家,汽车金融产品的平均渗透率达到了70%。因此,汽车金融将会是我国金融业的一个新的利润增长点。

2. 为汽车产业提供的金融服务丰富了金融产品

为汽车产业提供的金融服务已经是欧美等发达国家第二大个人金融服务项目,是一个规模大、发展成熟的产业,有着多样化的汽车金融产品。如价格浮动式汽车金融产品、投资理财式金融产品、以旧换新式汽车金融产品、公务用车式汽车金融产品等,与股票、债券、银行存款等大众化的金融商品相比,汽车金融产品是一种较为复杂的金融商品,它是围绕着汽车销售而展开的。随着消费者爱好的多样性和易变形的不断提高,对汽车金融产品的需求也呈现多样化趋势。各金融机构为满足消费者的多样化需求,必然会想方设法开展新的汽车金融产品。因此,发展汽车金融服务业,可以大大丰富金融市场的金融产品。

3. 金融结算工具在汽车产业的流通和消费领域得到进一步的应用和推广

随着汽车产业的蓬勃发展,汽车金融介入了汽车产业领域的范围逐渐扩大,居民个人通过办理抵押贷款来购买汽车得到进一步推广。为了方便款项结算,个人采用支票和银行本票办理结算已经成为可能,为支票和银行本票的扩大应用提供了外部条件。另外,有的银行还利用信用卡办理汽车消费贷款手续,建立分期付款、分期还款的自动转账支付系统,也为信用卡的业务内容推广起到了积极作用,为银行拓展了结算服务领域。

通过以上分析表明,汽车产业与汽车金融相互融合是现代社会经济发展的必然要求,二者是一种相互促进、相互依赖、共同发展的关系。

## 1.5 汽车金融服务

### 1.5.1 汽车金融服务的定义

汽车金融服务还没有形成独立的理论体系,而是融合在整个经济理论、金融理论和汽车产业理论中。一般意义上说,汽车金融是汽车金融服务的产品,汽车金融服务机构是提供汽车金融服务的主体,汽车金融服务是金融服务行业的一种专业化服务,是金融服务的一种细分。

1. 美联储对汽车金融公司的间接定义

美国联邦储备委员会将汽车金融服务公司划入金融服务体系的范畴,它是从金融服务公司业务及资产组成的角度对汽车金融服务公司进行间接定义——“任何一个公司不包括银行、信用联合体、储蓄和贷款协会、合作银行及储蓄银行，如果其资产中所占比重的大部分由以下一种或多种类型的应收款组成，如销售服务应收款、家庭或个人的私人现金贷款、中短期商业信用包括租赁、房地产二次抵押贷款等，则该公司就称为金融服务财务公司”。

2. 美国消费者银行家协会对汽车金融服务公司的定义

汽车金融服务公司以个人、公司、政府和其他消费群体为对象，以其获取未来收益的能力和历史信用为依据，通过提供利率市场化的各类金融融资和金融产品，实现对交通工具的购买与使用。该定义对汽车金融服务的对象进行了扩展，其服务对象包括个人、公司、政府和其他消费群体，强调服务对象的未来收益能力和历史信用。

3. 福特汽车信贷公司对汽车金融服务的定义

全球汽车融资行业的领头羊福特汽车信贷公司，其对汽车金融服务的定义是以专业化和资源化满足客户和经销商的需要，为经销商和客户提供金融产品和服务，包括为新车、旧车和租赁车辆提供融资以及提供批售融资、抵押融资、营运资金融资、汽车保险、库存融资保险等金融服务，同时围绕汽车销售提供金融投资服务。

4. 中国银监会对汽车金融公司的定义

《汽车金融公司管理办法》所称汽车金融公司，是指经中国银行业监督管理委员会批准设立的，为中国境内的汽车购买者及消费者提供金融服务的非银行金融机构。

5. 中国首位以汽车金融工程为研究方向的博士学位获得者王再祥对汽车金融服务的定义

王再祥博士认为：“汽车金融服务是主要在汽车的生产、流通、购买和消费环节中融通资金的金融活动，包括资金筹集、信贷运用、抵押贴现、证券发行和交易，以及相关保险、投资活动，具有资金量大、周转期长、资金运动相对稳定和价值增值等特点，它是汽车制造业、流通业、服务维修与金融业相互结合渗透的必然结果，涉及政府法律、法规、政策行为以及金融保险等市场的相互配合，是一个复杂的交叉子系统”。

6. 本教材适用的汽车金融服务的定义

本教材试图探讨汽车金融服务的发展问题，由于国内外汽车金融服务发展的不同步性，导致对汽车金融服务概念适用的不一致性。为了妥善解决这个问题，在谈及国外汽车金融服务时倾向于更为广泛的汽车金融服务定义，即汽车金融服务是主要在汽车的生产、流通、购买与消费环节中融通资金的金融活动，包括资金筹集、信贷运用、抵押贴现、证券发行和交易，以及相关保险、投资活动。在谈及国内汽车金融服务时采用狭义的概念，即汽车金融服务指汽车销售过程中对消费者或经销商提供的融资及其他金融服务，主要指汽车消费信贷及汽车相关保险。

汽车金融服务概念的不一致性，不会对本教材的研究造成实质的影响。从国外汽车金融服务发展的历程来看，汽车金融服务不可能一蹴而就，汽车金融服务机构所提供的金融产品和服务是在较长时间发展完善起来的，而我国汽车金融服务发展才开始起步，汽车金融服务机构提供的产品和服务也会在逐步成长中完善起来。我国目前的发展水平还不足以用国外几十年发展起来的标准相衡量，但是国外的汽车金融服务为国内的汽车金融服务提供了很好的借鉴，用较高的标准要求我国汽车金融服务有利于我国汽车金融服务的快速健康发展。

### 1.5.2 汽车金融服务范围

从汽车产业的发展过程来看,需要汽车金融服务的不仅有汽车消费者,还有汽车经销商和制造商。他们对汽车金融服务的内容要求,不仅仅限于资金的融资,还包括减少汽车制造厂商的风险,提高用户购买能力以及使汽车制造商、经销商、用户在金融业的牵线下,保持长期稳定的关系等。从服务上看,汽车金融机构涵盖了汽车售前、售中、售后的全过程,除了提供汽车信贷服务以外,还包括以担保方式向金融公司借款、购车储蓄、融资租赁、汽车消费保险、信用卡、汽车旅游信贷等业务。可以说是以汽车信贷为中心的专业银行。

### 1.5.3 汽车金融服务的内容

汽车金融与服务的内容涉及广泛,在我国常见的主要有以下几种。

1. 汽车消费信贷服务

消费信贷是金融机构向消费者提供资金,用以满足消费者需求的一种信贷方式。消费信贷的贷款对象是个人,贷款用途是用于消费,目的是提高消费者即期的消费水平。

2. 汽车保险服务

汽车保险始于19世纪末,它目前已发展成为最重要的险种之一。在这一保险中,保险人负责赔偿被保险人因自然灾害和意外事故而蒙受汽车车辆损失,以及对第三者应承担的经济责任。汽车保险作为一种社会保障功能,为保障人的基本生活和生产的继续进行以及社会稳定起到了无法替代的作用,所以备受广大用户青睐。

3. 汽车租赁服务

汽车的经营性租赁,简称汽车租赁,是指汽车消费者通过与汽车销售者之间签订各种形式的付费合同,在约定的时间内以获得汽车的使用权为目的,经营者通过提供车辆功能、税费、保险、维修、配件等服务实现投资增值的一种实物租赁形式。汽车租赁的核心思想是资源共享,服务社会。

4. 汽车置换服务

汽车置换,从狭义上来说,就是以旧换新,经销商经过二手车收购与新车的对等销售获取利益。广义上的汽车置换,则是在以旧换新的基础上,同时还兼容二手车的整新、跟踪服务,二手车再销售乃至拆抵分期付款等项目的一系列业务组合,从而使其成为一种有机而独立的营销方式。

### 1.5.4 汽车金融服务的功能及意义

在市场经济条件下,汽车金融服务在国民经济运行中起到十分重要的作用。汽车金融服务同其他消费信用一起,刺激消费,加速固定资产折旧,调节经济运行中供需不平衡的矛盾,调剂社会消费资金,使其在时间、数量上实现供给平衡,充分调整人们现实消费需求和潜在消费需求的结构性矛盾。具体来讲,汽车金融服务是通过调节汽车工业生产与汽车消费矛盾来发挥作用的。

从信用关系本身来看,作为汽车消费领域发挥职能作用的汽车金融服务,使汽车产业中的货币资金在生产、流通、消费三个领域中循环周转,满足各个领域的资金需求,影响和推动整个汽车产业的发展。汽车金融服务通过自身的运行机制能够带动汽车产业的快速发展,同时也通过汽车产业与其他相关部门的高度关联关系,间接地推动第三产业的发展。

首先,汽车金融服务通过汽车产业高价值转移性,对制造业和其他部门实现其带动功能。汽车产业对其他产业有较大的依赖性,能够带动其他产业高价值转移。由于汽车产业自身的增加值率远远低于整个制造业的增加值率,其产值是通过消耗其他部门产品形成的,汽车产业拉动作用较大的主要有钢铁、电子机械、金属塑料、橡胶制品、有色金属、纺织、制革玻璃、化工、石油加工等。正是这一特性,汽车金融服务才能通过其流通、消费乃至对生产提供金融支持的办法,疏通汽车产业的下游渠道,避免产品的积压和库存,缩短周转时间,提高资金使用效率和利润水平,较大幅度带动相关产业的发展,使汽车产业的高价值转移性得以顺利实现。

其次,汽车金融服务通过汽车产业与服务业的高度关联性,带动第三产业的发展。国民经济中的第三产业和第二产业的汽车业的高度关联性主要体现在两个方面:一是汽车产品的最终价值分配中,第三产业占有很高比例;二是汽车产业的预投入对第三产业的预投入有较大带动作用。研究显示,汽车工业的一定投入,可以导致包括批发和零售贸易、储运、商业服务、社会和个人服务等相关服务业增加收入。也就是说,汽车金融服务利用这种高度关联特性,一方面以其自身的发展直接推动第三产业的发展,另一方面以汽车产业为媒介,通过价值转移,投资倍增效应等方式,又间接对第三产业的发展提供有力的支持。

再次,汽车金融服务通过自身及汽车产业在就业方面的较强安置能力,对扩大劳动力就业发挥积极作用。汽车金融服务所涉及的相关服务部门一般具有很强的直接就业安置能力,如汽车修理业、运输业、销售、管理部门、研究咨询以及汽车使用部门,基本上都属于劳动密集型行业。另外,虽然汽车制造部门的就业吸纳能力没有汽车服务业强,但也是第二产业部门在安置就业方面较多的行业。

除上述汽车金融服务对宏观经济的作用外,汽车金融服务对微观经济的作用也是不容忽视的,主要表现在:

第一,汽车金融服务对汽车生产厂商可以起到维护销售体系,整合销售策略,提供市场信息的作用。对汽车制造企业来讲,企业要实现生产与销售资金的相互分离,必然要有汽车金融服务。如果没有汽车金融服务,生产资金将被固定于经销商销售的库存和客户们的应收账款之中,容易导致销售数量越多,生产资金越紧张。有了汽车金融服务,就会大大改善生产企业和经销商的资金运用状况,提高资金使用效率。

第二,汽车金融服务对汽车经销商可以起到提供存贷融资、营运资金融资、设备融资等作用。对于汽车销售商来讲,只有借助于汽车金融服务和汽车金融公司,才能实现批发和零售资金的相互分离。同时,汽车金融服务还有利于汽车生产制造和汽车销售公司开辟多种融资渠道,如商业信用、金融授信等。

第三,汽车金融服务对汽车消费者可以起到提供消费信贷、租赁融资、维修融资、保险等业务。对消费者而言,汽车信贷不仅可以解决支付能力不足的问题,更重要的是降低消费者资金运用的机会成本。

第四,汽车金融服务业的发展能够完善汽车金融服务体系。随着汽车金融服务业的发展,借鉴国外成功的管理经验和经营模式,结合我国的市场环境和发展状况等方面因素,汽车金融服务体系也会逐步发展并得以完善。

### 1.5.5 汽车金融服务的特点

随着社会经济发展进程的加快,越来越多的人步入有车一族。由于人们对未来收入有着良好的预期心理,贷款买车已经成为很多人的选择,由此也推动了汽车金融服务的良好发展。

在汽车金融服务领域,除银行之外,也需要有专业的汽车金融服务机构来刺激经济消费,促进行业发展,而专业的汽车金融服务机构则具有银行所无法取代的服务功能。

1. 与总部利益集团关联度较强

典型的汽车金融服务是汽车制造商的附属财务集团,其与总部是一个利益共同体。与银行等金融机构相比,汽车金融服务首要任务是要促进汽车行业的销售和发展,保证对汽车业连续稳定的支持。众所周知,汽车业是规模经济行业,只有汽车产量达到一定规模时,才能产生明显的经济效益。

2. 经营管理的专业化程度提高

在风险控制方面,专业的汽车金融服务能够针对汽车行业消费的特点,开发出专门的风险评估模型、抵押登记管理系统、催收系统、不良债权处理系统等。在业务运营方面,从金融产品设计开发、销售和售后服务等方面,汽车金融服务相关机构都有一套标准化的业务操作系统。这些独立的、标准化的金融服务体系,不仅大大节省了交易费用,也大大提高了交易效率,从而赢得了规模经济优势。

3. 综合经营优势明显

汽车消费涉及金融服务业的各个方面,除了购车贷款外,还包括汽车在消费过程中所产生的金融服务。相比汽车金融服务,银行的服务则比较单一化,产品仅局限于汽车贷款,但显然保险、燃油、维修、驾车旅行等都与汽车消费密不可分,这就需要综合性的金融服务。综合性的金融服务既增强了对客户的新引力与还款意愿,也有利于防范客户风险的发生。事实上,购车是一次性的行为,但汽车消费则属于经常性的行为。同理,汽车金融服务已延伸、渗透到汽车消费的各个领域,增加了金融服务收益。

4. 构建汽车金融业个人信用体系

在法治社会和市场经济条件下的今天,信用是企业及个人珍贵的无形资产。在开展汽车消费贷款业务中,除了考核贷款购车人的资产状况外,更重要的是考核贷款人的信用记录。目前,我国进行资信调查的个人信用体系还没有建立起来,这就使汽车金融机构无法准确界定申请消费信贷客户的信用等级,无法确定其到期偿还资金的能力,也就无从评估该业务的风险。因此,我们应着手构建汽车金融个人信用体系。

5. 强化汽车金融机构风险控制

强化汽车金融机构风险控制就是要从制度建设和人员管理两个方面入手,完善汽车金融机构内部控制制度,完善汽车金融机构客户信用评估制度,提高汽车金融机构从业人员风险意识和防范能力。

在世界经济受到各种环境的冲击下,汽车消费仍将成为我国经济发展拉动内需的重要力量,由此推断出未来汽车金融服务将有大片的发展市场。

### 1.5.6 汽车金融服务的发展趋势

汽车金融的大发展也带动了周边相关领域的大成长。当然,行业飞速发展的同时也伴随着问题和风险,欺诈风险的集中爆发、欺诈手段的层出不穷都给从业者提出了新的挑战。因此,汽车金融服务的发展趋势主要体现在以下几个方面。

1. 资金方

(1)未来将会有更多的传统商业银行参与到汽车金融行业中,业务模式预测将借鉴浙江“银行+担保公司”模式,或者山西晋城“银行+SP”模式进行展业扩张。

(2)保险公司方面,不仅专业的信用保险公司会继续大力发展汽车金融履约险种,同时其他保险机构也会一起跟进。并且部分保险企业会基于资金和风险控制(简称风控)优势,选择自己做汽车金融。

(3)今后一段时期将会是互联网金融强监管时期,P2P的汽车金融平台在必须做好基础工作的同时,还应寻找更多的融资通道和低成本资金。

目前,供给汽车金融的资金方主要有银行、信托公司、保险公司、P2P平台以及各类基金公司等。可以预见,新的一年资金供给将更加充分。

2. 汽车金融平台

(1)银行和汽车金融公司仍是行业主力。同时预测会加大二手车零售甚至二手车库存融资的产品覆盖。

(2)担保公司之前有些直销渠道管理混乱,坏账会有集中爆发的风险。但是整体上还会有更多的担保公司涌入汽车金融市场。

(3)未来将会有大量的直租平台出现,我们会看到更多的融资租赁公司开始构建线下的实体店品牌。未来将成为汽车金融“O2O线上+线下”的布局争夺战之年,拼速度、拼服务、拼运营、拼落地。

(4)互联网汽车金融平台会继续大发展,无论是主做零售的易鑫租赁,还是主做库融的第一车贷,抑或基于C2C交易衍生二手车金融的瓜子二手车,或者阿里的车秒贷,都会进一步获得长足发展,竞争也更加激烈。

3. 汽车金融产品

(1)二手车零售继续强势增长,会有更多的汽车金融平台进入该领域。

(2)新车零售中的商用车零售会逐渐受青睐,不仅是LCV车型,甚至是传统商用车金融,都有可能迎来大发展。

(3)二手车库存融资产品,未来将改变目前供给太少的格局,将有大量的汽车金融平台开始提供二手车库存融资。资金价格、资金交易结构、现场及远程风险管理是比拼的核心。

(4)今后将集中出现各种基于直接租赁为载体的购车平台,主要模式为“线下店+资源车”直接租赁。其市场很大,就看谁起步更早、跑得更快更稳,同时品牌推广和落地服务更到位。

4. 渠道

(1)基于传统渠道管理见长的AFC,一方面将会继续深入拓展自有渠道的覆盖和渗透率的提升,同时向外品牌和二手车展业的AFC将会建立新的业务团队,或者更多依赖SP展业;而对于通用金融、奇瑞徽银、瑞福德金融这几家已经在多品牌SP领域取得很好市场表现的公司,预估未来对于SP的关注应该更高。

(2)自2016年,SP模式继续迅速发展,当年涌现了一批年放款超过万台的现象级SP。对于放款平台来说,未来如何有效建立SP分层管理、打通SP衍生利润链、提升SP整体品牌忠诚度和风控能力,都是需要大家一起努力和探索的方向。

(3)以往,汽车金融产品的直销模式一直都在被热议,预测未来还会有新的金融平台加入或者加大直销团队的建设。但是如何提升直销的效能、平衡直销与现有SP的关系、控制直销团队的欺诈风险都是绕不过去的难题。

(4)随着直租业务的大力开展,“店面+直营”的模式越来越受到推崇。预测未来会有很多平台采取这种模式展业。此类模式最大的好处是既能满足业务展业的需要,又可以实现品牌的宣传推广,同时建立落地渠道的覆盖和服务提供,可以极大促进金融平台的商业价值。“优秀的品牌推广+强执行力的落地地推+精细化人员和店面管理”是模式制胜的关键。

以上各种渠道没有绝对的好坏之分,只有适合不适合,同时需要配合公司的战略发展。

5. 终端

(1)未来将会在传统的4S店、二手车行、汽贸公司的终端业态上,出现更多的直营店面,甚至是互联网汽车卖场。

(2)汽车卖场的交易场景,一方面是品牌限制的放开,互联网公司直营的综合卖场;另一方面以国美等传统零售巨头为代表,在自有渠道基础上改造店面,以适应汽车电商的落地服务。

(3)可以预见,未来落地汽车金融服务的终端将会更加丰富和深入。SP的渠道覆盖将进一步下沉到乡镇一级。

6. 电商

(1)汽车电商捆绑汽车金融服务,联合线上线下推广,将成为未来的新方向。

(2)目前不仅B2B领头羊的优信拍建立了独立的汽车金融业务板块,C2C平台瓜子二手车也已经建立了自己的汽车金融部门,以实现线上流量的变现。未来其他C2C二手车电商平台一定也会逐步跟进。

7. 服务平台

(1)系统服务

系统服务商在传统的 AFC 系统、融资租赁系统基础上,将会更加偏向互联网化和科技化,加入更多大数据风控的技术来综合提升平台的风控水平。迎合市场对于 Fin-Tech 公司的要求。

(2)GPS 服务

GPS 服务提供商将从单纯的硬件提供商演化为综合的风控监控和策略预警数据提供商。基于 LBS 的大数据分析和风险策略将备受喜爱。

(3)培训咨询

行业的成长将带来大量的专业培训和咨询需求。期望可以看到更多专业化汽车金融培训与咨询服务机构的出现和成长,推动行业健康发展。

(4)现场催收服务

现场催收将越来越多依赖互联技术,提升催收成功率。单兵作战的难度会越来越大,行业联盟和信息整合共享的平台是大势所趋。

(5)数据服务

1)第三方征信继续发展,预测今后会有主管部门出面的整顿调整。大政策方面是利好的,征信机构的能力提升和服务规范,可以提升行业的专业度。

2)反欺诈、生物识别技术未来都将会应用在风险控制中,同时大数据应用模块会越来越多促进快速授信、快速放款的实现。

3)专业的二手车评估数据服务将为蓬勃发展的二手车金融市场注入强大的推动力。目前二手车评估公司提供的快速定价模型已经被商户和金融机构逐渐认可,远程和现场评估以及兜底服务的结合,还需要再深入推广和验证。

## 本章小结

本章主要内容包括汽车金融的概念、特点和作用,汽车金融体系,汽车金融与汽车金融业,汽车金融与汽车产业,汽车金融服务等内容。

下列问题覆盖了本章的主要学习内容,可以利用以下线索对所学内容做一次简要的回顾。

1. 汽车金融的概念、特点和作用

(1)汽车金融的概念

(2)汽车金融的特点

(3)汽车金融的作用

2. 汽车金融体系

(1)汽车金融市场体系

(2)汽车金融机构组织体系

(3)我国汽车金融服务体系面临的现实挑战

(4)构建新型汽车金融服务体系

3. 汽车金融与金融业
(1)汽车金融与金融业的定义
(2)汽车金融与金融业的联系
4. 汽车金融与汽车产业
(1)汽车产业
(2)汽车产业的发展需要汽车金融的支持
(3)汽车金融的发展需要汽车产业开拓业务
5. 汽车金融服务
(1)汽车金融服务的定义
(2)汽车金融服务范围
(3)汽车金融服务的内容
(4)汽车金融服务的功能及意义
(5)汽车金融服务的特点和发展趋势

# 自测题

**一、多项选择题**(下列各题的备选答案中,有两个或两个以上选项是正确的,请把正确答案的序号填写在括号内)

1. 汽车金融是在汽车的(　　)过程中融通资金的金融活动。

A. 生产　　B. 销售　　C. 维修服务　　D. 消费者购买

2. 汽车金融活动包括(　　),以及相关保险、投资等相关金融与服务的一系列金融服务的总称,它是汽车业与金融业相互渗透的必然结果。

A. 资金筹集　　B. 信贷运用
C. 抵押贴现　　D. 证券发行与交易

3. 汽车金融业是指以(　　)及其关联服务组织为经营主体。

A. 商业银行　　B. 汽车金融公司
C. 保险公司　　D. 信托联盟组织

4. 汽车金融的特点主要有(　　)。

A. 促进汽车销售　　B. 存在规模效益
C. 服务内容多样化　　D. 经营管理专业化
E. 资金来源多样化

5. 汽车金融的作用主要有(　　)。

A. 平衡汽车供需矛盾　　B. 提高资金效率
C. 推动汽车产业高速发展　　D. 推动汽车产业和其他相关产业的协调发展

**二、判断题**(在括号内正确打√,错误打×)

1. 汽车金融是依托并促进汽车产业发展的金融活动。　　(　　)

2. 汽车金融公司与汽车制造商、经销商之间天然的内在联系,使得它能够提供包括生产、流通、消费各个环节的租赁、信贷等多品种、综合性、完善的金融服务,贯穿于汽车生产、

流通和销售以及售后服务等整个过程中。 ( )

3. 发展汽车金融不仅能平衡汽车供需之间的矛盾，而且能解决整个生产流通消费的资金运转问题。 ( )

4. 汽车产业资本与金融资本的融合是汽车产业更高层次的竞争。 ( )

5. 汽车金融对汽车工业有“高价值转移性”，对制造业和其他部门起带动功能。 ( )

**三、简答题**

1. 什么是汽车金融？

2. 汽车金融的特点和作用有哪些？

3. 什么是汽车金融体系？

4. 什么是汽车金融机构组织体系？

5. 什么是汽车金融业？

# 第2章　汽车金融公司

## 导言

本章主要介绍汽车金融公司的定义与作用；从汽车金融机构内部企业发展方向与汽车金融机构外部服务方面对汽车金融公司和商业银行进行对比；国内外汽车金融公司的各种对比；国内汽车金融公司发展研究策略。

## 学习目标

1. 认知目标

(1)掌握汽车金融公司的定义与作用。

(2)掌握国内汽车金融公司发展研究策略。

2. 技能目标

(1)熟悉从汽车金融机构内部企业发展方向与汽车金融机构外部服务方面对汽车金融公司和商业银行进行对比。

(2)识别国内外汽车金融公司的各种对比。

(3)了解国内外汽车金融公司的诞生与发展。

3. 情感目标

(1)发挥自主学习的能力、收集学习资料的能力。

(2)发挥分析资料的能力、归纳总结关联知识点的能力。

## 2.1　汽车金融公司概述

### 2.1.1　汽车金融公司的定义

美国联邦储备系统（美联储）将汽车金融公司划归金融服务体系之中。依据其定义，美联储主要参考的角度为资产组成以及公司业务。在公司之中，企业的资产应收账款包含了个人、家庭等私人现金贷款、商业信用、房地产二次抵押贷款，则该公司就为金融服务公司。通过这一定义能够看出，现阶段汽车金融公司的主要特点包含以下两项：一是个人消费者是其服务对象；二是公司的主要金融资产为应收账款类。针对这一定义，美国消费者银行家协会认为，以历史信用以及未来收益能力为依据，个人、政府以及公司作为消费群体，通过市场化利率的各种金融融资、产品、投资服务的提供,来实现对汽车或其他交通工具的所有权和使用权。

针对汽车金融公司的定义,中国银监会认为:根据我国现有的法律法规,汽车金融公司包括公司法以及汽车金融公司管理办法等进行设立的公司,能够给广大的汽车消费者提供贷款的非金融机构,其范围包含了外资独资、中外合资和中资的汽车金融机构。

## 2.1.2 汽车金融公司的作用

在进行关系处理的过程之中,汽车金融公司的优势尤为明显,尤其是针对经销商、汽车厂商以及消费者等关系进行处理时,通过及时的风险评估,解决融资问题;并充分利用他们对金融及汽车的专业认识,可谓潜力巨大。对汽车制造商来说,要扩大公司生产规模和经营范围,需借助于汽车金融进行,在汽车销售的过程之中,经销商也将汽车金融看作其中最为重要的部分;在消费者的眼中,他们所关注的重点是进行汽车金融贷款过程之中的手续费以及利息等,汽车金融公司手续的便捷性和资金运用的灵活性,是汽车消费的理想方式。汽车金融公司随着汽车行业的不断发展,所占据的地位也越来越重要。2017 年汽车金融服务公司质量排行榜见表 2-1。

**2017 年汽车金融服务公司质量排行榜** 表 2-1

| 排名 | 企　业 | 排名 | 企　业 |
|---|---|---|---|
| 1 | 梅德赛斯-奔驰汽车金融有限公司 | 14 | 瑞福德汽车金融有限公司 |
| 2 | 上海汽车集团财务有限公司 | 15 | 菲亚特汽车金融有限责任公司 |
| 3 | 丰田汽车金融(中国)有限公司 | 16 | 戴姆勒-克莱斯勒汽车金融(中国)有限公司 |
| 4 | 上海通用汽车金融有限责任公司 | 17 | 三一汽车金融有限公司 |
| 5 | 福特汽车金融(中国)有限公司 | 18 | 重庆汽车金融有限公司 |
| 6 | 一汽汽车金融有限公司 | 19 | 天津长城滨银汽车金融有限公司 |
| 7 | 东风标致雪铁龙汽车金融有限公司 | 20 | 比亚迪汽车金融有限公司 |
| 8 | 大众汽车金融公司 | 21 | 创富融资租赁(上海)有限公司 |
| 9 | 北京现代汽车金融有限公司 | 22 | 长安汽车金融有限公司 |
| 10 | 宝马汽车金融(中国)有限公司 | 23 | 华泰汽车金融有限公司 |
| 11 | 沃尔沃汽车金融有限公司 | 24 | 裕隆汽车金融(中国)有限公司 |
| 12 | 广汽汇理汽车金融有限公司 | 25 | 上海锋之行汽车金融信息服务有限公司 |
| 13 | 东风日产汽车金融有限公司 | | |

注:数据来源于 2017《互联网周刊》& eNet 研究院选择排行。

1. 在汽车金融公司之中,生产资金以及销售并非连接在一起

在汽车厂商的生产以及销售过程之中,汽车金融公司能够及时地将市场之中的情况进行反馈,包括销售策略、销售模式的掌控以及市场信息等。在进行生产销售资金分离的过程之中汽车生产厂家主要采取的便是金融公司。一旦在汽车的生产经营过程之中缺乏汽车金融公司进行支持,一旦应收账款以及库存比较大的时候,就很容易出现资金链断裂的情况,

针对资金的使用效率与汽车金融服务公司有很大的关系。

2. 在汽车消费的过程之中,汽车金融公司是十分有利的平台

作为消耗品,汽车的损耗非常快。在进行全款购车的过程之中,不但车辆的折旧率很高,而且在进行商贷之中的利率也远远小于投资回报率的损失。所以,在汽车消费的过程之中,汽车金融公司承担着很重要的作用,它不但可以解决消费者在汽车购买过程之中资金不足的问题,而且还可以使得消费者手里有更多的资金进行投资。在其他发达国家,在汽车销售的过程中,消费者更多的是采用租赁以及融通资金的方式进行车辆购买。随着现代技术的不断进步,生产效率越来越高,这就使生产成本在不断地降低,汽车的消费过程之中的折旧率越来越高,因此,这就需要更多的金融公司参与到现在的汽车销售过程之中。

3. 在现在的汽车销售过程中,汽车金融公司是很重要的一个载体

在汽车的生产过程之中以及存货等环节均需要大量的资金,这就充分体现出金融公司的重要作用。借助于现有的金融平台,及时地将零售以及批发的资金进行分离,汽车金融公司还可开辟金融授信等其他直、间接汽车融资服务。

4. 借助于汽车金融公司的发展,有效推动汽车产业的发展,同时引领第二产业的不断发展

汽车金融公司的管理控制系统主要包含风险评估系统、抵押登记管理系统、催收账款系统以及不良债务处理系统等,根据不同客户的不同需求,提供更好的服务。而且金融公司对于交易过程都十分熟悉,这样就有效降低了交易过程之中的时间以及成本等。汽车金融公司相比较于商业银行之中的汽车金融有自己的特点,最主要的便是费用灵活,而且手续非常简便。同时在市场环境恶劣的时候,他们并不会出现趋利避害的情况,更多的是投入更多的资金,推动消费的进行,这样不仅能够有效地带动汽车产业的发展,还能够促进与之相关的产业发展,包括电子行业、橡胶行业、钢铁行业等。

5. 第三产业随着汽车金融公司的发展而发展

在第三产业的发展过程之中具有明显的独立性,也非常依赖第一、第二产业的良好发展。随着市场经济的不断进步,汽车金融公司不断发展,由此带来汽车产业的发展,而且第三产业之中包括保险业、旅游业以及交通运输业等。主要相关服务业增加30% ~70%的投入。利用这种“高度关联特征”,借助于汽车金融公司的发展,中国的第三产业发展也迎来了更好的机遇。

## 2.2 我国汽车金融公司与商业银行对比

在我国刚刚开始实行汽车金融业务的时候,商业银行一直处于行业垄断地位。后来随着汽车消费市场以及金融市场的不断发展与完善,中国银监会《汽车金融公司管理办法》在2008 年正式颁布实施,明确了汽车金融公司的定位,这种垄断格局才被打破。随着我国加入 WTO 和一系列“引进来、走出去”战略的实施,这就使很多汽车制造商积极地参与到汽车金融贷款的市场之中,外资汽车金融公司也逐渐进驻中国市场,汽车金融业务逐步向专业化发展。发展到现在,在汽车金融市场之中的主体日益多样化,各个金融主体在相互竞争之中

相互合作。虽然现阶段金融公司获得了很大的发展,但是受到很多因素的影响,现阶段汽车消费信贷的放款额之中占据主导地位的仍然是商业银行,其放款金额占据整个汽车消费贷款放款金额的2/3,如图2-1所示。

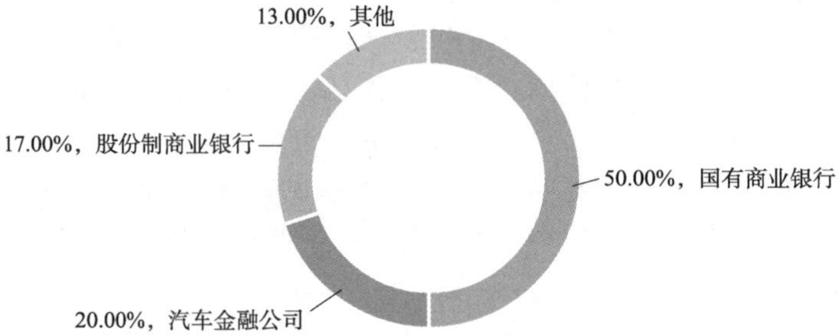

图2-1　目前我国汽车信贷主体结构

## 2.2.1　从汽车金融机构内部企业发展方向分析

1.资金来源

作为重要的金融机构,商业银行的业务主体为存贷款业务,因此,商业银行之中拥有大量资金可以用于贷款。此外,商业银行由于其筹资渠道范围比较广,因此,其规模优势比较大;相比较而言,汽车金融公司的筹资渠道就比较小。随着现在市场的不断发展,只有在资金获得保证的基础上才能够不断地推进汽车金融公司的发展。

2.风险和收益

(1)风险管理

现阶段我国的个人征信系统并不完善,缺乏相应的信贷风险体系对金融贷款进行风险评估。由于信用体系和风险管理体系的不完善;对于客户提交的资料基本信息,缺乏有效的方法进行辨认,其审核也缺乏一定的依据,而客户其他的信息,也往往无法进行有效的获取和收集。在这方面,商业银行和汽车金融公司面临的问题和挑战是相似的。此外,在汽车金融贷款之中,其在商业银行之中虽然占据着很重要的地位,但是其他业务也占据很高的比重,这就使在商业贷款完成以后,银行与客户之间缺乏联系,缺乏跟踪和监督,难以达到风险控制的效果。而对汽车金融公司来说,汽车金融机构针对不同等级的客户,银行可以实行不同的策略,针对那些信用比较好的优质客户,银行可以降低首付比例以及贷款利率,促进银行贷款业务的发展,同时有效地规避金融贷款风险。如对信用等级高的客户实行低利率、低首付;对信用等级低的客户实行较高的利率和首付。此外,国外保险公司也参与汽车金融信用风险管理,保险公司不仅对汽车提供各种险种,而且还提供分期付款购车信用保险。汽车经销商、银行等金融机构、汽车金融公司与保险公司合作,利用保险公司的理赔机制保障各汽车金融服务操作主体的利益。

贷后管理方面,汽车金融机构进行贷后控制的手段是:通过中国人民银行征信中心的个人信用报告或自己建立的评估模型,连续动态地观察借款人的消费方式、还款情况等财务信息,还可通过完善的售后维修网络获取借款人信息,如有需要可调整其信用评估和修改还款计划。严格施行贷后风险监测,建立预警机制。一旦出现借款人拖欠等情况,汽车金融公司利用自动催收系统或通过专门提供催收月付的中介机构进行催收。当借款人拖欠超过一定期限,汽车金融机构通过所有权保留下汽车取回制度迅速进行风险处置,如租赁、再次销售或通过保险机制索赔等。如果顾客非恶意拖欠,则与顾客协商将贷款展期或通过修改还款方案来降低月供款。

汽车金融公司与制造商、经销商有着天然的联系,便于进行信息共享,能对客户进行跟踪监督,实时监控其经营状况和还款能力,确保客户能在贷款合同期间还清贷款,从而降低坏账率。所以,在金融市场之中,风险管理应该引起商业银行的重视。

(2)收益

开展汽车金融业务,特别是汽车消费信贷业务的主要盈利模式是贷款利率。我国商业银行的贷款利率较低,一般为中国人民银行规定的基准利率,但视不同贷款产品的风险程度而定,可以在基准利率上有所上浮。汽车金融公司的利率较高,虽然能赚取更多的利息收入,但是也会因此失去大量的客户,导致业务量减少,不利于业务扩展和营销工作。

从产业价值链上来看,我国商业银行目前的业务主要集中在汽车消费信贷上,经销商融资的业务量也不大。与商业银行只能赚取利息收入不同,汽车金融公司可以利用与制造商、经销商、维修商的联系,在汽车产业的整个价值链上开展汽车金融业务,为客户提供多方位的服务,因此扩宽了盈利渠道。从人才储备上商业银行和汽车金融公司相比,一方面商业银行具有大量的金融服务人才;另一方面则缺乏既懂金融专业又懂汽车专业知识的复合型人才。从长远来说,这一点不利于商业银行汽车金融服务的发展。

## 2.2.2 从汽车金融机构外部服务方面分析

1.服务规模及便利程度

(1)贷款门槛

商业银行具有“大而不倒”的优势,服务网点较多,且可以为客户提供较低利率的贷款产品,但它的贷款门槛相对更高些。汽车金融公司在我国起步较晚,服务网络刚刚构建,利率略高,但贷款门槛更低,在贷款期限、首付比例、贷款条件、抵押担保等方面具有相对优势,见表2-2。

商业银行与汽车金融公司在贷款门槛上的比较　　表2-2

| 类别 | 商业银行 | 汽车金融公司 |
|---|---|---|
| 服务网点 | 较多 | 少 |
| 贷款利率 | 较低(央行基准利率) | 高(上浮30%或下浮10%) |
| 贷款期限 | 一般为3年 | 1~5年 |
| 首付比例 | 30%~50% | 最低20% |
| 贷款条件 | 本地户籍,需第三方担保 | 收入稳定,信用良好 |
| 抵押担保 | 房产、汽车本身 | 灵活 |
| 贷款手续 | 烦琐 | 简单 |
| 还款方式 | 比较单一 | 灵活 |
| 对客户需求的把握 | 难 | 易(与购车群体联系紧密) |

(2)业务操作

在业务操作上,商业银行为客户办理汽车消费信贷业务时,需要客户提交大量个人资料,流程过长,审批环节也过多,还要与车辆管理所、保险公司等多个部门和机构打交道,使得整个过程既烦琐又费时。笔者在中信银行汽车金融中心实习时,也经常会遇到客户对手续烦琐的抱怨,比如抵押、解抵押手续的办理必须要带客户身份证、机动车行驶证等到车辆管理所办理,通常需要3~5个工作日才能办理完毕,给客户带来了诸多不便。甚至有些客户在已经签订了合同之后,发现手续太过麻烦而要求撤销贷款合约。因为对他们而言,贷款买车或者全款买车都是可行的,他们只是在4S店时接受了银行驻点工作人员的营销而同意购买中信银行的车贷产品而签订车贷合同的。而汽车金融公司的信贷手续简单,放贷速度快,还可以选择各种灵活的还款方式。

2. 产品开发及营销

首先,在进行销售的过程之中,要学会组合销售,充分地结合汽车金融业务进行汽车销售的开展,其横向发展模式以及纵向发展模式都应该引起我们的注意。其次,汽车金融公司能够及时地掌握市场信息,可以结合汽车产品特点与其他促销手段相结合,根据顾客的需求更灵活地设计出不同特色的信贷产品。最后,在汽车制造以及经销商之下才是汽车金融公司,它可以与制造商联合推出贴息产品,达到营销的目的,营销成本也可以分摊,因此与银行相比更具有产品价格竞争优势。

3. 专业化、综合化

专业化与综合化是商业银行在汽车消费市场上做大做强面临的最大的挑战。根据表2-3分析,与汽车金融公司相比,我国商业银行明显处于劣势。

**商业银行与汽车金融公司专业化、综合化比较** 表2-3

| 类别 | 商业银行 | 汽车金融公司 |
|---|---|---|
| 汽车金融专业人才 | 缺乏 | 不缺乏 |
| 金融产品 | 单一 | 多样 |
| 附加服务 | 无 | 针对各自品牌定制 |

通过表2-4的对比分析,我们能够看出在进行金融业务贷款过程中,商业银行还是占据着很大的优势,同时也是存在一定的不足。

**商业银行与汽车金融公司的综合比较** 表2-4

| 类别 | 商业银行 | 汽车金融公司 |
|---|---|---|
| 资金来源 | 广泛 | 狭窄 |
| 风险和收益 | 风险大,但利率低 | 风险管理专业,但利率高 |
| 人才储备 | 不够专业 | 专业 |
| 贷款门槛 | 较高 | 低 |
| 业务操作 | 烦琐 | 简单 |
| 产品开发及营销 | 横向模式 | 纵向模式 |
| 专业化及综合化 | 不够专业 | 专业 |

# 2.3 国内外汽车金融公司对比

## 2.3.1 国内外汽车金融公司设立方式比较

汽车金融公司虽然对于汽车企业有着举足轻重的作用,但是在不同的国度有着不同的部署。在国外的相关汽车集团中,汽车金融企业只是作为集团全资的复数机构,而由于资本市场的发展,汽车金融公司不可避免地被卷入了资本运作中。

经济的全球化导致国内的汽车企业大都与国际大型汽车集团有着各种合作,从而让国内的汽车金融公司的形式呈现多样化。可以分为两大类型:企业参股、企业不参股。这两种的区别和特点在于企业参股的汽车金融公司在汽车的实际运行过程中,能够更加轻便地与厂方进行合作和配合;而企业不参股的金融公司作为纯粹的外资企业,对于厂方的专注会有所减少,大部分精力需要用于协调合作双方的关系。在这两种类型之外,有一家特别公司——东方标志雪铁龙汽车金融公司,是第一家由国家控股的汽车金融公司,这种设立使公司自身的不足和资金的融合问题能够得到更快地解决。这种企业设立形式是一种创新,也是目前值得关注的一种汽车金融公司设立的参考对象。

## 2.3.2 国内外汽车金融公司融资渠道比较

资金对于一个公司的设立至关重要。在国外,汽车金融公司的资金可以通过多种渠道筹集,例如母公司、银行、股票和债券等。其融资渠道经历了一系列的演变过程。

美国就是一个典型的案例:20 世纪 40 年代,金融市场相对于其他市场而言,发展程度和发展空间都相对落后,在这种情况下,汽车金融公司只能够通过内部的积累来筹集资金。20 世纪 50 ~ 80 年代,随着全球经济不断发展和金融制度的改善及金融市场的扩展,资金比较充裕,汽车金融公司可以通过从外部的渠道来筹资,从而扩大公司规模。在国际上,外部筹资渠道包括 4 种:①普通股份;②债务(市场债券和银行贷款);③优先股;④可转换债券。20 世纪 80 年代以后,汽车金融行业不断扩大发展,逐渐成了一个集团化的规模,业务涉及的范围和实现的价值都在不断扩大,从而成了金融市场的重要部分。在各种压力和动力下,公司规模不断扩展,简单地从公司内部和外源筹集资金已经无法满足公司的需求,这时就必须将内源和外源的融资进行结合,从而产生一种新型的融资形式,其中最具有代表性的就是大规模的汽车金融服务信贷资产证券化。这种形式和运作过程与住宅抵押贷款的性质是一样的,虽然具有一定的风险性,但却是将自身资产活化,从而获取新资金的重要手段之一。这种方式也成了目前汽车行业的潮流,75% 以上的企业使用这种融资方式,并且都降低了相对成本,得到了最大的收益。

中国银监会 2003 年颁布的《汽车金融公司管理办法》对汽车金融公司融资渠道进行如下控制:①吸收境内股东单位 3 个月以上期限的存款;②转让和出售汽车贷款业务;③向银行贷款和同业拆借。但银行拆借资金只能同业借款。2008 年,银监会通过修订该办法大大拓宽了汽车金融公司的融资渠道:允许其发行金融债券,从事同业拆借。

国外的汽车金融公司其资金的融资渠道有一定的发展过程,国际上金融企业的不断发展和完善,金融的相关产品的创新和资源的不断充裕,加之金融政策和环境的不断扩宽,汽车金融公司的融资渠道逐渐多样和丰富起来,广阔的融资渠道为汽车金融公司的扩张提供了充足的资金,大大促进了汽车金融业的发展。与国外汽车公司相对的国内汽车金融公司,在融资的渠道方面还存在着一定的差距,虽然随着国际汽车行业的高速发展有了一定的健康改观,但是还需要不断地努力,采取各种措施不断地优化、改善公司的融资渠道,从而缩短与成熟市场的差距。具体措施有以下几点:

(1)参与同业拆借市场。以批发业务为例,根据实际情况,大多数汽车金融公司月初富余大量流动资金,根据经销商一般集中在月底进货的情况,到月底资金出现短缺。这样有利于调整资金流,将资金成本降到最低。

(2)与商业银行的战略合作。

(3)汽车贷款资金证券化业务。

(4)发行金融债券,获取较长期低成本的资金。

## 2.3.3 国内外汽车金融公司盈利模式比较

金融公司的最终目的都在于提高整体企业的收入和盈利。国内外的汽车金融公司在盈利模式方面也存在各自的特点。而就国外而言,盈利模式主要有两种:基本盈利模式和增值盈利模式。而这两者又可以细分为多种模式,具体分类如图 2-2 所示。

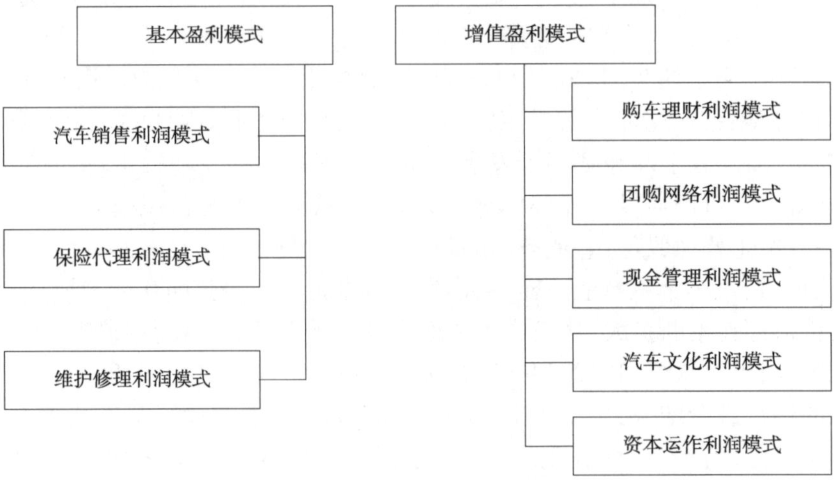


图 2-2　国外汽车金融公司盈利模式

1. 汽车销售利润模式

汽车销售利润模式是一种相对初级和原始的模式,盈利通过汽车销售过程中,汽车产品的供应批发价与零售价格的差异和达到汽车厂商规定的销售规模后的利润返还来实现。

2. 维护修理利润模式

每一样商品都有一定的使用保质期,而在使用过程中也会出现或多或少的故障。若想延长商品的使用寿命,就需要定期进行商品维护。汽车更是需要保养的高档产品之一,因此维护修理能够给汽车金融企业带来高额的利润。该模式主要是针对单一的汽车进行的,是金融公司和经销商利润的重要来源。

3. 保险代理利润模式

现今,随着人们自我保护意识的增加,对于保险的购买也日益增加。汽车的保险是每位车主必须购买的,购买方式可以通过保险公司,也可以通过汽车销售公司。而汽车金融公司就可以利用代理保险公司的部分或者全部的保险产品来提取相对较高的提成和利润。

4. 购车理财利润模式

投资购车模式是购车与投资相结合的方法。

该模式购车的流程是:①消费者支付给汽车金融公司买车首付款,包括购车的首付款和用于投资的投资资金;②汽车金融公司将用于购车的首付款给购车处;③购车处办理手续,消费者得到汽车使用权;④汽车金融公司将投资资金交给投资处到资本市场投资;⑤投资收益返还给汽车金融公司用于偿还消费者贷款本息。

5. 汽车文化利润模式

汽车行业的发展逐渐扩大,已经从单纯的交通工具转变成了具有多种作用和意义的商品。在汽车相关文化产品上,如汽车俱乐部、汽车娱乐场所等,都可以为汽车金融服务公司带来一定的收益和融资者。

6. 资本运作利润模式

金融界的标志语通常就是高风险,高收入。资本运作是能够给汽车金融公司带来巨额的利润,但是伴随着还有巨大的风险,这种盈利模式是利用公司自身的资金向资本市场投放其他的金融产品。

国外汽车金融公司盈利模式已经形成了一个比较完善的经营体系,具有一定的理论基础,在服务和金融两方面都能提供较好的功能和利润。

国内的汽车金融发展时间较短,目前还处于初级阶段,具有巨大的发展前景。不过,我国的汽车金融公司目前的整体实力还相对较弱,所以当前最注重的是拓展公司的发展规模,而在盈利模式方面就表现得过于单一,还停留在汽车的销售和保险方面,没有比较新颖的盈利模式。盈利模式的多样化不仅能够带来巨大的利润,还能开阔公司的融资渠道,促进企业的发展和繁荣。所以,我国应该尝试将盈利的模式进行创新和改善,逐步形成具有中国特色的盈利模式体系。

### 2.3.4 国内外汽车金融公司主要业务比较

1. 国外汽车金融公司

国外的汽车金融业发展最先进的国家是美国。而在业务形式方面,美国的汽车金融公司也具有一定的代表性。其业务主要分为两类:批发和零售。前者是针对经销商、展览馆以及汽车备件场所的,主要指的是融资业务;后者则是单独针对那些购车客户的,主要指的是分期付款和租赁业务。下面以 GMAC(上汽通用汽车金融有限责任公司)为例来了解国外汽车金融公司的业务内容。

GMAC 隶属于通用汽车公司,在 1919 年成立,是一家全资的子公司。通用汽车公司建立 GMAC 的目的在于为公司的相关经销商提供方案和资金。这样能够有效地解决无法一次性购买汽车的客户,可以通过分期付款的形式来代替首次付清贷款的形式。经过 80 多年的发展,该公司已经成了世界上规模最大的金融机构之一,遍布全球的业务使该公司当之无愧地成了最成功的金融机构。GMAC 主要的业务就是汽车金融服务,为通用汽车带来了巨额的利润和便利。该业务能够在任何的市场中,针对不同的客户提供不同的信贷方案,以满足不同阶层、不同年龄和不同国度的客户的独特需求,从而提高服务质量和公司的信用度。同时,该公司自成立以来,所销售的汽车数量和获取的利润都是一个客观的数字,1.46 亿以上的汽车带来了高达 1 万亿多美元的信贷。

GMAC 提供的汽车消费信贷品种有:

(1)分期付款:当客户不能够一次性付清所有费用的时候,可以通过与分销商签订一个分期付款的协议,并保证能够在未来支付完剩下的贷款和财务费用。

(2)Smartbuy:当客户在短期内需要使用车辆,例如在外地出差一个月或半年,就可以通过这种方式,可以立即得到一辆新车,只需要在每个月缴纳一定的车款,签订合同,当合同时间到期后,可以一次付清所有的欠款然后完全的得到这辆车,也可以缴纳 250 美元的手续费和超过限制公里数的费用,然后将汽车归还公司。

(3)Smartlease:当客户不想购买车辆,但是在一定时期内却需要用到车的时候,就可以根据自己的需要签订一定时间、一定公里数的合同,缴纳对应的租赁费用,等合同到期,再交还汽车。这种方式对于外地出差和旅游的客户非常实用。

此外,面对尚未步入社会,没有固定收入来源的学生,GMAC 也提出了相应的信贷方案。

除了以上的金融服务业务外,GMAC 公司还涉及了保险、投资等其他业务。

2. 国内汽车金融公司

国内汽车金融业发展较晚,很多方面的发展形式都是学习和借鉴国外的经验。在业务分类方面虽仿照了美国的分类形式,但是在细分上有所不同,具体形式见表 2-5。

**国内汽车金融业务划分** 表 2-5

| | |
|---|---|
| 批发业务 | 经销商整车库存融资 |
| | 经销商备件库存融资 |
| | 经销商建店融资 |
| 零售业务 | 个人客户购车分期付款 |
| | 零售业务单位购车分期付款 |
| | 融资租 |

但是在目前的实际运行过程中,国内的汽车金融业务还存在大量的不足之处,表现为:

(1)融资方面:因为起步较晚,首先进行的基本上都是关于整个车库存的融资,而对于品牌下的其他部分经销商,许多国内的汽车金融公司都还未完成库存的融资。中国最早成立的上海通用金融公司到 2015 年也仅有 830 家经销商启动了融资项目,其他发展更晚的公司融资额度则更低。

(2)在汽车经销商的备件方面:国内汽车金融公司还未有所发展,在建立店面方面,其融资业务也未启动。

(3)网络布局方面:到目前为止,国内汽车金融业还主要集中在如何将分期付款和经销商扩展方面,对于网络的布局关注较少,大部分汽车公司在国内的零售经销商很少。

(4)融资租赁业务方面:在 2008 年才被开发出来,目前该项业务处于探索和准备阶段,在国内还没真正的展开和实施起来。

(5)金融产品方面:分期付款的形式和产品比较单一。不过随着汽车行业的发展,近年也推出了一种零利息的贷款方案,这是经过与汽车厂家和经销商的合作,推出的一种新的购车方式。这种方式对于国内汽车的销售有一定的促进作用,能够产生积极的影响。

针对以上不足,国家采取了相应的解决措施,对于汽车金融公司的发展都具有积极的作用,能够提供有力的外部条件和政策条件,积极采取措施能够逐渐地完善和拓展汽车金融公司的业务。具体措施如下:

(1)尽快扩大针对经销商的批发业务,建立完善的经销商合作网络。

(2)加快推进消费信贷业务的城市布局,完善信贷业务流程及管理,提高信贷产品设计开发能力。

(3)尽快着手融资租赁业务的研究及推广。

(4)从长远发展的规划来看,有条件的汽车金融公司逐步开展增值型盈利模式业务的经营。

## 2.3.5　国内外汽车金融公司信用风险控制比较

贷前信用风险评估。国外汽车金融机构利用客户的个人信用资料进行信用风险评估,从而为汽车金融服务的决策提供依据。风险评估系统的核心是完善汽车金融服务信用分析技术,运用科学合理的评估方法,对每一位客户的授信内容进行科学、准确的信用风险评级。

国外的汽车金融服务信用评估主要有以下两种方法。

1. 判断分析法

该法主要是依赖汽车金融服务机构的判断能力,对借款人的还款能力和意愿进行评估。①从一个人受教育的程度、职业、遵纪守法情况、品行等方面对借款人的道德风险进行评估;②从年龄、工作岗位、作能力、专长等方面对借款人的就业风险进行评估;③从全部收入来源、家庭资产、家庭人口、经济负担、消费偏好等方面对借款人的经济风险进行评估。

2. 量化分析法

从风险量化的角度看,信用风险决定于:①违约行为出现的概率;②违约行为发生时尚未清偿的贷款余额的大小;③出现违约行为时可减少损失的担保。

每一件事情都无妨预料到全部的结果,非预期损失是由于贷款的损失而带来的波动,可以利用贷款损失的标准差来表示。预期损失则可以利用贷款的定价以及准备的资金来弥补;而非预期的损失不能通过这种方法来进行消除,一般情况下都是通过将资本金进行合理的分配来进行解决和抵御。这两种方式的损失对于汽车金融服务公司而言,也具有一定的使用价值,可以通过这两个损失来衡量公司的信用风险,从而更好地对公司的贷款风险进行管理。当客户的预期和非预期的损失超过了公司所承受范围的时候,就可以拒绝融资或者以其他方式来降低和预防风险的发生。发展较好、规模较大的金融公司还可以在公司内部建立一个信用评估的体系,从而方便客户能够进行信用评估和等级确定。

具体而言,零售(消费信贷)要做信用评级,通过首付款/抵押品、付款记录、付款延期/合同展延、车辆回收等综合记录进行判断;批发(买方信贷)要从经销商的信用管理、额度管理和担保、存货盘点、付款表现等方面进行评估。国外汽车金融公司的贷后管理也更成熟,利用自动催收系统或通过专门提供催收月付的中介机构进行催收。当借款人拖欠超过一定期限,汽车金融机构通过所有权保留下汽车取回制度迅速进行风险处置。

国内汽车金融公司与国外的不同之处,在于信用风险管理主要是通过制定严格的贷款条件来进行风险管理。

1. 严格限定贷款对象

对于贷款的对象,银行必须针对个人进行一定的调查和确定:只有具备了完全的民事行为能力,也就是具有一定的工作能力,身体健康;具有稳定的职业和收入,能保证有能力偿还所有的贷款;要具有良好的信用度,能够保证不会出现贷款不偿还、逃逸等现象;具有个人或者某单位作为保证方,这样才具有一定的证明能力;能支付购车首期款项的个人。客户申请贷款过程中,汽车金融公司要求客户提供包括个人及配偶或联合借款人身份证明、收入证明、居住证明等较多资料,且一般需要进行家访调查,同时借助于银行的个人征信系统进行信用调查,总体审贷门槛较高。

2. 确定担保人

为了避免购车人出现意外或其他原因无法再偿还贷款,必须有一个与购车人有血缘关系的直系亲属或者配偶作为担保人,愿意与购车者共同担当风险和条款,并且能够共同偿还欠款。

3. 明确还贷期限

贷款的合同中必须标明贷款偿还的期限,一般在5年以内。其主要形式是人民币贷款,且首付必超过20%。偿还的方式有按月偿还、按年偿还等。银行直接从借款人的存款账户上扣收本息。由于银行无法连续动态地观察客户、担保人的财务状况和经营情况,并且目前也没有设计自动催收的服务系统,这些薄弱的贷后管理体系导致了很多不良现象的发生,例如假身份证的使用、客户逃贷而不能及时发现等,对贷款风险不能及时采取保全措施和迅速进行风险处置以最大限度地收回权。

国内外的汽车金融信用风险管理通过上述比较,明显体现了两者的差异。国外相对于国内而言,在管理和服务方面都比较先进,两者还存在一定的差距。国外在贷款之前和贷款之后进行了连续且专一的风险监控,并建立预警机制;风险处置体系高效运转;经营管理的专业化程度高。而国内的风险监控很多方面都存在着不足之处,还需要进行大量的改善和加强。国内外风险监控差别巨大的原因主要表现是:国外具有专门的信用评估机构,能够提供有效的信用报告和资料,从而让公司能够进行针对性的调整和管理;而国内就目前情况而言,虽然具有相对完善的信用评估制度,但是却没有准确的资信资料,在调查中只针对工资收入这一项,但是一般现在的稳定收入并不代表以后还会有稳定的收入,加之没有完善的共享机制,房产重复抵押的现象也无法得知,所以银行要进行准确的风险评估比较困难。

## 2.3.6　国内外汽车金融公司金融法律环境比较

国外汽车金融公司金融法律环境:

1. 有关分期付款的法律规定

国外对采用分期付款购车行为的法律调控主要表现在两个方面:一是法律是否允许分期付款购车;二是在允许分期付款购车时,法律对分期付款购车这一交易行为的具体规范。

2. 有关征信的法律制度

现代市场经济是建立在法制基础上的信用经济,高度发达的信用体系在防范金融风险、提高资源配置的效率等方面发挥着积极作用,而建立信用体系首先要建立征信法律制度。分期付款购车中存在着买方不支付汽车价金、导致卖方债权落空的风险。因此,对买方的信用进行调查是非常必要的(尤其买方是自然人时)。在这方面,发达国家都建立了完备的法律支持体系。但法律对隐私权的保护是有限的,比如一些有关不法行为和不当行为的信息,特别是有关失信行为的信息,一定条件下是可以向社会披露的。

3. 抵押担保制度

国外有成熟完善的抵押担保制度和汽车登记制度,并将其网络化。借助计算机,商家可以查到借款购车人在购车时登陆的全国统一号码,防止借款者将未偿还完贷款的车异地抵押出售的行为。抵押担保制度操作性强,一是规定了债权的可质押性,二是规定了浮动担保制度,在英美等国的汽车金融公司信贷融资中被广泛采用。浮动担保制度是企业以自己全部财产作为债权的担保,但在担保期间不影响企业对财产的处分。

4. 个人征信体系

在发达国家普遍建立了个人基本账户制度,通过这个账户,可以详细地掌握和了解借款人账户每一笔资金的流入和流出情况,从而为个人贷款的发放和监督提供了决策依据。建立了个人资信调查制度,除了支持汽车金融机构建立自己的个人资信档案外,国外还培养和扶植提供个人信用信息服务的社会中介机构。这些信用评级和信用调查机构,专门收集、记录、整理和分析个人的信用档案,汽车金融机构可以通过这些信用机构提供的信用报告来了解消费者的信用。

5. 信用惩罚机制

国外对于信用恶劣的借款人首先进行金融制裁,不再给予贷款;另外还结合社会信用制裁。

国内汽车金融公司金融法律环境:

1. 分期付款和征信法律制度

目前我国没有关于分期付款的专门法律规定，只能从《中华人民共和国民法通则》（以下简称《民法通则》）以及《中华人民共和国合同法》（以下简称《合同法》）的一般性规定中找到分期付款购车的法律依据，如《民法通则》规定，民事行为只要符合法定条件的，均属于民事法律行为。《合同法》第167条规定，分期付款的买受人未支付到期价款金额达到全部价款的1/5，出卖人可以要求买受人支付全部价款或解除合同。可见《合同法》是肯定分期付款销售这种形式的。

2. 抵押担保制度

国内汽车消费贷款的担保方式有3种：抵押、质押和保证（第三方担保）。主要的抵押担保业务由《中华人民共和国担保法》（以下简称《担保法》）和银行相关业务制度进行规范。《担保法》规定：以汽车为抵押物的，买受人与出卖人必须订立书面抵押合同；以汽车作抵押的，抵押合同必须经车管所部门登记才生效，即汽车抵押为生效要件。《担保法》是一部新法律，其中很多条款尚未完善和落实。抵押登记即是一例，很多城市的车辆管理所不提供汽车抵押登记这项服务，在实践中造成了汽车抵押登记生效的困难。

3. 个人征信体系

我国现阶段还没有完整的个人资信档案。绝大多数居民能够提供的资信证明，一是身份证和户籍证明；二是所在单位的人事档案；三是个人存单凭证和实物资产和收入证明。前两项不具备经济担保性质，第三项能提供个人的存款余额和收入情况，但不能提供个人以往的信用记录。2004年12月，中国人民银行征信局联合各商业银行初步建立了个人信用信息基础数据库，并在一些试点城市实行联网，初步建立了为社会提供信用记录的平台，主要采集和保存个人在商业银行的借还款、信用卡、担保等信用信息，以及相关的身份识别信息，并向商业银行提供个人信用信息联网查询服务。但如果没有与银行发生信贷业务关系则没有相应的资信记录，所以个人信用信息基础数据库覆盖的范围还很有限。

4. 信用惩罚机制

目前我国还没有完善的信用惩罚机制，只有商业银行系统内部列出的一些“黑名单”，拒绝对一些消费者和企业提供贷款，但由于信息不能充分共享，对防范信用风险起的作用有限。

通过上述比较可见国内外汽车金融法律制度环境的差异。国外完善的法律制度保障了汽车金融的快速发展；国内相关的法律制度还有待完善，特别是个人征信制度的不完善，制约了我国汽车金融的发展。

国际汽车金融服务业有一个有利的法律制度环境，具体表现在以下几个方面：

（1）完善的分期付款制度为汽车金融业务提供了良好的运行环境，保障了各操作主体的利益。

（2）完善的征信法律制度为信用征信业的发展提供了制度性基础，并成为社会信用体系建立的根本。良好的征信体系为汽车金融业实现先进的信用风险管理提供了条件，并能对消费者形成强有力的外部约束，从而推动了汽车金融业的迅速发展。

（3）有关抵押担保制度十分完善，明确规定了债权的可质押，有力地支持了汽车应收账款证券化和抵押融资。一方面使汽车金融服务机构以应收账款发行资产支持证券,增加了资金来源;另一方面使经销商可以应收账款向汽车金融服务机构融资。确认浮动担保制度使经销商可以全部企业财产作为担保取得贷款,不影响其库存车辆的出售,有利于汽车销售和经销商还贷。

我国的消费信贷起步晚,信用消费未成为主流,因而相关的一些法律制度如分期付款制度、抵押担保制度和征信法律制度都不够完善,征信体系建设的时间也很短。这些相关的法律制度的不完善已经制约了国内汽车金融业的发展,因此,应借鉴国外的先进经验进行制度建设,为汽车金融业的发展创造一个良好的法律环境。

## 2.4 国内汽车金融公司发展策略研究

### 2.4.1 自身业务创新

1. 信贷产品创新

从营销观点出发,任何产品都具有一定的生命周期,企业应在一个产品的生命周期中洞悉产品竞争状况的动态变化以修订其营销策略。金融产品也有其生命周期。在日常生活中,人们所说的一个金融项目的循环周期,是指产品从理念、设计、制造、成品往复一个周期的几个阶段。金融产品在各生命周期中呈现不同的特点,其产品策略存在很大的不同点,所以它所涉及的整个金融融资过程都必须要经历不同的但必须是全方位的经营管理。制定金融产品短期和中长期发展规划,实现金融产品的动态、有序、前瞻性地做出计划以及规整。这个过程所涉及的产品设计理念形成到对产品的经营,都要有一个准确的切入点,都需要专业人员进行规划。如产品的形成中的重要结点(策划、上线、评估、评价、下线),则必然会有相应的计划跟踪,同时对于产品的成型到销售一条链上信息综合部分、技术部门,包括风险评估、营销部门以及最后的产品绩效部分都需要一个切实的切入点。各结点需要输出的具体内容等,都要有系统的管理,不断完善各个产品创新流程的梳理、评估和制定。首先需要将市场销售的理念和公司一直坚持的以客户为先的观点彻底地贯彻到产品的开发中去,并根据客户对产品的反馈和内部员工对新产品的意见对产品设计方案不断优化。二是加强产品创意收集和管理。产品线牵头部门可建立有效措施提高产品创意收集、整理的效率和效果。在全球企业都在力求创新改革的今天,任何机构组织或者企业社团都需要赶上时代的步伐用于实践创新。三是加强产品开发过程的决策控制,通过专家评审会组织相关产品开发的立项、验收和后评估工作,需要我们建立一套完整健全的针对后期的监督评估机构。致力于对于产品在后期市场中的销售反映状况,是对市场销售从投放到收集销售信息的持续性较强的市场维护和监管的措施,也是对品牌产品的一种保护,是对公司负责的体现。

2. 尽快开展融资租赁业务

融资租赁业务已获准成为汽车金融公司的一项新业务。它的主要业务来源于金融融资从而发展到最后的融物。也就是要求以取得汽车的所有权为最终目的。它的作用在金融结构中所占比重非常突出,全程要求消费者必须要拿到使用权并付出合理的租金。当其使用期限即租赁期满时则要为设备的使用权付出一定的薪酬,这种汽车融资方式将购买与租赁糅合在了一起。

这些条件包括:

(1)消费者需向销售商支付相应的租金(汽车使用补偿费)。

(2)当消费者在融资期间所付出的租金以及交税纳税超过了其本身所具有的价格,在融资租赁合同中有相关规定,该汽车会依法归属于消费者。

(3)相对于第二条,若是在期满时所有消费不满汽车的销售价格则承租者仅享有使用权,对于这种情况也有相应的解决办法和处理方式:①通过协商让使用者在补足金额后可以享有汽车所有权;②当汽车现如今的价值远超不满金额的时候消费者有权出卖所租汽车并将不足金额补全给商家,这种情况可以使得承租者在获得使用的同时从交易中获利;③可以将其无条件返还商家。

(4)当消费者认为其有能力,并且满足条件是可以考虑将租赁汽车的方式改换成非一次性付款方式购买汽车。但是按照严格要求来说,融资租赁汽车与上述购买的形式有所不同,其中的差别在于该法案的实行是对汽车进行分期付款的销售,即该交易是附加有一定的所规定条件的。租赁则是要求商家保有所有权,并通过这种方式保护自己的债权。然而,他们的目的仍然是为了汽车的所有权问题。相反从融资租赁这一概念就可以看出其推行的是租赁与购买相融合的方式,而汽车的所有权问题在此时有多个较为自由的选择方式。

两者相比各有其特点和优缺,首先融资租赁完全是由消费者来决定汽车的所有权问题,其优点是方便、灵活、易于管理。消费者拥有不同的选择,无论是消费者自己拥有还是将汽车归还给商家,抑或是可以通过买卖合同将汽车卖出的方式。其次,对于消费者来说,当期采用租赁融资的方式时,他完全可以不用为汽车的归属权问题而烦恼,不用担心汽车会不会因为某种原因而被转卖。而对于倾向于拥有权的一类消费者来说,他们可以采用传统的方式一次付清,或者分期付款,都可以在购买车辆的同时享有对汽车的所有权。但不利因素是在未曾付清金额时存在的一个汽车被转卖的问题。时至今日融资租赁在汽车的销售上占有十分大的比重,是金融服务行业内的一大新秀。美国由于其完善的信誉体系这一巨大优势,可以使得该金融服务得到急速的发展,并且在将来必定会风靡全美。其服务系统也具有较大的贯通性。

据世界租赁年报统计,新旧车销售的收入巨大,年增长率在提高。在其销售额中,其中有30%是现金销售,70%是融资性销售;在融资销售中,新车销售比率占56%,旧车占44%;在融资销售形式中,贷款占78%,融资租赁占22%。以上数据表明,近年来全球汽车融资租赁额每年在2000亿美元以上。为应对将来的金融风暴危机,金融公司需尽全力做好准备,以备不时之需。在新行业形成新的核心并积极追逐业务扩展。

3. 汽车投资理财业务借鉴

当汽车行业走进投资甚至风险投资的时候,该理财业务将会实现以汽车销售为目的的理财服务。当今各个汽车厂家在这个新型的行业机构吸收短期储蓄的规定不一而同,但是另一种方式——代客投资理财确无疑是行得通的。汽车金融公司开始了它在理财产品以及资本投资市场的运行。这一新型的理财方式成了汽车金融服务行业在面临经济危机的情况下战胜同行业的秘籍,它的出现是一个划时代产物的凝结。它以各种方式设立专业基金,甚至于一些私募基金,目的为通过理财收益去偿还金融服务所带来的本息,但其表面则以品牌俱乐部的形式吸收会员、吸纳资金为期理财。如果我们非要定义理财收益,那么只能说理财是为了获得更多的收益,而这些收益可以被应用在不同的领域,以实现对不同企业或汽车金融融资的融资贷款本息。

开展汽车投资理财服务主要有以下作用:

首先,开展汽车投资理财服务是为了加强汽车这一奢侈品在消费者观念中的原有概念并能够以此为契机加强消费者的消费能力。当他们有能力在购车资金单位提前支取未来数年甚至数十年的资金时,他们就会以此来实现对于汽车的购买。这也是当下人们生活快节奏的一种具体体现。在购买消费品时可以通过理财机构实现对理财产品投资的多样化,这种投资组合为理财资金单位提供了更为大量的额外收入。这也就相当于提高了消费者的汽车消费能力。

其次,开展汽车投资理财服务大大减小了消除信用积分的可能性,在交易中既为汽车金融公司提供了保障,还能使公司的形象信誉以及竞争力得到大幅度提升。

在这种投资理财服务中,因为有金融服务公司对理财产品进行的投资,所以也就使得消费者在无形中多了一份来自于服务机构的信用保障。而相对地使得金融服务行业所要面对的违约风险将会大大降低。属于两利的合作共赢形态,令消费者同汽车金融服务公司的联系更加紧密。

## 2.4.2 加强与汽车公司的合作

1. 加强与生产厂商的合作

在市场经济的监管下,各地的政策限制不同,只能通过各自品牌下全国汽车范围内汽车经销商网络开展业务。为大众所知的是,在目前的市场经济中汽车销售行业厂家仍然处于主导地位,对经销商控制力较强。汽车金融公司在与经销商的业务合作中,必须得到生产厂商的全力支持与配合,否则在业务开展中将面临极大的困难。目前国内的汽车金融公司为股权结构或治理结构的因素,生产厂商对汽车金融公司的支持还有待加强。以大众汽车为例,上海大众系统内的金融业务就与厂商下属的一汽财务、上汽财务产生业务冲突,业务开展难度较大。相比之下,福特、戴克的厂家并未收到来自国内的参股,这也就导致了它在国内的生产销售处处受制,不能最大限度地得到发展。金融服务的业务也不能得到有力的支持。应与生产厂商在业务开展中结成伙伴,共同作用于汽车经销商,促进各项业务的开展。

(1)由于汽车金融公司与商业银行的合作形式在行业系统中占据优势,汽车金融服务公司就会被经销商认为是一种高层次的服务机构,这便于汽车金融公司具体业务的接洽与招商。

(2)有条件的情况下,最好能做到汽车金融公司在品牌内汽车经销商金融业务中的独占垄断。这一方面可以通过厂家对经销商的规定等强力执行。例如福特金融在开展经销商批发业务时,明确规定是排他性产品,即经销商使用福特金融库存整车融资后将不允许同时使用另外金融机构的授信额度,使福特金融批发业务的渗透率达到较高水平。

(3)将汽车金融公司批发、零售业务的相关培训列入厂家对经销商的整体培训体系并进行考核。充分保证培训质量及工作效率。

(4)围绕品牌下各车型,根据各种车型所具有的独特性能会面临着不同的型号选择,或许人们的选择会根据厂家所提供的数据作为参考,但更多的消费者更是以自身感受为准。设计与开发新的汽车消费贷款产品。目前汽车金融公司已经开始在与厂家联合的情况下推出免息、贴息等贷款方式,降低了购买者的贷款成本,有效促进业务量提升。但目前就根据以汽车产品为中心进行各车型的系统分析以开发适当信贷产品还比较少,这是汽车金融需要加强的方面。

2. 建立紧密的经销商网络

如前所述,汽车金融公司业务的开展主要依托于汽车经销商完成,汽车经销商的展厅就是汽车金融公司的营业现场,汽车经销商的业务人员就是汽车金融公司的现场代表。因此,经销商网络的搭建与状况对汽车金融公司的发展起到重要的作用。

在销售过程中可以分步建立他们独特的销售渠道,尤其是在厂家建立经销网络时会先以批发带动业务率,而同样的在解决金融通用问题时大量的批发业务可以完全实现高效率的业务量。相对于以往的销路,建立汽车金融服务业务在优越性方面比给予厂家的关联更加灵活、便捷。这是一种科学的解决方法,在面对汽车金融业针对经销商所剩余的所有库存进行全部融资时,根据一般经验与年度销量锁定的目标相结合。它可以结合汽车产品的生产周期以及参数进行测算。作为一个整体性的服务系统,要坚持建立基点,这个基点要利用批发业务的优势加强与经销商的合作。

3. 调动经销商积极性

汽车金融公司通过将零售业务业绩与批发业务贷款利率挂钩、奖励销售人员、同一地区业务排名竞赛、经销商综合评级等有效方式对经销商进行有效激励,促进经销商与汽车金融公司保持紧密合作,结成合作伙伴;将汽车金融公司开展分期付款等零售业务在经销商店面的物料摆放、CI 形象、人员配置、业务支持力度等综合因素通过厂家商务制度加以约束,直接向经销商从厂家获取返利,调动经销商积极性。

4. 强化与经销商的培训

汽车金融公司一般通过在合作汽车经销商内部培训 F&I(金融保险专员),再由 F&I 对销售团队的转训与现场指导,支持汽车金融公司完成零售业务的推广。

在负责对销售相关的人员以及业务员进行充分培训和指导的时候,要坚持对汽车金融理论、销售技巧和各种理论知识、概念等问题进行相互综合,这也是服务业务开展过程中发挥巨大作用的关键所在。

### 2.4.3 加强外部合作

1. 融资渠道的开拓

中小企业融资难是一个长期性和世界性的难题。在我国,一方面是中小型企业存在的资金困境,企盼资金,四处求告;另一方面,政府对这种现象也会加大投资力度,更加注重企业的发展,并因此倍加关注。

外部环境的建设也是影响汽车金融发展的关键因素之一。如果汽车金融公司的风险控制不当,或对于所拆借的资金使用不当,会引发经营风险和银行信用风险,并且导致货币市场和资本市场的波动,运行秩序的紊乱。在实际操作上,汽车金融公司必须确保借入资金的用途应符合有关的金融政策、法律法规的要求。当然由于严格的准入制度,这一市场将有可能成为保障汽车金融公司资产安全规范化、使公司业务运行发展的有效融资渠道。任何行业进驻银行借贷行业都是存在风险的,当然这些风险的存在也是相对比较有客观性的,也就是说在进驻银行间同业市场的时候,面对风险应有的防范和化解都是一件十分重要的事情,对于一些就藏匿于我们身边并且会随时出现给我们带来巨大损失的风险,我们要做好随时应对这些危机的准备。不过对风险的控制也是汽车金融公司的一大要求。随着汽车金融公司监管机制的不断健全完善,汽车金融企业也在不断地做到尽善尽美。汽车融资公司因其拆借率上所具备的优势,其融资的能力也会得到极大的提高。在这些前提下,可以非常有效地将汽车公司的融资成本尽可能地降低。从而为金融行业的汽车金融服务在我国的初期发展提供良好的生存和发展的环境,为拓展更为广泛的业务奠定坚实的基础。

随着金融资产的进一步发展,资产证券化在汽车消费信贷得以允许,它在帮助流动性缺乏但仍然能够产生未来现金流的资产时,通过优化结构重组,将其转化为能够在金融市场上正常实现其运行功能的证券,使其完成自己的销售流通,以达到证券所能起到的作用,并以此实现融资目的。

2. 信用体系的完善

信用体系的完善是个人、团体、组织、社会乃至一个国家能够顺利生存和运行的前提保障,它的建立是一个长久的过程。在建立过程中不仅需要每个人去尽心尽力地遵守其运行规则,还要求每个人能够不断地去经营和呵护。美国作为一个建立个人信用制度较早的国家,它的个人信用制度作为一个重要的保障制度,对于个人消费风险管理发挥着重要的作用。在美国,完善的个人信誉制度与金融公司所具备的信誉能够保证实现其运行过程中尽最大限度盈利。尽最大限度规避风险,必然离不开经过上百年建设经营、用心呵护形成的社会信用制度。美国的当代经济已经具备了完善的信用制度,而且其信用体系有健全的法律维护。目前我国的个人信用系统还不完善,建立社会信用体系需从以下几个方面着手:

(1)征信立法,建立信用体系,首先必须立法。一个人乃至一个国家在这个信用系统为主导的社交体系中,信用体系可以在法律的规范和监督下保证体系的正常运转和强制性实施。信用立法是在信用体系受到不法分子冲击时候所建立的为了维护当事人的权利、义务的法律规定。它是一个公平、公正、合理的法制机构,规定了明确的执行机构和监督机构。对不能遵守信用体系的人进行适当的规劝和教育引导。以一致的信用标准来为整个社会树立正确的信用规范、衡量标准。在法制内容中还应明确规定哪些行为属于失信行为,哪些行为需要有关部门进行教育引导。在信用立法的同时还应建立相应的处罚标准。有关部门应制定相应的信用法律,以确保消费者合法权益,同时又使征信机构有法可依,保证信用经济的良性发展。

(2)在中国人民银行的统一组织协调下,各大银行、证券公司等组建一个同行业的信用度数据库，做到消费者资信档案子库与互联网的信息沟通与共享。

中国人民银行征信管理局已着手建立我国的个人征信体系，建立统一的、以金融机构和金融市场为服务对象的个人信用信息数据库。通过建立统一的查询平台，实现信息共享，首先为商业银行提供个人信用信息查询服务，然后再增加评级和服务功能。除了官方机构外，民间信用机构对我国征信机构的完善必不可少。由于信用数据收集、评估流程复杂，属于劳动密集型技术，所以国内专业的信用公司有地缘优势，应大力发展民间独立的信用调查机构，特别在信用信息评估等信用增值服务领域，应鼓励成立完全市场化的中介服务机构，实现有限度竞争。还可以将单独的个体或者组织机构作为一个记录单元，例如以汽车协会作为一个接受信用考察的整体，在这个整体内部建立对应的信用数据库。同样汽车协会作为整个社会的一分子也应该作为一个元素把相应的信用度填充进整个社会的大数据库里。

资信数据库采取有偿服务方式向非会员开放。最后在适当的时机将其推向市场，成为独立的信用公司。这三种机构一起共同向全社会提供信用报告。

(3)规范数据的采集和使用。征信机构在不违反数据采集规定，遵循法律和个人授权的原则基础上，加强信用调查和核查的有效性，规范用户数据的采集系统；行业内主要企业互通信用信息；积极同行业外部合作，特别是建立与电信公司、自来水公司、电力公司、公安系统、法院系统、信息资源中心、住房信贷等行业的合作机制，全面采集信用数据。以存款实名制、信用卡、住房信贷、公用事业费代收登记制度为突破口，逐步建立个人信用的信息登记制度。汽车金融服务机构和征信机构可共同开发主要依托行业数据，辅佐使用跨行业数据的科学的信用管理评估模型。该模型通过对职业、年龄、收入、个人财产、信用记录、行为等要素进行调查、跟踪、统计、分析、设计权重，对信用进行科学评分。与此同时还要建立失信行为的举报机制，对不良的失信者记录在案。

通过这些措施建立信用体系，在此基础上运行谨慎的信贷决策机制，严格的信贷检查制度，有利于控制信用风险，对汽车金融业务的发展意义重大。汽车金融公司应借鉴国际经验，制定一整套完整有效的个人信用风险管理制度，具体如下：

(1)信用登记。通过申请者填写的购车贷款申请卡等申请文件，汽车金融公司搜集有关该客户的基本情况及初级资信资料，通过一定的渠道对资料进行调查核实，最后录入系统，以备有关部门查询。工作人员尽可能通过资料、家访来了解个人的资产状况，如实地查访贷款客户家庭，甚至去其公司拜访，以确认其贷款申请表上的信息真实可靠；与客户面谈，让其提供近期水电煤单据，以确保其居住处所的延续性；如果是小业主，则看厂房、租约、办公室、完税证明，以了解小业主公司的存在性和延续性。

(2)信用评估。在建立客户个人资信档案的基础上，汽车金融公司运用科学合理的评估方法，对每一个客户的授信内容进行科学、准确的信用评级，为各相关信用业务提供决策参考。进行贷前评估，主要是通过评分模型进行量化分析或通过经验和实地调查进行定性分析。具体是通过对个人或家庭最大承贷能力的分析，确定贷款额度和期限、利率。此外，加强对个人收入、投资盈利分析，预测贷款人的偿付能力。

(3)信用风险预警及管理汽车金融公司建立贷款实时监控系统，对借款人的还款行为、当前居住、收入、职业、家庭等方面的变化情况及时掌握，并与贷前获取借款人的资信评价结果相结合，为借款人生成并随时修改其信用等级记录。汽车金融公司应对贷款发放后的风险实行监测，特别注意资信状况不全或记录不良的客户的变化，包括其资金、车辆的异常变动。对不同原因引起的逾期贷款应区别对待，如消费者因突发性因素引起的短期资金周转困难，应给予宽限期；但对于消费者长期的收入变化，如丧失竞争力，则要求其尽快还清余款或回收抵押车辆进行处置，化解风险。还可通过厂商的维修网络报告车辆毁坏的情况，预警客户弃车毁约的可能性。

(4)风险处置。加强对逾期贷款的催收，超过一定期限的要上门催讨，恶意逃贷的客户要及时处理，请公安部门协助控制车辆流动并追回车辆。对回收的车辆尽快处置，通过二手车市场或拍卖公司迅速变现，处置后仍不足以补偿贷款余额的部分以合法的手段进行追偿。

3. 与商业银行的战略合作

商业银行在汽车金融业务方面具备传统的优势，资金充裕、营业网点广泛、客户信息庞大。汽车金融公司作为汽车金融业务的新军，在与商业银行竞争发展的同时，应当着手与商业银行的联盟。

(1)资金融通的战略合作。如东风标致雪铁龙汽车金融公司股权结构中，中国银行通过全资子公司中银保险投资占50%股份，使该公司在资金方面具有先天的优势。

(2)利用商业银行庞大的客户资源。招商银行推出的“车购易”活动在当前汽车消费信贷领域具备较强的竞争力，其通过与各大汽车生产厂家签署总体协议约定手续费或佣金的条款，经过对自身大量的信用卡客户的分析与筛选，以短信方式通知持卡客户参与免手续费、免利息等促销信贷活动，持卡客户可凭短信到合作经销商店面购车。因为其在筛选客户时已经对客户资信进行了分析，故客户贷款购车流程相当简易，经销商只需将客户申请传至招商银行信用卡中心，一般在当天就能收到银行回复，经销商即可办理相应销售手续。随着各大汽车生产厂家纷纷成立汽车金融公司，汽车消费信贷业务将趋于向汽车金融公司转移，汽车金融公司应当着手与各大银行结成联盟，充分利用银行系统内客户资源，建立合理的利润分配机制，并可借助商业银行网点进行产品推广，以提升汽车金融公司业务水平。

## 本章小结

本章主要内容包括汽车金融公司的定义和作用、我国汽车金融公司与商业银行的对比、国内外汽车金融公司的对比、国内汽车金融公司发展策略研究等内容。

下列问题覆盖了本章的主要学习内容，可以利用以下线索对所学内容做一次简要的回顾。

1. 汽车金融公司概述

(1)汽车金融公司的定义

(2)汽车金融公司的作用

2. 我国汽车金融公司与商业银行对比

(1)从汽车金融机构内部企业发展方向分析

(2)从汽车金融机构外部服务方面分析

3. 国内外汽车金融公司对比

(1)国内外汽车金融公司设立方式比较

(2)国内外汽车金融公司融资渠道比较

(3)国内外汽车金融公司盈利模式比较

(4)国内外汽车金融公司主要业务比较

(5)国内外汽车金融公司信用风险控制比较

(6)国内外汽车金融公司金融法律环境比较

4. 国内汽车金融公司发展策略研究

(1)自身业务创新

(2)加强与汽车公司的合作

(3)加强外部合作

# 自测题

**一、多项选择题**(下列各题的备选答案中,有两个或两个以上选项是正确的,请把正确答案的序号填写在括号内)

1. 下面哪些公司属于汽车金融服务公司(　　)。

A. 梅德赛斯-奔驰汽车金融有限公司

B. 上海汽车集团财务有限公司

C. 丰田汽车金融(中国)有限公司

D. 上海通用汽车金融有限责任公司

2. 汽车金融公司的管理控制系统主要包含了(　　)等。

A. 风险评估系统　　B. 抵押登记管理系统

C. 催收账款系统　　D. 不良债务处理系统

3. 我国汽车消费的信贷主体构成主要由(　　)及其他。

A. 国有商业银行　　B. 中国人民银行

C. 汽车金融公司　　D. 股份制商业银行

4. 在国外,汽车金融公司的资金可以通过(　　)渠道筹集。

A. 母公司　　B. 银行

C. 股票　　D. 债券

5. GMAC 提供的汽车消费信贷品种有(　　)。

A. Smartbuy　　B. 分期付款

C. Smartlease　　D. 保险

**二、判断题**(在括号内正确打√,错误打×)

1. 汽车金融公司包括公司法以及汽车金融公司管理办法等等进行设立的公司,能够给广大的汽车消费者提供贷款的非金融机构,其范围包含了外资独资、中外合资和中资的汽车金融机构。(　　)

2. 在汽车金融公司之中,其生产资金以及销售并非是连接在一起的。(　　)

3. 在汽车消费的过程之中,汽车金融公司是十分有利的平台。（　　）

4. 现阶段我国的个人征信系统并不完善,缺乏相应的信贷风险体系对金融贷款进行风险评估。（　　）

5. 开展汽车金融业务,特别是汽车消费信贷业务的主要盈利模式就是贷款利率。（　　）

三、简答题

1. 什么是汽车金融公司?

2. 汽车金融公司具有哪些作用?

3. 简述我国汽车金融公司与商业银行对比。

4. 简述国内外汽车金融公司对比。

5. 论述国内汽车金融公司发展研究策略。

# 第3章　国内外汽车金融服务业

## 导言

本章主要介绍汽车金融服务业的概念、特点与作用；国外汽车金融服务业以及我国汽车金融服务业的概况、发展中存在的问题以及我国汽车金融服务发展历程和现状；国外汽车金融服务业发展经验及趋势。在此基础上，掌握国内外汽车金融服务比较分析。

## 学习目标

1. 认知目标

(1)掌握汽车金融服务业的概念、特点与作用。

(2)掌握国内外汽车金融服务比较分析。

2. 技能目标

(1)熟悉国外汽车金融服务业以及我国汽车金融服务业的概况、发展中存在的问题。

(2)熟悉国外汽车金融服务业发展经验及趋势。

(3)识别国内外汽车金融服务业的各种业务流程及管理策略。

3. 情感目标

(1)发挥自主学习的能力、收集学习资料的能力。

(2)发挥分析资料的能力、归纳总结关联知识点的能力。

## 3.1　汽车金融服务业

汽车金融是一门实务性较强的行业，其指导理论涉及产业经济学、金融学、消费经济学、投资学等领域，是众多学科跨学科融合而搭建起汽车金融的理论及操作平台。

1. 汽车金融的发展历史是一个集产业金融化、金融产业化的过程

汽车金融服务公司一般的形式及发展历程有大汽车制造企业附属型、大银行财团附属型、独立型。在这一过程中，充分体现出产业金融化和金融产业化的特点。在分析汽车金融服务公司的优劣势时，需根据世界汽车金融发展的历史特征和现实特点，研究在全球化过程中汽车金融的多元化战略、精细化战略和虚拟服务等发展特点。

2. 汽车金融有其独特盈利模式

汽车金融服务盈利模式可以分为基本盈利模式和增值型盈利模式两种。从经济管理理

论、金融服务理论的角度来分析,汽车金融服务的盈利模式具有不可知触性、不可分性、差异性原理等特点。汽车金融服务盈利模式的核心因素是顾客忠诚满意度,次级因素是汽车金融服务的传递质量。另外汽车金融的盈利模式还受市场集中度、市场进入壁垒、市场结构等市场参数的影响而具有不同的效果。

汽车金融服务公司采用多样化的盈利模式是汽车产业发展、汽车消费扩展和资本市场完善的表现。汽车金融服务增值型盈利模式的具体方法、资金组成、投资原则、投资组合及利润分配转移方法,都必须服务于消费者利益最大化和产权所有者利益最大化的原则。应用投资学理论研究开发以购车理财利润模式为代表的汽车金融服务增值型盈利模式,已是国外汽车金融公司在资本市场和汽车产业领域长袖善舞的秘诀。

3. 汽车金融信用管理是汽车金融发展的关键

汽车金融服务信用体系具有特定的功能与特定的内涵与范畴。通过汽车金融服务的信用管理,消除信息不对称,依据信用级别决定融资金额及期限,采取自我首付约束、连带责任、信用制度机制等,重点加强汽车金融信用的支付能力管理,建立个别化的度量汽车金融服务个体信贷风险的检验手段是汽车金融发展的关键。

4. 汽车金融服务融资结构是汽车金融的动力

汽车金融的融资结构起着为汽车金融公司聚纳资金、运转资金的作用,是支撑、保证汽车金融盈利模式发挥作用、控制风险的基本方法,它既受汽车金融盈利模式的支配,又反作用于汽车金融盈利模式。从世界汽车金融公司的历史发展看,融资结构包括有内源融资、外源融资和两者结合的混合型融资。在建立汽车金融公司的过程中要充分考虑公司股权结构、资本运作方式等影响汽车金融服务公司融资结构的因素。在汽车金融服务的融资过程中,有效的融资方式通常主要包括信贷资产证券化的融资形式及汽车金融服务中的无形资产资本化融资战略、特许经营融资战略、项目融资战略、层际融资战略等。

5. 汽车金融服务产品的开发和营销是汽车金融服务得以维持的根本

汽车金融产品是为汽车交易及使用融通资金而设计的法律契约安排。汽车金融服务产品对汽车金融公司来说,具有复合性、精密性、风险性、延续性、选择性等特点。优秀的汽车金融产品对消费者来说应该具有便利性、经济性和保障性等特点。

汽车金融产品的设计是汽车金融公司的最具有挑战性的工作,包括目标设计、结构设计、产品定价、风险收益特性分析、产品标准化等内容。我国汽车金融产品的开发要体现我国金融体制改革的内在要求。汽车金融公司拥有了优秀的汽车金融产品后,还需通过市场推广,使其被消费者接受,为企业产品的销售和利润的增长做贡献。

## 3.2　国外汽车金融服务业

分析世界各国汽车金融的发展历史,基本上可分为 3 个阶段:起步阶段、发展阶段和成熟阶段。这 3 个阶段体现出汽车金融服务发展的一般规律。在发展模式上,通常体现出“泛化模式”“深化模式”及“混合模式”的特点。

1. 泛化模式

泛化模式其目标是培育汽车消费市场,实现汽车企业销量的增长的汽车消费融资模式,实质是通过信贷工具达到汽车销量的增长，是汽车金融的初期形态。

泛化模式是指从横向角度来衡量汽车金融对汽车产业销量增长的作用。泛化模式体现出金融从游离于汽车产业到同汽车产业的融合成长，成为汽车产业发展的重要力量。泛化模式一般是当汽车产业发展到一定规模后，汽车消费成为制约汽车产业发展的因素，同时汽车企业又拥有大量的非规则流动资金，汽车企业通过把产业资本和金融资本相结合，使之成为推动汽车消费市场的动力。泛化模式是汽车企业通过利用自有的资金和对外融资，成立汽车金融服务公司，既达到使自有资金得到较好利用，同时又实现汽车企业的消费群体增长和市场份额的增加。

在泛化模式中，汽车金融服务公司通过为汽车消费者提供信贷，发挥金融杠杆作用，使部分暂时经济实力有限的汽车消费者提前实现汽车消费；泛化模式利用金融的杠杆作用，发挥消费信贷对汽车消费的带动作用，使金融资本促进了汽车产业的优化；泛化模式能借鉴金融行业的现金管理功能，使汽车金融服务对汽车流通和消费同大量存量资金的投资收益化相结合，达到节约、效益和风险管理的缩合效果。

2. 深化模式

深化模式是汽车消费发展到一定程度后，兼顾销售市场增长和营销效益的汽车金融服务运作模式，实质是在汽车金融服务量扩张的基础上，强调质的提高。深化模式是汽车金融的发展阶段。

深化模式的特点包括如下几个方面：①针对汽车消费者而开发出的从单纯放贷的单一金融工具模式逐渐发展到综合的汽车金融服务模式，为汽车消费者提供多种多样的服务，以增加消费者的汽车消费能力及汽车金融产品的流通量；②根据 20 世纪 80 年代后的大规模的产业兼并重组趋势，适应汽车产业全球化、金融化的要求，汽车金融服务公司从汽车金融的角度提供资本市场的投资行为以及汽车信贷产品的证券化业务，参与汽车集团的资本运营和投资银行的投资活动，从而使汽车企业达到优化财务结构，挖掘新的利润增长点；③汽车金融服务公司根据其自身的发展要求，按照汽车金融深化的要求，对汽车金融服务公司的管理制度、运营模式等进行完善和深化。

3. 混合模式

混合模式是汽车金融相对完备和成熟时的业态，是建立在实现汽车金融的“泛化与深化”“横向和纵向”相互统一基础上，实现对汽车产业的全面扩展、渗透和深化的过程。“混合模式”能实现质和量的统一，是汽车产业金融资本化全面发展的标志，是汽车金融发展的成熟阶段。

## 3.3 我国汽车金融服务业

### 3.3.1 我国汽车金融服务业的现状

1. 我国汽车金融业尚处于起步阶段

在我国，汽车金融服务的增长率是相当高的，但与西方国家仍有差距。我国的市场存在着没有专门的金融机构这一缺陷。我国现阶段的金融市场是垄断竞争市场,商业银行占据垄断地位,握有市场上90%的资源,汽车金融公司能够提供的一些基本业务也大多与商业银行相同,没能够形成自己的竞争优势。

2. 我国汽车金融公司发展势头良好

汽车金融公司具有门槛较低、还贷时间较长的特点,越来越多的人开始把目光放在汽车金融上。商业银行虽然也进行相关的与金融有关的汽车贷款业务,但是在银行所有的业务中不占据主导地位;而对于具专业化分工的与金融有关的汽车房贷公司则更具有竞争优势。如果与金融有关的汽车贷款公司能够抓住这次机会,拓展国内市场,那么未来我国的汽车金融服务将会更上一个台阶。

3. 我国汽车金融业发展前景展望

我国的汽车市场是一个巨大的市场,随着汽车工业的发展,汽车将进一步拓宽投资渠道,市场上多余的资金也需要一个投资方向,这种现状对于汽车金融来说是一次绝好的机会。未来需要在我国市场上建立一个信用指标,让汽车金融业在进行汽车信贷业务时以此指标为参考。现在越来越多的人开始重视到这点,金融机构也变得更加严谨,客户也意识到信用的重要性。如果信用问题能够得到解决,汽车金融产业的前景会更加美好。

## 3.3.2 我国汽车金融服务发展历程

中国的汽车金融服务是与国内的轿车工业同步诞生的,起步较晚。经过30年左右的时间,取得了较大的进步,但也存在很多问题。

1. 1987~1999年,国内汽车金融服务业开始萌芽、制度初建、业务垄断

在20世纪80年代,一些银行推出过汽车金融服务,但还处于探索阶段,随后被取消。1993年,"北方兵工汽车"第一次提出了汽车分期付款的概念。1995年,上汽集团首次与国内金融机构联合推出了汽车贷款消费。随后,一汽集团、长安汽车、天津汽车等纷纷紧随其后成立了各自的汽车金融机构,开展了汽车信贷业务,这可视为国内汽车金融服务业务的起点。但是,因为宏观经济调整和房地产项目贷款的冲击,这个试验工程不久就被中国人民银行暂停。此后,虽然国内的汽车制造商和一些非银行机构继续在进行一些汽车消费贷款,但规模都十分小。1998年10月,中国人民银行发布《汽车消费贷款管理办法》(简称"旧办法"),授权国内的四大商业银行经营汽车贷款业务,从制度上为中国汽车金融服务的发展做出了实质性的推动。此时,汽车金融业务才算在国内正式开始。

2. 2000~2003年,汽车信贷发展迅猛,业务主体扩大,制度弊端显现

"旧办法"的重点在于调节货币资金的投向,主要是为拉动内需、带动经济增长,而在风险控制方面没有详细规定。2000年初,中国人民银行决定将提供汽车贷款服务的范围扩大到所有国内商业银行。从2001年开始,中国汽车消费信贷市场发生了根本性变化,汽车成为购房之后的又一大消费热点,各大商业银行纷纷把汽车消费信贷业务当作个人零售金融领域继住房按揭贷款之后的第二大热点。商业银行在没有做好充分风险防范准备工作的情

况下匆匆上阵，业务量从最初每年几亿元发展到2003年的近2000亿元。在2003年的汽车消费中，近20%的购车者选择了汽车消费贷款。随之而来的是贷款者不还款的现象不断出现，给商业银行敲响了警钟。2004年第一季度通过贷款方式售出的车数量不及2003年的1/4。在汽车消费贷款环境条件发生了巨大变化后，相关规定已严重滞后，“旧办法”软肋凸显。一方面，“旧办法”仅允许将国产汽车纳入信贷范围，进口车被排斥在外，对于加入世界贸易组织后的中国而言，这实际上已不合时宜；另一方面，这时中国人民银行正致力于逐渐推进利率市场化，企业贷款利率已经开始松动；而1997年“旧办法”制定时，中国还处于利率完全管制之中，利率浮动并未得到体现。更为重要的是，此前“旧办法”在风险控制方面的模糊规定，使许多银行越走越远，不断爆发的汽车信贷案件及银行违规操作形成大量的不良资产，已使中国银监会和中国人民银行认识到必须修改“旧办法”，控制银行不断上升的信贷风险。

3.2003～2007年，汽车金融服务业相关立法逐步健全

为了规范汽车金融机构的运作，我国相继颁布了一系列相关法规，为国内汽车金融业的进一步发展创造了一个良好的法律环境。2003年10月3日，中国银监会颁布实施了《汽车金融公司管理办法》；11月12日颁布了《汽车金融公司管理办法实施细则》。这些法规的颁布也使我国的汽车金融业向国外汽车金融公司敞开了大门。2004年8月17日，中国人民银行和中国银监会联合颁发了新的《汽车贷款管理办法》（简称“新办法”），于10月1日开始正式实施。“新办法”改变了过去将试点局限在四大国有银行和后来补充的其他中资银行机构的范围，明确了城乡信用社和汽车金融机构经营汽车信贷的主体地位，而所有获准经营人民币贷款业务的商业银行，也都被纳入了这一范围，扩大了汽车金融服务提供主体的范围，在银行的风险控制方面也取得了较大的改进。2004年8月，全球最大的汽车金融公司之一——通用汽车金融服务公司和上海汽车集团财务有限责任公司共同合资组建的上汽通用汽车金融有限责任公司，作为中国银监会批准的全国第一家汽车金融公司，标志着我国真正意义上的汽车金融服务主体诞生。

4.2008年至今，汽车金融公司法定业务扩展，其作用渐受重视

2008年1月30日，在美国次贷危机的影响下，中国银监会发布了新的《汽车金融公司管理办法》，对中国汽车金融公司的准入条件、业务范围和风险管理等做出了较大的修改和调整，为汽车金融公司实现又快又好的发展提供了重要的保障。在次贷危机对中国经济影响不断加剧的情况下，2009年1月14日《汽车产业调整振兴规划》出台，被总结为“国五条”，其中明确提到“完善汽车消费信贷”，将发展完善汽车金融服务业提升到国家战略的高度，这对于汽车金融公司的发展来说，有更大的促进作用。这表明因银行前几年的大笔汽车信贷坏账而对汽车金融持谨慎保留态度的中央政府，对汽车金融的态度已经转向鼓励。参与《汽车产业振兴规划》制定的国家信息中心信息资源开发部主任徐长明表示，规划中完善汽车消费信贷的意思主要是通过汽车金融公司发展汽车消费信贷；与银行相比，汽车金融公司与汽车制造厂商的结合更紧密，汽车信贷业务能做得更灵活、更专业。通过汽车金融公司开展汽车信贷业务是今后的发展趋势。

# 3.4 国外汽车金融服务业发展经验及趋势

## 3.4.1 美国汽车金融服务业

汽车信贷起源于20世纪初的美国，大致经历了3个主要历史时期，包括起步阶段（20世纪初至第二次世界大战结束）、发展阶段（20世纪50~90年代）和成熟阶段（20世纪90年代之后）。第二次世界大战后至80年代末，美国信贷环境处于相对宽松时期，这给汽车信贷的快速发展提供了支撑。这段时期是美国汽车金融发展壮大的黄金时期，汽车信贷余额从1950年末的60亿美元发展到1990年初的2 900亿美元。

20世纪20年代初，美国的汽车公司组建了自己的汽车金融公司。美国政府对汽车金融服务公司的股东资格和资金来源基本没有限制，银行、工商企业和个人均能设立汽车金融服务公司，因此美国的汽车金融服务公司投资主体多种多样，依投资主体的不同，设立方式有3种：①汽车厂商发起成立的汽车金融服务公司；②主要由大的银行、保险和财团单独或者联合发起设立；③没有明确的母公司，是采用以股份制形式而设立的独立型汽车金融服务公司。

20世纪80年代以来，美国国内融资成本不断下降，新车贷款利率从15%以上一路下滑至5%以下，而新车贷款利率与同期国债利率之差不断收窄，从而刺激了居民贷款购车的意愿。随着越来越多的美国人选择贷款买车，银行与汽车金融公司相继推出各种年限更长、首付比例更低的支付产品，从而进一步满足了信贷的需求。

在美国，汽车金融业务已渗透到汽车消费的方方面面。从新车销售和租赁，到售后维修和服务，再到旧车置换新车，到处都有汽车金融的身影。不但如此，成熟发达的汽车金融产品将汽车消费的各个环节相互串联在一起，成为一个完整的产业链，为消费者从购车、用车到卖车、换车，全程提供便捷的金融一条龙服务，形成了较高的附加值。

2008年，美国汽车金融公司贷款占汽车销售额比重已近70%，如加上银行贷款，贷款购车比例在90%以上。发达国家信用体系相对完善，且信贷较为宽松，在金融危机前，欧美居民均可方便地通过信贷购车，从而大大促进了汽车消费贷款的发展。由于汽车贷款的高度发达，贷款余额的增长速度与汽车销量的增长呈现极高的正相关性。

## 3.4.2 日本汽车金融服务业

在日本，人们获得购车贷款主要来自两个渠道：汽车金融公司和银行。日本汽车销量的30%~40%是依靠汽车金融公司来实现的。在日本，无论是汽车金融公司提供的车贷服务还是银行提供的车贷服务，都为广大消费者所接受，所付金额差别不大，有时汽车金融公司和银行提供的优惠利息可能会有所不同，消费者可以根据某一时刻哪种方式的车贷利息以及其他优惠政策的不同而做出自己认为既方便又划算的选择。日本汽车金融的方式有直接融资、间接融资、附担保的代理贷款3种。

1. 直接融资

通常是用户直接向银行贷款购车,并以购买的汽车作为贷款的担保品,尔后再向银行分期付款。

2. 间接融资

流程与美国的间接融资大致相同,即经销商先将愿意以分期付款方式购车的用户资料交给专属于汽车制造商的汽车金融公司进行信用评估,通过评估后经销商再将与用户签订的分期付款合同转让给汽车金融公司,最后汽车金融公司才将贷款和佣金拨给经销商。

3. 附担保的代理贷款

金融机构给用户提供购车贷款,但整个贷款的作业从信用核准到贷款后的服务以及催收均由信托公司代理。信托公司保证在客户不付款时要代替客户向金融机构支付贷款,信贷公司则向提供贷款的金融机构收取一定的报酬。这是日本采取的独具特色的一种做法,它的好处在于金融机构对用户的贷款通过专业信托公司的管理及对贷款的担保,可以把贷款风险降到最低限度。

专业信托公司参与汽车金融服务领域是日本模式最大的与众不同之处。在日本,汽车金融市场的主体由信托公司、银行、汽车制造商专属信贷公司和经销商构成。其中,专业信托公司承担的业务量最大,所占比例最高,且有逐年上升趋势,而银行占总业务量的比例则明显呈下降趋势。另外,日本的信托公司不针对特定的汽车厂品牌融资,而是面向所有的汽车品牌进行融资,以达到规模经济的目的。

由于汽车密度过高,日本政府规定在汽车购买、保有和实用阶段都要纳税,税金比例远高于欧、美各国的水平。日本的汽车税赋主要有年税、一次性税、燃油税。随着客车登记(排量)增加,汽车税率也相应分为几个等级。政府为了引导人们购买和使用节能型、占地少的小型汽车,在地方汽车税收中对小排量汽车给予了较多的优惠政策。另外,对于环保型汽车,如天然气汽车也同样实行税费优惠政策。

### 3.4.3 欧洲汽车金融服务业

欧洲实行全能银行体制,银行业可以从事包括汽车金融在内的所有金融业务。但为了克服综合性银行与汽车金融专业化的冲突,近年来,这一地区的银行也采用设立独立子公司的形式从事汽车金融业务。

1999 年,雪铁龙公司收购了通用电气财务公司所属的汽车金融公司。德国汽车厂家设立的汽车金融机构大都以银行形式出现,如大众汽车金融公司下属的大众汽车银行,宝马汽车公司设立的宝马汽车银行等,就是为汽车消费者提供储蓄和信贷业务的专业银行。其他综合性银行也可提供汽车金融业务,但在这一领域不占主导地位,并且一般不对汽车经销商提供库存融资,也不提供汽车融资租赁服务,只对汽车消费者提供信贷服务。

以德国为例,德国几乎是紧随美国之后开始全面提供汽车金融服务的,“五马克信贷”计划就是当时大众汽车金融服务股份公司为了促进“甲壳虫”汽车的销售而量身定制的。

在德国，汽车消费信贷是司空见惯的消费方式，以该方式购车的比例占全德国每年汽车总销售量的70%左右。据统计，1998 年德国新轿车注册登记量为 374 万辆，用户购买这些车，筹措资金主要有自己节省、出售原有旧车得款、银行信贷和亲朋好友资助 4 种方式，分别占购车价的 52.5%、21.8%、20.5%、5.2%。

德国汽车金融服务模式大致流程和美国的模式相近。在欧洲市场，汽车金融公司尤其重视“间接”服务模式的开展，即帮助经销商融资，这属于汽车金融服务公司间接刺激销售采取的措施，相关服务包括为汽车经销商提供采购车辆贷款和营运设备贷款。

欧洲尤其是德国在汽车金融服务领域特别重视针对经销商的融资服务。德国汽车市场不景气导致了大众汽车金融服务公司对私人业务比例的大幅下滑，但是针对经销商等的服务受到不景气因素的影响相对较小，2000 年的业务量没有下滑，基本和 1999 年的业务量持平。

## 3.4.4 国际汽车金融业发展趋势

为适应新的变化，汽车金融公司都在加大改革，使汽车金融服务业出现了一些新的发展趋势。

1. 汽车金融服务开始采用多元战略

汽车金融业务的多元化是汽车金融业务成为利润丰厚领域的重要原因。汽车金融服务的“多元战略”主要体现在融资对象多元化，将传统的购车信贷扩大到汽车衍生消费及其他领域的个人金融服务等方面。

2. 市场不断深入化、细分化

汽车金融深入化、细分化主要表现在机构设置上越来越多元化，包括股份有限公司、有限责任公司等多种形式。汽车金融服务业也通过长期的发展积累了一大批的专业技术人才，这些人才在产品的规划设计、业务的营销和宣传、风险的控制和管理等诸多方面都积累了宝贵的专业经验，使业务操作流程切实有效和风险管控制度严格缜密。

3. 汽车金融公司与银行实现业务合作

汽车金融公司具有专业优势，而在融资成本方面银行虽然较低，但其却缺乏专业的汽车金融服务经验，具体表现在对汽车残值的评估和二手车的流通方面具有明显的劣势。因此，专业汽车金融公司和具有成本优势、专业优势的银行开始在业务上合作，在优势上形成互补，推动了汽车金融服务向纵深领域发展。

4. 越来越采用现代技术手段

现代技术手段应用于汽车金融服务，能提高效率，降低成本。随着国际信息技术和网络技术的发展，汽车金融业开始进入全新的发展阶段，信息技术已经开始大量应用于汽车金融服务过程中，国际互联网在业务操作和风险评估系统中已经全面得到了应用。当前，在世界汽车金融服务发展的国家，汽车金融服务有 30% ~50% 是通过网络完成的。

# 3.5 国内外汽车金融服务比较分析

## 3.5.1 国外发达国家汽车金融服务业发展经验

发达国家的汽车金融服务多种多样,在其经营过程中也积累了丰富的经验。

1. 金融产品繁多

美德日三国的金融机构参与汽车消费,提供汽车金融服务,最主要的有分期付款和汽车租赁两种方式。汽车金融租赁业务与分期付款业务重要地位相当,美国、日本和德国都拥有发达的金融租赁市场。美国一年在各地销售出的客车和货车中大约有30%进入了租赁市场,主要汽车厂商用租赁方式销售汽车数量占其总产量的40%以上。近年来,由于新车价格过高,汽车寿命延长,养车费用增加,人们纷纷加入汽车租赁的行列,而且旧车租赁日益发展,促进了美国二手车市场蓬勃发展。在日本,半数以上的汽车制造商都开展了汽车租赁业务,且规模逐年上升。

2. 衍生服务齐全

如今各金融机构都意识到,汽车消费信贷的含义并不是简单地将车卖出就算工作结束,还必须将售后服务等纳入这一系统中。现在国内提供消费信贷的机构,均以自营或联合等不同的形式提供汽车销售一条龙服务和售后服务。但在售后服务的深度与广度方面,国内外还是有一定差距。如发达国家的汽车金融公司一般会提出全套的汽车维护保养方案,以帮助客户得到合理价格的维修服务,而且维修费用还可设计在分期付款中,使客户备感方便。

此外,几乎所有发达国家的汽车金融服务机构都设有专门的网上服务系统。以德国的大众银行为例,顾客可以直接在互联网上选择自己喜好的车型、贷款模式、还款期限、保险方式等。网上的自动结算系统会直接生成一张临时的贷款模本,总计时间不会超过5分钟。

3. 市场环境良好

国外一般都有较完善的法律制度来保障和支持分期付款购车行为。美国与分期付款购车最密切的法律是《统一商法典》,有关的部分主要是总则中合同的成立、合同解释等合同通则、买方与卖方的权利义务、担保原则。如规定了分期付款购车可采用所有权保留方式,汽车上的风险随着汽车所有权的转移而转移,而不论汽车是否已经实际交付等。

国外汽车金融的开展以一定规模的金融资产和相对完整的金融组织体系为基础,并拥有专业管理经验和预防风险能力。美国、德国和日本都有相对成熟的金融市场,完善的金融体制和发达的金融组织,其信用评估和风险管理意识强烈并形成了较成熟的做法,通过计算机管理方案评估信用,对贷款风险进行分类,以保证贷款品质。

## 3.5.2 国外发达国家汽车金融风险控制机制及其启示

汽车金融服务业是一个高收益、高风险的领域。国外汽车金融的健康成长,很大程度上是因为有比较成熟的风险管理方式。通过对国外汽车金融风险控制方法的对比和总结可知,这种风险控制特别注重对汽车金融风险的事先防范,即通过对购车人做标准化信用评估,决定是否贷款及贷款的具体安排,对于发展中的中国汽车金融体系而言,有着很好的启示和借鉴作用。具体而言,标准化的信用评估又取决于两方面:一是完备的信用制度机制,二是先进的风险管理与评估系统。

1. 国外信用制度建设

(1)立法保护借贷中的信息对称

发达国家的法律几乎覆盖了消费信贷的各个环节,借贷双方在处理业务时完全可以依法行事。例如,美国制定了《平等信用机会法案》以及《公平信贷报告法案》使得借款人和贷款人处于平等的地位,以使贷款能够公平发放。

(2)完善的抵押贷款保险体系

在发达国家,保险业务对汽车金融业务的开展起到了强大的支撑作用。在美、英、法等国家,银行个人消费信贷与其相应的保险业务甚至直接写进了有关的金融条款中。抵押贷款保险体系可以有效地分散银行发放抵押贷款时所承受的风险,提高贷款的安全性,有利于银行扩大贷款的范围,为清偿能力相对较弱的中低收入居民提供更多的消费贷款机会。

(3)健全的个人信用制度

完善的个人信用制度是消费信贷中最为重要的部分。发达国家的商业信用机构十分完善,有专业人员负责收集、保存个人和家庭的有关信用资料,提供给有关部门或机构。

(4)周密的银行信用网络

发达国家的银行信用网络密集,银行和商家通过网络可及时了解消费者的信用状况,在鉴别贷款人相关信息时可免去繁杂的劳动,节约大量的时间。当用户购车时,只要查询相应的档案资料,就可以确定购车人的信用等级和相应的信贷标准。

2. 先进的风险管理与评估体系

为了防范汽车金融中隐藏的巨大风险,国外金融公司或银行等机构都采用了先进的风险评估系统和有效的风险控制措施来控制经营过程中可能出现的风险。

(1)对申请贷款个人的基本情况的调查和核实

国外商业银行通过借款人填报的贷款申请表及其他证明来获取借款人的相关信息,并加以核实,从而完成个人消费贷款的贷前调查。在获得上述有关借款人和抵押贷款的信息后,银行要对申请表中的信息进行核实确认,并对贷款人的还款能力进行调查,切实降低贷款的风险。

(2)预测作为抵押物的汽车价值变化

在国外发展比较成熟的汽车市场,汽车价值的变化比较有规律。通过对抵押物汽车在未来几年中价值变化的预测评估,可以有效地降低贷款风险。

(3)开发新的贷款品种来规避利率风险

规避利率风险的一个办法是开发一些新的贷款品种。例如,发放浮动利率的抵押贷款,银行面临的利率波动风险就转移给了借款人,可以在一定程度上减轻利率波动给银行的收入带来的风险。

(4)利用先进设备了解贷款人最新情况,提高收款力度

在美国等一些发达国家,有些贷款机构一开始使用一种称为"the loan collateral device"的电子设备,直接将其安装在消费者的车中,可以在必要时直接提醒客户到期还款。这种方式可以提高催款的效率,降低催款费用。

(5)使用金融衍生工具来规避利率浮动带来的风险

由于国外的金融衍生市场非常发达,国外的房贷机构也经常通过衍生市场的操作来控制风险,降低由于市场利率波动而给银行带来的损失。

### 3.5.3 我国汽车金融业与国际经验的比较

通过上述对发达国家汽车金融发展经验的总结以及对我国汽车金融发展现状的分析可知,与发达国家相比,我国汽车金融还有很大差距。我国汽车金融产品主要提供者是商业银行,专业的汽车融资机构所占份额极少。而在发达国家,主导汽车金融市场的不是商业银行,而是汽车制造商设立的金融公司。国外汽车金融机构更注重从不同客户的不同需求出发,提供多种金融产品满足其需求。国内汽车信贷还处于起步阶段,提供的产品单一,并未对客户群进行必要的细分,汽车金融产品基本只涉及汽车购买信贷产品。而发达国家汽车金融公司提供的不仅是个人汽车消费信贷,而是将金融服务延伸到汽车售前、售中和售后的整个汽车消费全过程,包括融资租赁、二手车置换、汽车消费保险、汽车应收账款处理和汽车应收账款证券化等汽车消费过程中的金融服务。一些新型汽车金融产品,由于政策限制,未能在我国大规模推广。

1. 汽车融资机构主体的比较分析

在国外,从事汽车金融服务的机构包括商业银行、信贷联盟、信托公司等金融机构,同时也包括汽车金融服务公司等非金融机构。而在我国,信贷联盟、信托公司以及汽车金融服务公司几种形式并不多见。目前我国的汽车金融服务主要由各大商业银行提供,与其他机构相比,其专业化水平略显不足。

2. 汽车消费信贷金融服务模式的比较分析

目前,国外汽车信贷金融服务模式呈现出多样化发展趋势,既有传统的分期付款,也有新型的融资租赁、汽车销售合同债权转让等形式。而在我国,后面几种服务模式没有得到充分发展,目前国内汽车消费信贷中,一般采取分期付款的销售方式,以融资租赁方式租买汽车并不多见。

我国汽车金融发展中存在的上述问题,主要因为当前汽车金融公司整体实力还较弱,大部分还处于基本业务拓展初期,尚不具备增值盈利模式所要求的资源和能力。其次是国内汽车市场消费环境及金融市场的现状也不具备相应条件。目前我国的汽车金融服务基本上都属于分期付款销售方式,很少涉及融资租赁方式和汽车销售融资公司的再融资方式及其他方式。出现这种状况的原因与我国金融服务业的大环境、国家的金融改革以及我国的金融业发展水平等诸多问题有关。

3. 我国汽车金融服务机构主体构成不合理

目前,我国提供消费信贷的机构有商业银行和非银行金融机构两种,后者主要包括汽车

企业设立的财务公司、经销商和专业汽车金融服务公司。由于这些非银行金融机构自身的实力以及政策性因素的限制，目前我国汽车消费信贷的放贷主体还是商业银行，其放贷总额占信贷余额的比例约为2/3。而发达国家银行所占汽车信贷比例仅为15%左右，汽车贷款放贷主体是专业的汽车金融公司，占到总额的60%以上。

服务主体的银行垄断，将会在一定程度上阻碍汽车业和金融业互动。首先，汽车行业是典型的经济周期敏感性强的行业，在经济环境不景气时，银行会收缩这一领域的金融服务，对资金密集型的汽车业会造成不利影响。而作为汽车制造商附属的专业汽车金融服务公司，则能够很好地与母公司协同运作，能够提供连续和稳定的金融支持，从而抵销经济周期效应，这也是目前发达国家汽车金融服务公司在这一领域成为主流的原因之一。

根据我国《汽车金融公司管理办法》，我国专业汽车金融服务公司在具体经营过程中将受到如下几个方面的限制：

(1)经营业务的限制

根据《汽车金融公司管理办法》，尽管经销商贷款、零售消费贷款等核心业务都可以开展，但汽车融资租赁、汽车保险等业务却不在经营范围之内，在很大程度上抑制了汽车金融服务公司的发展。

(2)汽车贷款利率受限制

目前我国还没有完全实现利率的市场化，中国人民银行关于汽车信贷的利率有着较为严格的限制，各机构只能在基准利率上浮动一定的比例。汽车贷款利率按照中国人民银行公布的贷款利率规定执行，不能像国外的汽车金融服务公司可以自主决定放贷利率，并且通常执行的是零利率。利率浮动本来是汽车金融服务公司最大的市场竞争优势，但这一规定使汽车金融服务公司竞争优势大减。

(3)融资渠道限制

在发达国家成熟的金融市场中，汽车金融服务公司主要靠债务融资满足其资金需求，在债务结构中面向机构投资者发行的商业票据是最主要的资金来源。而在我国，根据《汽车金融公司管理办法》，汽车金融公司的资金来源主要是接受境内股东单位每个月以上期限的存款转让和出售汽车贷款应收款业务向金融机构借款。而且还特别规定未经有关监管部门批准，汽车金融公司不得擅自发行债券、向境外借款。这些规定使得汽车金融服务公司的资金来源比较单一，可选择的筹资途径少。短期内汽车金融服务公司要提供人民币业务，其资金仍将以向银行借入为主，这样势必提高了其提供业务的资金成本。这就出现“向银行借款，就比银行的成本高很多，根本没有成本优势，吸纳股东存款只是暂时的流动性动用股本，从根本上难以实现规模扩大、借钱生钱的经营效果”。在国内，汽车金融服务公司的门槛很高，如至少亿元的注册资金，还有亿元的资产，连续三年的持续盈利等限制，资本金不足导致了资金的运作成本比较高，汽车金融服务公司提供的贷款利率普遍比商业银行高，无法推出质优价廉的汽车贷款产品，达不到真正推动汽车消费的效果。

(4)经营网点的限制

在我国，汽车金融服务公司不得设立分支机构，它不能像商业银行那样可以设立众多网点，将自己的金融服务产品快速全面地推向市场。这一限制构成了汽车金融服务公司业务快速推广的一个瓶颈。以大众和丰田两家金融公司为例，大众汽车金融服务公司可以同时办理上海大众和一汽大众的个人消费贷款业务，但是只能在北京、上海、广州、天津、南京、浙江、东莞、长春、山东、深圳、沈阳等地的经销商处办理。而丰田汽车金融服务公司的业务目前则只局限于北京、天津、广州3个城市。

4. 汽车金融服务产品单一

商业银行提供的汽车金融服务业务多限于传统的购车贷款，没有开展融资租赁、购车储蓄、汽车消费保险、信用卡、担保、汽车应收账款保险、汽车应收账款证券化等汽车消费过程中的金融服务。从国外经验看，汽车金融服务业是可实现范围经济的产业，注重从不同客户的不同需要出发，提供多种金融产品以满足客户需要。汽车金融服务除了为客户提供消费信贷服务，还有融资性租赁、购车储蓄、汽车消费保险、信用卡、担保等多种金融产品，这样通过提供多种汽车金融产品，不仅提高了汽车金融服务机构的经济效益，同时满足了顾客的需要，有利于实现汽车金融服务的范围经济。

在国外，汽车金融租赁业成为最受欢迎和利润最为丰厚的汽车金融服务产品。在美国，主要的汽车金融服务公司通过融资租赁的方式销售汽车约占40%以上，并成为带给汽车金融服务公司最高的利润约20%的产品。国内的“汽车租赁”以国外的观点来看不属于租赁范畴，只相当于租车。国外汽车租赁期平均在3个月左右，而国内租车平均只有几天至几十天，租车的押金与租赁的首付款完全是两回事。我国汽车租赁业务已发展了十几年，但并未按照国际惯例以租赁方式提供汽车金融服务。而我国的汽车金融服务还处在初级阶段，受利率市场化的进程和风险管理的影响，以银行为代表的金融机构业务设计趋同，贷款期限、利率缺乏弹性。目前，我国提供汽车消费信贷的机构只提供一种偿付品种，即首付以后在一年分期付款。而国外的汽车信贷品种相比而言则丰富得多，可见我国汽车金融服务产品的多样性、丰富性都有待深化。

5. 我国汽车金融业个人信用体系缺失，信贷模式不成熟

个人信用制度的缺失，是制约我国汽车金融服务业发展的重要瓶颈。个人信用体系缺失，使得从事汽车金融业务的金融机构难以准确了解借款人的还款意愿，难以掌握借款人的还款能力和借款人的真实财产状况，也就无法对该笔业务的风险做出准确判断。

完善的个人信用制度是银行对汽车金融业务风险实施有效监控的基础和前提。而我国目前有关个人的社会信息资源分散在公安、街道、单位、税务、工商、银行、证券、保险、医院、公用事业收费单位、商家等多个部门或行业，加上个人信用信息的征集涉及个人隐私，在我国目前缺乏完善的个人信用制度和专业的个人征信公司的情况下，银行很难高效而又准确的获得个人信用报告。

大凡汽车金融市场比较发达的国家，一般都拥有完善的个人信用体系。以美国为例，其拥有三大全国性个人信用报告机构和多家地方性、区域性信用局。这些机构都建有自己独立的计算机资料库，资料涉及个人工作、生活甚至于个人特征等信息。在此情况下，消费者申请汽车贷款时，汽车信贷机构可以立即通过这些信用机构获得信贷评级所需的个人信息，并据此对个人的信用状况做出判断。

目前我国汽车金融服务商包括国有商业银行、汽车生产企业的财务公司和新成立的汽车金融服务公司，其中仍以国有商业银行为主作为最终资金提供方。

虽然商业银行占据绝大部分的汽车信贷业务，但与汽车财务公司、汽车金融公司相比，不但与汽车经销商没有紧密的联系，而且也不怎么了解有关汽车的专业性问题，不能提供销售一条龙的服务和细致的售后服务，这很不适应汽车金融服务向规模化和专业化的发展要求，作为贷款方的银行与汽车消费者之间的距离过远，无疑也增大了此项业务的风险。另外，由于贷款业务主要集中于银行，而且由于我国信用制度不完善导致不能在源头上控制风险，使得银行承受了太大的风险。如果把风险全部转移给保险公司，也是保险公司难以承受的。

6. 汽车金融机构对风险的认识不足，控制不到位

银行开办汽车消费贷款之初，通过采取财产抵押、质押、保险公司担保等贷款担保形式，银行认为贷款万无一失。为了抢占市场份额，各银行纷纷降低贷款条件。由于贷款客户分散，对贷款人的信用状况缺乏应有的审查，也没有做到贷后跟踪监测，因此造成贷款客户良莠不齐，这些都为信贷风险埋下了隐患。而且汽车消费贷款在银行贷款业务中占有很小的比重，不是其主业，在实际业务操作中存在人员配备不足，催收不及时，只管贷不管收，从而加重了汽车贷款的风险。

当前银行在贷款管理中普遍实行“审贷分离”的原则，即贷款业务人员负责考察贷款人的信用状况和抵押担保落实情况，将考察结果和意见呈报给贷款审查委员会或部门负责人，其本身没有贷款的权利，最终决定发放贷款的是贷审会或部门负责人。表面看分工明确、相互制约，加强了贷款的安全性。但在实际操作中，这一机制存在很大的弊端，了解情况的业务人员没有放款权利，有决定权的人不了解具体情况。在贷款责任上，由于最终决定权在贷审会，不仅挫损了业务经办人员的积极性，而且减轻了其应承担的责任，形成业务人员只管放款、不管风险的消极态度，贷款出现风险时相互推脱责任，最终结果是责、权不统一，分工虽明确，但责任不清，而且由于这一机制手续比较烦琐，在执行中往往流于形式。这就不难理解为什么商业银行信贷管理制度“越来越完善”，不良贷款比例却居高不下的原因。

7. 缺乏相应法律法规规范和支持金融服务业发展政策

在汽车消费贷款业务中，银行和汽车经销商的关系只是基于资金供求基础上的商业合作关系，银行为到经销商处购车的客户提供贷款，促进汽车销售。经销商在贷款客户提供物质担保的基础上，汽车消费贷款提供安全保证担保，这种合作应该是双赢的合作关系。但仔细分析就会发现，这种商业关系存在责任不对称，风险分担不平衡问题。银行提供资金承担了资金损失的风险，相反经销商借助银行贷款促进汽车销售，对其有利，不存在风险。经销商虽然提供贷款保证，但这种保证通常只是一般贷款保证，是在贷款人落实物质担保之后附加的信用保证。根据我国现行法律规定，同一债权既有保证又有物的担保，保证人对物的担保以外的债权承担保证责任。汽车消费贷款设定的物的担保价值肯定要超过贷款金额，但在执行时却存在许多障碍，不能及时变现，因此可以说经销商的保证责任通常形同虚设。

加之银行对经销商缺乏强有力的制约，经销商为了自己的利益不惜牺牲银行的利益，与客户串通办理假按揭、降低购车首付比例等，这样经销商就把业务风险全部转嫁给了银行，形成银行汽车信贷的高风险。

## 本章小结

本章主要内容包括汽车金融服务业的概念、特点与作用；国外汽车金融服务业以及我国汽车金融服务业的概况、发展中存在的问题及我国汽车金融服务发展历程和现状；国外汽车金融服务业发展经验、趋势以及国内外汽车金融服务比较分析等内容。

下列问题覆盖了本章的主要学习内容，可以利用以下线索对所学内容做一次简要的回顾。

1. 汽车金融服务业

(1)汽车金融服务业的概念

(2)汽车金融服务业的特点

(3)汽车金融服务业的作用

2. 国外汽车金融服务业

(1)国外汽车金融服务业的现状

(2)国外汽车金融服务业的发展趋势

3. 我国汽车金融服务业

(1)我国汽车金融服务业概况

(2)我国汽车金融服务发展中存在的问题

(3)我国汽车金融服务发展历程

(4)我国汽车金融服务产业发展现状

4. 国外汽车金融服务业发展经验及趋势

(1)美国汽车金融服务业

(2)日本汽车金融服务业

(3)欧洲汽车金融服务业

(4)国际汽车金融业发展趋势

5. 国内外汽车金融服务比较分析

(1)国外发达国家汽车金融服务业发展经验

(2)国外发达国家汽车金融风险控制机制及其启示

(3)我国汽车金融业与国际经验的比较

## 自测题

**一、多项选择题**(下列各题的备选答案中，有两个或两个以上选项是正确的，请把正确答案的序号填写在括号内)

1. 汽车金融服务赢利模式可以分为(　　)。

A. 基本盈利模式　　　　B. 增值型盈利模式

C. 间客模式　　　　D. 直客模式

2. 汽车金融是一门实务性较强的行业，其指导理论涉及(　　)等领域，是众多学科跨学科融合而成搭建起汽车金融的理论及操作平台。

A. 产业经济学　　B. 金融学

C. 消费经济学　　D. 投资学

3. 汽车金融服务产品对汽车金融公司来说，具有(　　)、选择性等特点。

A. 复合性　　B. 精密性

C. 风险性　　D. 延续性

4. 国外汽车金融服务业在发展模式上，通常体现出(　　)的特点。

A. 泛化模式　　B. 深化模式

C. 混合模式　　D. 直接式

5. 日本汽车金融的方式有(　　)。

A. 直接融资　　B. 间接融资

C. 附担保的代理贷款　　D. 消费信贷

**二、判断题**(在括号内正确打√，错误打×)

1. 汽车金融的发展历史是一个集产业金融化、金融产业化的过程。(　　)

2. 汽车金融服务公司一般的形式及发展历程有大汽车制造企业附属型、大银行财团附属型、独立型。(　　)

3. 汽车金融服务公司采用多样化的盈利模式是汽车产业发展、汽车消费扩展和资本市场完善的表现。(　　)

4. 汽车金融的融资结构起着为汽车金融公司聚纳资金、运转资金的作用，是支撑、保证汽车金融盈利模式发挥作用、控制风险的基本方法，它既受汽车金融盈利模式的支配，又反作用于汽车金融盈利模式。(　　)

5. 汽车金融服务产品的开发和营销是汽车金融服务得以维持的根本。(　　)

**三、简答题**

1. 什么是汽车金融服务业?

2. 汽车金融服务业有哪些特点和作用?

3. 论述国外汽车金融服务业的现状和发展趋势。

4. 论述我国汽车金融服务业的发展趋势。

5. 论述国外汽车金融服务业发展经验及趋势。

6. 论述国内外汽车金融服务比较分析。

# 第4章　汽车消费信贷

## 导言

本章主要介绍汽车消费信贷的概念与形式;汽车消费信贷的种类与程序;以银行为主体的汽车消费信贷操作实务、以经销商为主体的汽车消费信贷操作实务以及以汽车金融公司为主体的汽车消费信贷操作实务;汽车消费信贷的风险防范。在此基础上,对汽车消费信贷进行深层次地了解,以便对汽车金融具体业务的学习。

## 学习目标

1. 认知目标

(1)掌握汽车消费信贷的概念与形式。

(2)掌握与熟悉汽车消费信贷的种类与程序。

(3)掌握汽车消费信贷的风险防范。

2. 技能目标

(1)熟悉以银行为主体的汽车消费信贷操作实务。

(2)熟悉以经销商为主体的汽车消费信贷操作实务。

(3)熟悉以汽车金融公司为主体的汽车消费信贷操作实务。

3. 情感目标

(1)发挥自主学习的能力、收集学习资料的能力。

(2)发挥分析资料的能力、归纳总结关联知识点的能力。

## 4.1　汽车消费信贷的概念与形式

汽车消费信贷作为重要的个人贷款产品,在欧美等发达国家已是成熟的金融产品,为推动小客车家庭普及化发挥了至关重要的作用,同时也为开办汽车消费信贷的金融机构带来了丰厚利润。中国正式开办汽车消费信贷业务的时间较短,并且受制于个人信用体系不健全等原因,曾于2003~2004年间发生大量不良贷款,导致以工、农、中、建四大行为代表的大型银行对开展汽车消费信贷较为谨慎。近年来,随着中国居民收入的持续增长,对汽车及汽车消费信贷的需求增长迅速;与此同时,汽车金融公司的成立也对中国商业银行开展汽车消费信贷构成直接竞争关系。

### 4.1.1　汽车消费信贷的概念

1. 消费信贷

消费信贷是在金融市场中为了更好地满足消费者的消费目的而逐渐兴起的一种创新型的金融产品，这种新型的消费方式在刺激市场需求扩大的同时，也可以有效增强消费者的消费能力，是事物客观发展的产物。目前，由于不同国家或者部门所关注的重点不同，导致对它的定义也不同，同一国家的界定也没有一个统一的标准。比如，美国作为世界上消费信贷发展最早的国家，消费信贷在美国发展的已经非常成熟，即便如此，其对消费信贷也没有给出一个标准化的定义。在两部有关消费信贷的著名的法令中，其中一部针对消费者信贷过程中的权益保护的法令中对此有相关的定义：消费信贷包括发放给消费者在购买消费品或服务并且用于个人用途的各类信用。

在我国，中国人民银行对此有相关的定义：消费信贷即个人消费贷款，是指个人借款人用于购买住房、住房装修、旅游、教育、购买大件耐用消费品等生活消费用途的贷款。从上述定义也可知，住房类、汽车消费类、耐用品类以及一般用途的个人消费类贷款都属于消费信贷的范畴。本章研究的消费信贷指的是汽车市场中相关贷款相关机构对消费者购买汽车时提供的信贷。

2. 汽车消费信贷

汽车消费信贷作为消费信贷的一种，或者称为汽车消费融资，是指金融机构（包括商业银行以及信贷公司或者财务公司等非银行金融机构）向经销商及用户在销售、购买汽车时提供的融资业务（贷款）。汽车消费信贷是指对申请购买汽车的借款人发放的人民币担保贷款，是银行与汽车销售商向购车者一次性支付车款所需的资金提供担保贷款，并联合保险公司为购车者提供保险和公证。

3. 汽车消费信贷的方式

汽车消费信贷一般有3种方式。

（1）以车供车贷款

申请者如不愿或不能采取房屋抵押、有价证券质押的形式申请汽车消费贷款，并向保险公司购买履约保险，收到保险公司出具的履约保证保险承保确认书，便可到银行申请的消费贷款。

（2）住房抵押汽车消费贷款

以出契证的自由产权住房做抵押，提交有关申请材料，交齐首期款并办妥房产抵押登记手续，便可获得的汽车消费贷款。

（3）有价证券质押汽车消费贷款

以银行开具的定期本、外币存单和银行承销的国库券或其他有价证券等做质押，可以申请汽车消费贷款。

### 4.1.2　汽车消费信贷的特点

1. 规模化和专业化已经成为国际汽车消费信贷业务最主要的特点

通过规模化经营降低作为典型零售业务的汽车消费信贷业务成本，即通过拥有一定规模的客户数量及保持稳定的用户增长率，大幅提高盈利水平。目前，如美国的福特信贷、大众金融服务公司等国际大企业及其客户数在数百万辆以上，年业务量甚至达到千亿美元以上，因而盈利能力占到了整个集团的20%左右，成为集团业务发展不可或缺的重要组成部分。而且汽车消费信贷行业通过其业务功能、业务操作和风险管理，以及主要是以专业信贷公司为市场主体的专业化特征，使其保证了汽车消费信贷行业的技术垄断性、汽车消费信贷的稳定性和连续性、经营企业的规模化优势，并降低了汽车消费信贷的风险性，推动了汽车消费信贷市场的健康、快速发展。

2. 提供汽车消费信贷的公司形式多样

目前提供汽车消费信贷的公司主要有商业银行、专门的信贷公司、汽车消费信贷机构、汽车金融公司、汽车资本服务公司等。

3. 汽车消费信贷公司的收益稳定增长

国外汽车消费信贷的利润都保持在20%左右，汽车消费信贷公司的利润主要来自资金成本与利息放款利息的利差。近些年来，汽车消费信贷公司也开发出一些属于高收益、高风险、利润回报率常可到两位数以上的新业务，如针对一些信用缺损和信用污点者提供汽车信贷。除此之外，汽车信贷公司还通过改进服务，以开放、便捷的形象吸引着众多的消费者和客户，以灵活多样的方式开展业务；再加上对汽车销售业务情况更为熟悉，对客户资信要求较低，一直因其特有的信誉度和可接受性为汽车消费者所欢迎，从而带来了可观的收益。

4. 汽车消费信贷已经具备了必要的法律保障体系

由于汽车消费信贷是以汽车交易为基础的资金借贷关系，因而通过建立完善的法律保障体系以确保债权、债务人利益是整体业务开展的关键。在美国，通过统一的商法典、各州制定的汽车产权证书法令，以及贷款条件表示法和公平交易委员会法等法律、法令，对存货融资中的流动抵押权、分期付款融资等涉及的各项相关问题均有明确的法律界定。在日本，《道路运输车辆法》《汽车抵押法》《分期付款销售法》等对分期付款融资中涉及的相关问题进行了明确的法律规范。正是建立了完备的法律保障体系，极大减少了贷方的融资风险，保障了用户的合法权益，促进了汽车消费信贷的发展。

5. 具有稳定的资金筹措渠道

除商业银行可以通过吸纳存款、保证资金筹措渠道的稳定性外，其他专业融资公司也可以通过资本市场或从其他金融机构的借款来筹措资金，以保障资金筹措渠道的稳定。美国专业汽车信贷公司可以通过发行商业股票和公司债券、银行借款等方式筹措短期和中长期资金；日本信贩公司由于银行是股东，因而主要通过借款筹措，也可以直接到资本市场融资。

6. 实施较为严密的风险管理程序

世界各汽车消费信贷成熟国家都开展了较为完善的风险管理程序，主要有：

(1)对融资对象包括经销商和申请分期付款的融资的用户，进行严格的信用评估。

(2)对融资的车辆拥有抵押权或取得所有权。

(3)对存货融资的车辆，要求购买保险，并定期对库存车辆进行盘点。

(4)要求有关个人提供连带保证。

7. 开展较为规范的经销店融资服务

在国外,经销店的服务功能除了传统的售车、维修、零部件供应外,还为用户提供周到、规范的融资服务。通过汽车经销商作为对用户分期付款的直接实施载体,极大方便了用户购买,实现对用户的“以人为本”的服务理念。

8. 建立了较为完善的社会服务体系

为配合汽车销售融资业务的开展,建立了较为完善的社会服务机构,包括抵押登记部门、信用资料局、催收和追缴部门、旧车拍卖中心等,由这些机构提供方便高效的服务,而且办理手续简单有效,促进了汽车消费信贷业务的发展。

9. 汽车消费贷款前景乐观

在短短不到10年的时间里,我国的汽车信贷经历了从无到有、由小到大,进而由盛至衰的痛苦历程,汽车消费信贷一直不能持续发展下去。制约国内汽车消费信贷业务顺利展开的主要原因有:

(1)我国大多数消费者都是钱攒够了一次性付款购车,而真正愿意采取贷款购车的还是少数,特别是当前贷款利率高且处于上升趋势,加之手续繁杂更是限制了消费者贷款购物的热情。

(2)当前汽车市场竞争激烈,价格的透明度较低。

10. 汽车消费信贷公司加大调整变革力度,出现新的发展趋势

为应对日趋激烈的市场竞争,汽车信贷服务的开始采用“多元战略”,从起初的仅为汽车的销售提供融资服务,逐步向售后服务发展。目前已经基本形成了以售车、维护、修理、转让、租赁为主体,汽车文化、汽车俱乐部、汽车消费品等相关产业链为辅助,以汽车消费理财、汽车信贷资产的证券化、汽车服务产品的金融化为核心的完整金融服务链。“多元战略”还根据不同国家和地区客户的需求提供相应的汽车信贷服务产品,开展汽车信贷产品个性化设计与开发,让客户在汽车消费上的差异化选择均可获得相应的支持。

### 4.1.3 发达国家汽车消费信贷发展历史和现状

1. 发达国家汽车消费信贷发展历史

国外汽车消费信贷以美国为最早,汽车制造商给汽车购买者提供分期付款是汽车消费信贷最早的模式。自此,汽车消费信贷逐渐进入市场,并在不断的发展中形成了较为成熟的模式。美国的汽车消费信贷发展史最长,已达100多年,日本和德国也有50年的发展时间。具体来讲,美国1919年最先开始开展汽车消费信贷业务的是通用汽车设立的通用汽车票据承兑公司,该公司开启了美国汽车消费信贷业务的历史先河;德国1930年最先开始发展汽车消费信贷业务的是德国大众汽车公司,该公司向消费当时公司内部所生产的名为甲壳虫的轿车的未来消费者进行资金的募集,从此举动中第一次看到了汽车消费信贷的影子;日本1960年最先开始发展汽车消费信贷业务的是丰田金融服务株式会社,该公司是丰田公司旗下的金融公司,也是当时世界上发展最大的几个金融服务公司之一,50多年的发展历程对

日本汽车工业的整体发展起到了很大的推动作用，至今已发展得很成熟。美、德、日的汽车消费信贷的发展不仅早于我国，而且与各自国家的汽车工业发展是非常同步的。这也是为何这些国家的汽车工业长期都处于世界发展领先水平的一个很重要的原因。归纳发达国家的汽车信贷发展史，可分为以下几个阶段。

(1)起步阶段：1908～1929

这个阶段，美国作为汽车工业发展较早的国家，其汽车产量也达到了历史上的一次高峰期，即从18.7万辆到533.7万辆的巨大增幅。与此同时，与汽车信贷相关的市场金融总量达到了1万亿美元。而这个阶段的汽车消费信贷方式相对比较简单，业务范围也相对比较狭窄。汽车制造商直接向消费者提供分期付款业务成为市场上主要的信贷业务模式。

(2)低谷阶段：1930～1946

经济危机使得西方国家经济萧条，居民为了规避风险而不肯消费。汽车产业自然陷入了有效需求严重不足的境地。汽车消费信贷总量也出现了问题，下滑至低谷。与此同时，汽车金融公司逐渐进入视野，由于其专业化的业务经营，使得市场上的资金问题得到了缓解，同时整个汽车信贷市场的供给主体开始发生变化，汽车金融公司在市场上的规模逐渐扩大。

(3)发展阶段：1950～1990

汽车金融公司的出现，使汽车制造资金和销售资金分离，从而有效缓解了汽车生产商的资金紧张问题。加之银行业逐渐也加入消费信贷业务的领域，使汽车消费信贷业务规模大幅度增加，并且因为与银行所形成的竞争关系，使信贷业务的服务质量、专业度也大幅度提升。信贷业务在欧洲、日本也逐渐兴起，并受到世界各地的广泛欢迎。

(4)成熟阶段：1990～今

在这个阶段，西方国家汽车消费信贷已经到了发展很成熟的阶段，其经营模式和整体体系也已很完善。加之其他新兴国家也开始逐渐接受这样一种消费方式，于是西方国家开始逐渐将市场拓展到这些新兴国家来获得更大的市场份额。

2. 发达国家汽车消费信贷发展水平

发展至今，汽车消费信贷业务在市场中所占据的规模在这些发达国家中已经非常之大。从全球的发展情况来看，七成的私人用车都是通过汽车消费信贷方式实现的。其中美、德、日三国的汽车信贷业务发展表现尤为突出。美国八成的购车业务都是通过信贷完成的。据有关研究指出，如果没有汽车贷款，美国新车的销售量将至少减少一半的规模，尤其是在目前汽车制造业利润日益单薄的情况下，国外的汽车消费信贷业务成了市场关注的重点。市场供给方的相关主体都希望能从这块领域中获得较高的利润。

3. 发达国家汽车消费信贷发展模式

(1)美国汽车消费信贷发展模式

当前美国的汽车消费信贷模式以直接贷款和间接贷款两种方式为主。直接贷款和间接贷款最大的区别是在贷款申请上是否直接跟银行对接。顾名思义，直接向银行申请贷款的是直接贷款，反之则是间接贷款。其中四成的业务为直接贷款业务，六成的业务为间接贷款。

在美国，间接贷款业务主要是由专业的汽车金融公司进行操作。商业银行在信贷业务规模上逐年缩小。可见,通过汽车金融公司进行贷款的渠道已经成为国外汽车信贷市场的主流贷款渠道。其业务流程可归纳为:首先用户在选好车型之后通过经销商(主要指的是汽车金融公司)申请贷款;然后经销商将用户申请贷款信息传递给信贷公司,信贷公司进行评估后,通知经销商评估结果;尔后经销商与符合要求的汽车消费者签订相关合约,达成交易,再将签订好的合约送达信贷公司;最后信贷公司拨款,同时将客户的资信等相关信息提供给信用资料局。

通过以上的信贷流程可知,美国的信贷业务是很成熟的,各个信贷相关机构在整个业务流程上衔接得很到位,业务的开展是在政府部门、经销商、汽车信贷公司和资信部门的合作之下完成的,市场分工也很明确,各个模块都做到了专业化。因此,这也是美国汽车消费信贷发展比较成功的重要原因。

(2)日本汽车消费信贷发展模式

日本的汽车消费信贷模式主要有两种,一种是以专业汽车金融机构为信贷主体,一种是以银行为信贷主体。其中专业信贷公司在市场中所占据的份额最大,并且在逐步上升,银行的市场份额在逐步减少。日本在汽车消费信贷业务这块市场分割得很细,有许多不同类型的专业性消费信贷机构,针对不同群体开展业务,例如有专门向工薪阶层提供信贷服务的金融公司;还有一些划分更细致的信贷公司,例如当铺、信用卡公司等。由于众多服务公司的参与,使市场竞争很激烈,给汽车信贷消费者提供了足够的选择空间,促使汽车信贷整体市场的质量也不断提高。

日本汽车消费信贷业务的成功有很多原因,最主要的一个原因是其具备非常完善的个人信用制度。其个人征信系统有以信贷公司和厂商等一系列公司组成的会员征信系统,有以众多银行构成的个人信息中心,还有以消费金融公司等联合成立的全国信用信息中心联合会以及跨行业外的汽车组成的信用征信公司。据介绍,日本最全的个人资信机构是由消费金融公司所组成的信用信息中心。这些由不同类型的市场相关机构设立的不同种类的个人征信系统,使日本在个人征信上做得十分优秀,大大减少了后期各种风险的发生。同时也降低了业务成本,使日本信贷机构能够为汽车消费需求者提供更完善的服务。

### 4.1.4　我国汽车消费信贷发展历史及现状

1. 我国汽车消费信贷发展历史

整体来讲,中国汽车消费信贷发展与工业发展不同步,且发展时间短。1995 年,我国最先发展汽车消费信贷业务的机构是上海银行,至今仅有 20 年的发展历史。而我国汽车工业 1953 年最先发展汽车产业的公司是中国第一汽车集团,至今已经有 60 多年的发展历程。因此,二者发展的不同步也在一定程度上影响了汽车消费信贷的发展速度和难度。

(1)起步阶段:1995 ~ 1998

在这一阶段,汽车消费信贷是处于完全探索的时期。在国内汽车制造业因消费提振不前,急需促进消费增长时,于是就尝试性地开展了消费信贷业务,上海银行成为第一家开展汽车消费信贷业务的商业银行。自此,该项业务由上海银行在国内拉开了序幕。但由于国内缺乏汽车消费信贷的发展经验,在汽车信贷发展的初期就出现了各种风险和问题,造成很多厂商面对出现的大量风险而需要自己承担的资金越来越多,最后导致无法进行正常的生产和销售,使消费信贷还没发展起来就陷入了困境,国家对此也不得不做出相关的限制。在1996年9月,被中国人民银行叫停。

(2)发展阶段:1998.10~2003.6

随着中国人民银行各项消费信贷政策的颁布,为汽车消费信贷业务提供了良好的政策环境,汽车消费信贷业务开始实现逐年快速增长。据《中国工业汽车年鉴》的相关数据统计,2002年底,我国汽车消费信贷余额已是1998年的286倍,汽车消费信贷占整个汽车消费总量的比例也翻了20倍,渗透率达到了20%左右。

随着消费信贷业务的逐年快速增长,商业银行为了寻求更大的市场,自2002年起开始将业务拓展到直接面对个体消费者。为了扩大市场规模,银行在对借款人的相关审核放松了许多,调低了整个信贷的门槛,同时在信贷首付比例方面也降低了许多。与此同时,也给整个信贷市场埋下了巨大的风险隐患。

(3)调整阶段:2003.6~2006

在该阶段,我国汽车消费信贷业务开始走下坡路。主要原因是受当时宏观经济政策影响进而导致汽车行业向不利方向变化。一方面,保险公司由于宏观货币调控业务经营艰难,只好叫停针对该领域的保险业务;另一方面,由于汽车消费信贷市场信用体系的不完善导致大量呆账坏账,因此银行为了控制风险,对信贷门槛进行提升,从而大大减少了信贷业务量。两方面的冲击直接导致信贷业务规模大大缩减。据相关数据显示,在此阶段,全国汽车消费信贷余额下降45%,从2003年底的1817亿元下降至2006年底的993亿元。下降幅度较大,在一定程度了影响了后续市场的恢复速度。

(4)恢复再发展阶段:2007~今

经过3年的调整期,消费信贷业务虽然恢复缓慢,但是也开始向好的方向发展。尤其是专业汽车金融公司的出现,使得汽车消费信贷业务开始向专业化发展。产业也逐渐成熟,产品设计也越来越契合市场的需要,风险控制水平也逐渐提高。据相关数据统计,截至2013年4月份,包括外资和本土在内,挂牌成立的汽车金融公司的数目已经达到17家。自此整个汽车消费信贷行业开始进入一个有序竞争阶段。

2. 国内汽车消费信贷发展水平

在当前鼓励理性进行汽车消费、倡导节能减排的大的经济背景下,汽车消费信贷将具有巨大的发展潜力,对于提升汽车产业升级也具有巨大的积极作用。但是从另一角度看,目前的汽车消费信贷在中国发展一直比较缓慢,相比美国的八成左右的信贷比例而言,中国最高也还不到二成。因此,汽车消费信贷市场也仅仅只是出于一个初级发展阶段,未来所面临的挑战也是很大的。根据国际市场成熟的发展轨迹来看,市场越成熟,消费信贷的规模才会越大。因此,对于中国的信贷也同样如此,随着未来信贷市场的不断成熟化,汽车消费信贷规模也将不断扩大。但是,就目前来看,我国的汽车信贷发展还很慢,水平很低。因此,针对中国汽车消费信贷发展的现状我们可以总结为:挑战和机遇并存。

(1)中国汽车消费信贷挑战之一:发展缓慢且水平低

图4-1是2007~2013年中国汽车消费渗透率(汽车消费信贷量/汽车总消费量),虽然整体上呈增长态势,但是每年的增长率其实并不高。截至2013年,中国的汽车消费渗透率

仅达14.2%,与发达国家的差距还很大。以2008年为例,中国的汽车消费信贷量仅占总量的10%,而美国已达80%左右。可见,中国的汽车消费信贷比例还是很低。

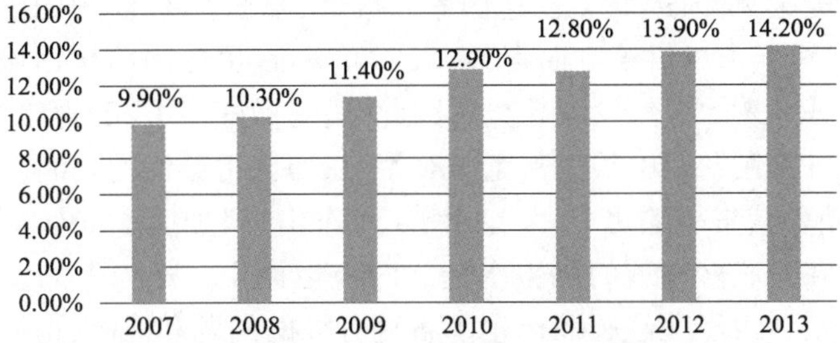


图4-1 2007~2013年我国汽车消费渗透率

(2)中国汽车消费信贷挑战之二:苛刻的贷款条件使规模扩张受到限制

从以上对国外汽车消费信贷的分析可知,国外的消费信贷以汽车金融公司为主体,商业银行、汽车财务公司占据相对较少的市场份额,其中汽车金融公司的市场规模占据了五成以上的份额。商业银行的占比在逐年下降。由于汽车金融公司所提供的服务更具专业性,并且信贷门槛低于商业银行,贷款时间、首付比例、经营管理等更具有吸引力,广泛受到消费者的。而中国的消费信贷业务主体的市场构成仍旧是以商业银行为主。如图4-2所示,在2014年底的汽车消费信贷市场经营主体构成中,54%的汽车消费信贷由商业银行提供;汽车金融公司次之,约占26%的市场份额;融资租赁公司和其他各占据10%的市场份额。商业银行由于多年的存贷业务,因此拥有大量的原始客户。同时在资金融资方面低成本优势也使其在信贷业务发展的初期占据着最大的市场规模,汽车金融公司在我国发展较晚,且发展时间也短,国家对其的扶持在信贷发展初期也不多。因此,导致目前消费信贷市场的主体还是商业银行。而商业银行对风险的把控非常严格,导致贷款流程复杂,贷款门槛也高,将大量潜在的汽车消费需求的客户拒之门外,大大降低了汽车消费信贷的规模。同时,由于商业银行并不具备汽车金融公司先天的专业优势,导致在产品结构、服务质量方面也不太理想。

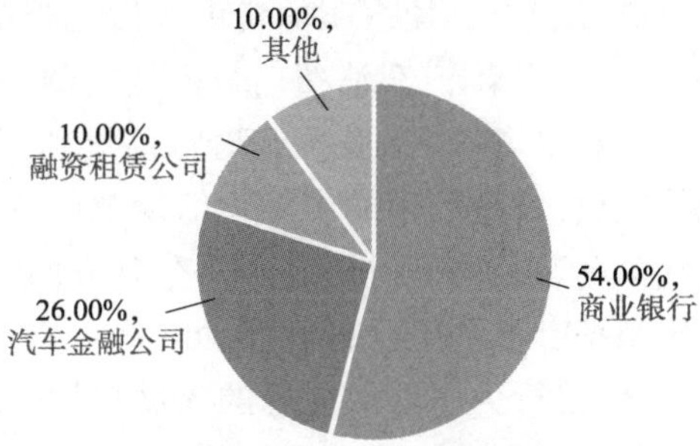


图4-2 2014年我国汽车消费信贷主体构成

(3)中国汽车消费信贷机遇之一:市场机会巨大

我国汽车销量连年创新高。从增长率来看,过去的增长非常快,但是近年来,速度开始放缓。截至2014年,汽车的增长率仅为1%,可见未来汽车行业整体销量增长将逐年减缓,汽车市场的这块大蛋糕可以说已经几乎做到了最大,未来再增加的可能性不大。汽车行业微增长的信号已经放出,以往的不断开拓新市场的竞争模式可能无法再持续下去,市场竞争将由量的垄断向质的竞争转变,即未来谁能够做得更加专业化,更加契合市场的需求,谁将会胜出,整个行业将迎来一场全新的竞争模式。汽车消费信贷可有效解决当期支付不足收入只好放弃消费的难题,因而在这场需要抢夺市场份额的车企大战中,谁能够将消费信贷做好,谁将获得更多的市场份额。因此,未来对于消费信贷而言,机会无限。

(4)我国汽车消费信贷机遇之二:发展空间巨大

我国汽车消费信贷发展空间和发展潜力非常大。从各国的消费信贷比例可以看到,中国仅为一成多的信贷比例,远远低于发达国家。因此,从长期来看,中国的汽车消费信贷还有很大的发展空间,对于市场供给方而言,未来不可限量,虽然当前该领域的发展很艰难,但是规模的逐渐扩大是未来的必然发展趋势。因此,坚持做好当下,努力改善发展中存在的问题,以期迅速获得成长,在发展中领先于竞争对手,从而获得最优的利润。

(5)我国汽车消费信贷机遇之三:"互联网+汽车信贷"加速了汽车发展的步伐

汽车信贷P2P在互联网发展的风生水起之时应运而生。从当下的发展情况来看,虽然有不少的P2P网贷平台由于无经验而产生了各种各样的问题和风险,但我们坚信,一种新事物的产生总是会伴随着极大的风险的。而且我们必须承认,汽车信贷P2P在互联网的巨大优势背景下,借助互联网传播速度极快的优势,也将更快地促进消费信贷业务的达成。同时,也使消费者的消费方式获得了改善,极大地促进消费信贷的需求。同时,"互联网+汽车信贷"的到来,使汽车信贷市场做起来更加容易。

(6)我国汽车消费信贷机遇之四:利率的市场化使消费信贷更具吸引力和竞争力

2013年7月,我国政府将信贷利率下限取消。可见,我国在信贷利率方面也在逐步松绑和成熟,信贷利率的市场化信号也已有所释放,其中的红利也将逐步显现于市场。其中对于汽车金融公司来说更有利。存款方面,我国存款利率上浮空间在逐步加大,可以预期未来存款利率有可能完全打开浮动区间。利率的市场化使银行的利差缩小,银行的市场竞争压力上升,银行为了获取更好的收益自然会增加业务类型,不再是以前的仅从客户资源的争夺上获取利润。那么汽车消费信贷便是一个强大而又潜力无限的市场。

归纳以上的分析,可见我国的汽车消费信贷在未来具有非常大的发展机会。对于市场的各个主体来讲,意义非凡。企业可以从这块未来汽车市场的大奶酪上获取足够利润;消费者可通过汽车消费更好地满足个人的汽车消费需求,提高自我的消费能力,优化自我消费方式;国家通过汽车消费信贷业务,也可从扩大内需入手,进一步发展国内经济。因此,汽车消费信贷对于整个汽车行业而言,将是驱动其再发展、驱动市场再消费的一把利器。

### 4.1.5 我国汽车消费信贷发展模式

目前我国汽车消费信贷模式主要有两种:直客式和间客式。

1. 直客式信贷模式

直客式信贷模式是指有购买汽车意向的客户直接向银行提出贷款申请,通过银行渠道获取贷款资格、贷款额度、贷款比例,最后完成汽车消费信贷流程。该流程大致可归纳为:首先汽车信贷者需要在网络平台上填写相关信息进行贷款申请,然后银行信贷业务员对贷款者的相关信息进行初步审核,确定个人信息的准确性。购车者在通过初审后继续提交个人的更详细资料,等待复审。若复审通过则可以进行后续的合同签订,进而获取银行贷款。

2. 间客式信贷模式

间客式信贷模式是指购车人先买车,后续再进行贷款,而且整个过程由经销商提供信贷过程的所有相关服务，包括资信调查、申请贷款、代收缴车款本息等。简单说，就是购车人不需要同银行直接联系，通过经销商间接地从银行借到款项，因而被称为间客式贷款。通常对于银行的间客式汽车贷款，其贷款金额上限不超过车价款的八成，贷款期限上限不超过5年，车贷利率由中国人民银行规定的相关利率上下浮动计算来确定。

在间客模式中，中国同样有以汽车金融公司作为中间商的交易模式。但是在我国的发展还处于初始阶段，其所占据的市场份额也比较少。汽车金融公司以其专业特长，与厂家以及经销商的资源整合，从而能够为消费者提供更加有效、质量保证的专业化消费服务。其贷款期限一般为12到60个月，免担保并且不受户籍限制。因此，其提供的服务更加完善，消费者的消费成本也比较低，所以在国外受到的欢迎度非常高。相信中国汽车消费信贷市场不远的将来，汽车金融公司的消费信贷业务也将会成为市场的主流业务模式。

从汽车消费信贷的这两种业务模式中可知，在整个信贷业务过程中，能够对信贷保障做出贡献的只有保险公司。保险公司控制着几乎所有的风险来源，但仅靠保险公司来进行信贷保障明显是不够的。因为在整个信贷交易过程中所涉及的风险是多样的，保险公司只能针对保险类险种进行风险控制，其他风险并不是保险公司所擅长的。多样的风险常常被分为两大类，一类是系统性风险，一类是非系统性风险。系统性风险常常是由于金融环境的变化和产业发展的变化所导致的，因此一般也难以分散。但是，非系统性风险如信用风险、金融市场风险、流动性风险、操作风险等都是需要去想办法解决的。而目前我国在风险控制方面还很薄弱，急需提高。

### 4.1.6 我国汽车消费信贷未来发展对策

汽车消费信贷业务在国外已经有一百多年的历史，我国可以借鉴国外的成功经验，结合我国国情和国民经济的未来发展方向，不断完善和改进汽车消费信贷业务，使其健康发展，才能起到推动经济发展的重要作用。

1. 改变消费观

思想决定意识，意识决定行动。只有思想观念发生改变才能使人们自主地去参与其中。人们有意识地去享受高水平的生活，就要改变消费观，使超前消费、超前享受不再只是空想。

(1)依靠金融机构和媒体通过报纸、网络、电视等方式对消费信贷进行知识普及

让人们对消费信贷的知识有所了解，并通过调查采访的方式询问百姓有哪些困惑并统一收集建议，将问题解答后以同种方式反馈给民众。

(2)针对不同的消费人群采取不同的业务推广理念

中年群众的理财意识多为储蓄首选，可以通过宣传合理理财方式间接地向群众推广将储蓄购车的经费进行其他投资，转而选择信贷购车方式。年青一代是汽车需求较旺盛的群体，能很快接受超前消费的理念，是汽车消费信贷业务的主力军。

(3)社会有保障才能促进消费

要使百姓能够放心大胆地选择自己有所需求的消费，前提是社会制度要有保障，增强消费者的信心，在减少后顾之忧后才能刺激消费，拉动经济增长。

2. 完善个人信用制度

开展汽车消费信贷业务除了查证购车者的资产价值之外,就是评估其个人信用记录。目前我国个人信用的评估具有不确定性,阻碍了业务交易的进行。

(1)建立完备的个人信息统计组织

鉴于国外的个人资信档案的储备和全国信息查阅系统的建立,我国也可成立相关部门或中介信息机构来专门收集客户信用资料作为个人信用度的评估标准。同行业间信息集中度较高,有专门组织进行信息处理,而有信息调用需求就可以直接向该组织申请查阅。

(2)加强信息源之间的合作

个人征信来源很多,必须要确保信息的可靠性才能让个人信用度真实化。保险公司、银行、证券公司、任职公司等各个组织要积极配合,让个人投资、个人收入状况、个人贷款记录等被集中地收集在一起,形成统一的评断依据。

(3)加大失信惩治力度

对于申请贷款者的失信行为要记录到个人信用档案中,对其信用度重新估计,并视其情况轻重度确定该购车者之后的业务办理;对于信息来源机构上报错误信息也要有所警示,要及时核对该组织提供的其他信息是否可靠。

3. 健全法律法规

法律是公民维权的保障,随着消费者维权意识的增强,因信贷业务引起的纠纷不在少数,但是由于信贷方面法律的欠缺导致交易双方都有很大损失。

(1)制定维护借款方的法律

借鉴美国的《公平信贷报告法》《信贷机会平等法》等维护合理公平信贷环境的法律,我国也可以制定类似的法律维护贷款者的合法权益,在保证贷款者享受平等权利的前提下,进行合法信贷。

(2)制定维护贷款方的法律

我国已经出台的《汽车贷款管理办法》必须要与时俱进,不断发展和完善。而在信贷消费者的个人信用度未完全确定之前,还应该提出相关法律如"个人破产法"等法律来减少个人信用风险,也应该完善"担保法"来明确消费信贷的担保情况,从而减少担保认证环节的烦琐程序。

## 4.1.7 汽车消费信贷形成的条件

汽车消费信贷是在大众消费信用为宏观背景条件下发展起来的,是消费信用的特殊分支。国外大众消费信用的发展经历了两个阶段:第一个阶段是企业与消费者之间的消费信用;第二个阶段是企业与消费者之间有银行媒介,其中的"三位一体"的消费信用,涉及工商企业、银行和消费者三方。

消费信贷已成为西方发达国家经济生活的重要内容,其形式主要有以下两种。

(1)赊销

它是由商业机构直接对消费者提供的信贷,主要是通过信用卡或分期付款等方式进行的。

(2)消费贷款

商业银行或其他金融机构采用信用贷款或抵押贷款等方式向消费者提供的贷款,到期一次或分期偿还本息,多属于中长期消费信贷。消费信贷是在商业信用的基础上发展起来的,是信用的高级形式。

### 4.1.8 汽车消费信贷对汽车产业的促进作用

汽车金融服务是在汽车的生产、流通与消费环节中融通资金的金融活动,主要包括资金筹集、信贷运用、抵押贴现、证券发行与交易,以及相关保险、投资活动,它是汽车业与金融业相互渗透的必然结果。在当今世界,发展汽车金融服务业已经成为主流趋势。近年来,汽车产业已经成为我国经济增长的支柱性产业之一。金融作为现代经济的核心,必然成为支持汽车产业发展的重要力量,同时汽车产业的发展也对金融业提出了新的要求。从国外的经验看,发展汽车金融服务业是促进我国汽车业和金融业良性互动的最有效的途径。消费信贷的膨胀与收缩都直接影响着汽车消费的高低。因此,我国也应当加快汽车金融服务业发展的步伐,以此促进汽车业和金融业的良性发展。

1.汽车消费信贷能将潜在的需求转变成现实的购买力

随着我国汽车业的发展,现在生产汽车的能力已经大大发展了,从 1991 年的年产 708820 辆,到 2003 年的 4443522 辆,大批量的生产需要巨大的市场来支撑,从而要求必须想方设法使汽车由少数人消费的商品变成广大普通百姓都能够买得起的生活必需品。而汽车消费的最大群体是 20~40 岁的中青年,这一消费群体的特点是现收入可能不是很高,但未来收入较高。汽车消费信贷解决了中青年眼前收入不高与预期收入较好之间的矛盾,从而促进这一群体将未来购买转化为现实购买,刺激了消费,扩大了市场。

2.发达国家汽车产业发展依赖于汽车消费信贷

在世界经济发展史上,没有一个国家是坐等老百姓富裕后再发展轿车的。国外经验表明,汽车金融服务是促进汽车消费、发展汽车产业的主要途径。据资料介绍,美国 80%、德国 60%、日本 50% 的汽车销售都是通过消费信贷来实现的。即便是经济发展水平相对落后的印度也有 60%~70% 的贷款购车比率。

美国从 20 世纪 20 年代开始即广泛发展消费信贷,汽车消费信贷是分期偿还消费信贷中占比例最大的贷款方式,一般要占 40%,因此分期付款购车引爆了当时的购车市场,不仅减轻了消费者的资金压力,刺激了个人消费,而且促进了美国汽车产业的发展。美国各大汽车公司都先后成立自己的金融公司,在全球范围内提供汽车金融服务,对用户购买轿车提供一整套汽车金融服务,包括分期付款购车、汽车租赁等,而且直接、迅速、方便。不仅给消费者提供贷款,还对汽车经销商提供融资,使其在保持库存车辆的同时,有能力完善“三位一体”服务,从而有利于建立稳定的汽车销售体系。日本国内消费信贷也增长很快,人均消费信贷额 1976 年比 1970 年增长了 817 倍。从 20 世纪 60 年代后半期开始,民间金融机构的贷款逐渐活跃起来。日本为了规范信贷市场,提供更多的个人消费融资渠道,实施鼓励银行和其他金融机构进入个人消费领域的措施。同时各大汽车公司实力强大,也向用户直接提供分期付款和贷款购车。日本的轿车80%以上是以信贷方式购买的。

德、法在第二次世界大战的废墟上掀起了汽车工业发展的第二个高潮，扩大家庭轿车的生产。1950～1960年的汽车产量，德国从31万辆增加到205万辆，法国从36万辆增加135万辆；日本在20世纪50年代人均国民收入280美元时，就把发展国民轿车定为国策；就连亚洲金融危机重灾区的泰国，也于1998年8月放宽购车贷款条件，鼓励私人购车。韩国政府在20世纪80年代为扩大内需，大大增加了特许信贷规模，其主要由社会金融机构提供购车贷款和分期付款，目前汽车集团的金融公司也在发展之中。

韩国能在1995年进入发达国家俱乐部，一个重要原因就是汽车成为其支柱产业。正是20世纪80年代到90年代汽车工业的高速成长，才使韩国非常顺利地实现了工业化，进入到发达国家行列。

## 4.2 汽车消费信贷的种类与程序

由于前些年车市的超常规发展，包括国有银行、商业银行以及各大汽车厂商的汽车金融公司都开展了汽车信贷业务。比如成立最早、国内最大的上汽通用汽车金融公司，更是对上汽通用旗下全车系车型提供消费信贷服务。目前已向全国近百万汽车消费者提供了汽车金融服务，业务覆盖全国多个城市的多家汽车经销商店。

根据“我国汽车消费信贷调查”显示：八成以上被访者表示可以接受贷款购车方式。汽车金融在我国发展时间并不长，但从调查数据看，其接受程度并不低。大部分的被访者可接受贷款购车。

根据用户对信贷产品的选择调查，客户对于手续简便的产品接受程度要更高。这说明烦琐的审批流程和效率严重影响信贷购车的推广，汽车金融的发展将离不开消费信贷服务的提升。

### 4.2.1 国外汽车消费信贷的主要方式

1. 美国汽车消费信贷方式

目前美国的汽车消费贷款主要有直接贷款和间接贷款两种方式。其中直接贷款占整个用户分期付款融资的45%，间接贷款占38%，说明了通过经销商向银行或汽车金融公司贷款的方式逐渐成为汽车信贷市场的主体，同时有资料显示在贷款比例中银行所占份额逐年下降，而汽车金融公司则成为主体。美国汽车消费信贷业务流如图4-3所示。

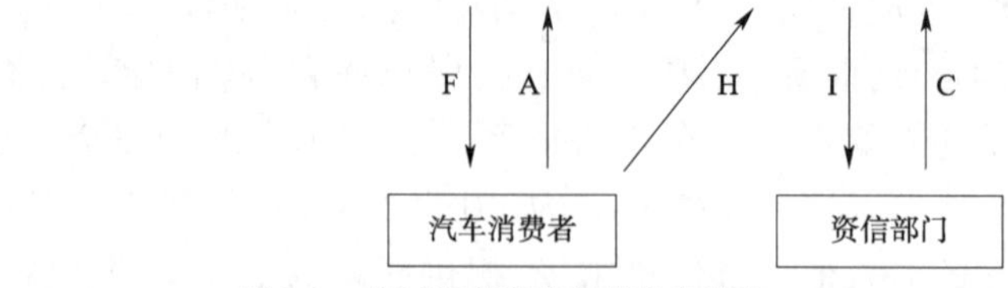


图4-3　美国汽车消费信贷业务流程

图片来源：根据中外汽车消费政策中资料绘制

业务流程：

A. 用户在经销商处选定车型并填写贷款申请书；

B. 经销商将用户资料通过计算机联网，传送到信贷公司在当地的分公司；

C. 信贷公司通过计算机网向信用资料局调取用户的信用资料，进行信用评估；

D. 信贷公司通知经销商贷款的核准情况；

E. 经销商与用户签订汽车消费信贷销售合同，经销商向州政府汽车管理部门登记上牌，并登记信贷公司为车辆抵押权人，抵押权人将显示在汽车管理部门出具给用户的车辆所有权证明书上；

F. 经销商交车给用户；

G. 信贷公司在收到经销商的合同文件后，拨放贷款和佣金；

H. 用户按合同规定支付分期款给信贷公司，信贷公司将客户的付款状况信息提供给信用资料局；

I. 信贷公司将用户的付款状况信息提供给信用资料局。

美国汽车消费信贷管理的业务流程能够顺利展开，是需要政府部门、经销商、汽车信贷公司和资信部门的合作来完成的，而这些部门业务的顺利完成有赖于美国成熟的汽车消费信贷管理。

(1) 汽车信贷服务的专业化

通过汽车消费信贷的业务流程可知，美国提供给汽车用户贷款的主要是汽车金融公司。汽车金融公司由于与汽车厂商、经销商关系密切，具有成熟的运作经验和风险控制能力，在业务上可以提供更全面的汽车金融服务产品，在贷款审批及出现问题以后催收等方面经验丰富。

(2) 完善的个人信用评估体系

1) 发达的个人资信资料网络。消费者从第一次消费开始以后的每次贷款、透支及还款等都记入个人信用档案，可以通过电子信息系统，随时查阅消费者的历史资料。

2) 完善的个人资信评估机制。信用管理机构可以从金融机构、雇主和法院得到消费者有用信息。另外，消费者有权利向信用机构查证个人的信用报告，可以对不符合事实的部分提出异议，要求对方给予调查和修正。

3) 完备的法律体系。为使信用体系正常运转，制定出一系列的相关法律，包括：《平等信用机会法》《公平信用结账法》《诚实租借法》《信用卡发行法》《公平信用和贷记卡公开法》和《信用修复机构法》等。

(3) 配套的法律法规制度

美国与分期付款购车最密切的法律是《统一商法典》，规定了买方与卖方的权利义务、担保原则、分期付款购车可采用所有权保留方式等。此外还有《消费信用示范法》《信贷机会平等法》《公正信贷报告法》和《消费者信贷保护法》等相关法律。

#### 2. 日本汽车消费信贷方式

日本汽车消费信贷的主要方式有直接融资、间接融资、附保证的代理贷款 3 种形式。

(1) 直接融资

直接融资或称传统式贷款，通常是用户直接向银行贷款购车，并以购买的汽车作为贷款的担保品,然后再向银行分期付款。

(2)间接融资

日本的间接融资方式与美国的间接融资方式大致相同,即经销商将愿意以分期付款方式购车的用户,先通过生产厂家专属的信贷公司或信托公司进行信用评估,然后与用户签订分期付款合同的经销商再把此合同转让给信贷公司或信托公司,信贷公司或信托公司把贷款及佣金拨给经销商。

(3)附保证的代理贷款

即金融机构(通常是保险公司)给用户提供购车贷款,但整个贷款的作业从信用核准到贷款后的服务以及催收均由信托公司处理。信托公司保证在客户不付款时要代替客户向金融机构支付贷款,信贷公司则向提供贷款的金融机构收取一定的报酬。这种做法的好处是:金融机构(银行或保险公司)对用户的贷款通过专业信托公司的管理以及对贷款的担保,把风险降低到最低限度。

在日本,汽车用户分期付款融资的市场主体是信托公司、银行、汽车制造厂专属信贷公司、经销商。其中,专业信托公司承担的业务量最大,所占比例最高,并且有逐步上升的趋势,而银行占总业务量的比例则呈下降趋势。信托公司不针对特定的汽车厂品牌融资,而是面对所有的汽车品牌进行融资,以达到规模经济的目的。

## 4.2.2 国内汽车消费信贷的主要方式

我国的汽车金融服务刚刚起步,国内提供汽车消费信贷服务的机构主要有中资商业银行、汽车经销商、专业汽车金融公司。我国商业银行是目前开展汽车消费信贷的主要机构,除了四大国有银行,还有招商银行、交通银行、光大银行等股份制商业银行也开展了汽车消费信贷业务。目前,我国商业银行提供的汽车消费信贷业务的模式主要为:客户首先到银行的汽车贷款部门提出贷款申请,银行根据申请对客户进行资信调查进而做出贷款审批,授予客户一个贷款额度;然后,客户根据这一额度选择合适的车型,并与银行签署贷款合同、缴付首付款,并按银行要求购买指定保险公司的指定险种;最后,客户再利用银疗发放的贷款去经销商处购买选定车型,按期向银行偿付剩余贷款。在该种模式中,银行是主要的风险承担者,是银行直接面对客户开展业务,操作流程与住房按揭贷款十分类似,银行完全控制了整个贷款过程,因此又被称为“直客式”。此外,商业银行还联合汽车维修机构、加油站、汽车协会等组织为客户提供相应的售后服务和增值服务。

以经销商为资信调查和信用管理为主体的汽车信贷模式,也被称为“间客式”。永达、东吕是这样的大型经销商,其与银行合作紧密,介绍的客户,一般两天时间完成公证、放款、保险等一系列手续,购车人就可以开车回家。这种汽车信贷模式实质是由经销商、银行、保险公司三方联手,资信调查和信用管理以经销商为主体,保险公司提供保证保险,经销商负连带保证责任。一般都是由经销商向银行贷款,并向银行存储一定的保证金,以便发生违约时可以从保证金中扣除。“银商保”模式最大限度地实现资源整合,极大简化了贷款申请和审批程序,提高了信贷服务效率,消费者可以得到全新的“一站式”个人汽车贷款服务。另外,消费者有了更大的选择空间,消费者在首付款、贷款期限等各方面都有更大的自主选择权。而且，由于经销商处于主导地位，消费者可享受到专业化的增值服务，在整个过程中能得到各种专业的汽车资讯和汽车维护维修方面的专业知识。总之，通过这种多方联合的方式，汽车消费信贷最终形成了集信息咨询、贷款购车、申请牌照、购买保险等为一体的“一条龙”购车服务。但是这种以经销商为主体的汽车消费信贷有不少弊端。首先，在消费者所要支付的费用上，消费者除承担银行利息外，还要承担保证保险、经销商服务费等各项支出。其次，对银行来说，在这种模式下，银行贷款重点审查经销商而不是个人，其操作办法是经销商在银行存一笔保证金，一般是几千万元（在贷款总额中占很小的比例，这笔钱到一定阶段可能就是银行贷款转化而来的），如消费者不还款，从中扣除。但是，这种操作模式风险很大：一是经销商一般没有可供抵押的划定资产，而其担保金额动辄几亿元，有的甚至十几亿元，远大于其本身的资产，一旦有风险，拿什么来还？二是个别经销商制造虚假购车合同骗贷，达到一定数额后，这家公司突然清盘不干，银行将会遭受重大的损失。

### 4.2.3　汽车消费信贷的种类

汽车消费信贷的种类有多种形式，根据不同的形式有不同的分类要求，主要分类如图4-4所示。

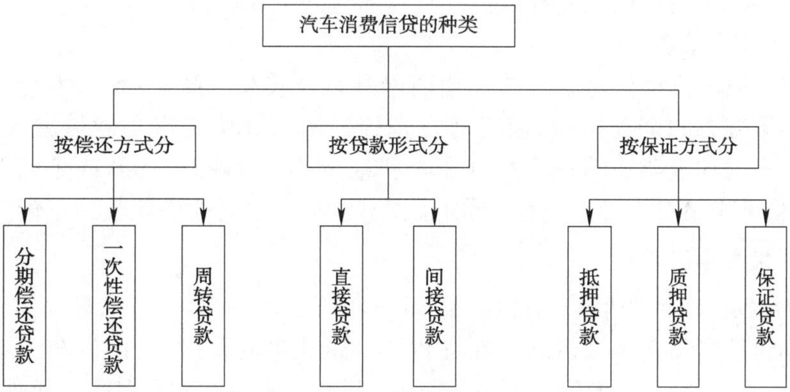


图4-4　汽车消费信贷的种类

1. 银行提供的汽车消费担保贷款

汽车消费担保贷款是商业银行与汽车经销商向购买汽车的借款人发放的用于消费者购买汽车所支付购车款的人民币担保贷款。担保贷款的操作是由银行与汽车经销商向购车人一次性支付购车所需的资金即提供担保贷款，并联合保险、公证机构为购车者提供保险和公证。当借款人一旦无法按时偿还借款时，由约定的第三方偿还贷款或将抵押、质押的物品处理的收入偿还贷款。

汽车消费担保贷款最常见的担保方式有质押贷款、抵押贷款、按揭贷款和第三方保证贷款几种类型。

（1）汽车抵押贷款

汽车抵押贷款是以借款人或第三人的汽车或自购车作为抵押物向金融机构或汽车消费贷款公司取得的贷款。目前，以汽车作为抵押物的贷款的用途，主要为快速资金周转。由于汽车贬值快、交通事故影响车辆价值概率大,金融机构以汽车作为单一抵押方式发放贷款的方式相对较少,一般贷评估价为五至八成。

(2)汽车按揭贷款

如果购买汽车的借款人被允许用所购的汽车作抵押,以这种方式作为担保的贷款就是按揭贷款。借款人在购买汽车时按规定支付不少于20%的首付款后,银行将借款人所购汽车的产权转给银行,作为还款的保证,然后由银行贷款为其垫付其余的购车款项。在还清所贷购车款之前该辆汽车的所有权作为债务担保抵押给贷款银行,在还清全部按揭的本息后,银行将该汽车的所有权转回给购车者。以所购的汽车作抵押申请贷款对消费者来说是最方便的方式,既不需要另找抵押物,手续也不是太烦琐。汽车按揭贷款的还款方式主要有等额本息还款、等额本金还款、智慧还款、无忧智慧还款等。

(3)汽车质押贷款

汽车质押贷款是银行允许购车借款者以其本人或第三人的动产作为质押物发放贷款。动产质押是指购车债务人将其本人的动产移交贷款银行,以该移交的动产作为购车贷款的债务担保权。当债务人不履行债务时,贷款银行有权依法以该质押动产折价或是拍卖、变卖该不动产,获得的价款优先用于还款。

可作为汽车质押的动产有:银行存单、国库券、金融债券、国家重点建设债券、汇票、本票、提单、股份、股票、商标权及专利权。

(4)第三方担保贷款

汽车消费的第三方担保贷款是指经销商以其自身较高的商业信誉,为合格的汽车消费贷款申请提供第三方的全程担保,银行对在特约经销商处购买汽车的借款人提供的贷款。对借款人未按合同约定偿还的贷款本息加收利息,对于恶性拖欠还款或是已经没有还款能力的,经销商将承担第三方担保责任,同时依据与购车人之间的协议收回车辆。

2. 分期付款汽车消费信贷

(1)分期付款汽车消费信贷的性质

汽车分期付款是指购车人借款人在支付了一定比例的首付后,由汽车经销商为其垫付余款,借款人按月分期偿还所垫付余额的本金和利息。这种方式大多采用担保形式,以保证分期付款资金安全。

目前,我国汽车销售市场推出的分期付款是一种销售方式,要求至少首付30%,一般贷款年限为1~3年,大多数这种贷款都是具有担保的。

(2)分期付款的类型

汽车行业的分期付款形式多种多样,主要有3种。

①银行消费贷款方式;

②汽车厂家金融公司贷款方式;

③融资租赁方式,市场上主要是“开元汽车”品牌连锁机构在经营。

(3)我国分期付款汽车消费的情况

在我国,汽车分期付款的信用方式有两种:

第一种是汽车的生产企业或汽车的经销商,以自己的资产直接向购车的消费者提供分期付款的方式,这样风险由经销商一家承担。

第二种分期付款是由银行通过向汽车经销商提供贷款,经销商间接地向购车借款的消费者提供分期付款,这样风险由银行和经销商双方共同负担。

我国的汽车分期付款主要是采用第二种类型,随着这一类型的分期付款方式的发展,最后将会出现类似于汽车的金融服务机构(财务公司或金融公司),这种是介于银行与汽车厂家之间专门从事购车融资的机构。

### 4.2.4 关于办理汽车消费信贷

农业银行近几年雄居中国汽车消费信贷市场老大的地位。以农业银行为例,有关汽车消费信贷的规定如下。

1. 贷款对象和条件

(1)凡年满十八周岁,具有完全民事行为能力且具有我国城镇乡村居民常住户口的个人或经工商行政管理机关(或主管机关)核准登记的企、事业法人,其他经济组织,个体工商户均可向银行申请汽车消费贷款。

(2)贷款对象还必须具备以下条件:

①已在经办行开立存款账户,并存入不少于规定数额的首期购车款、公证费及保险费;

②具备分期偿还贷款本息的能力;

③已与银行认可的汽车经销商签订了购车合同。

2. 贷款方式

贷款方式主要有抵押、质押、保证(第三方担保)三种。

(1)抵押是指以固定资产如房屋作抵押。

(2)质押是指以凭证式国库券,金融债券、国家重点建设债券,银行出具的个人存单作质押。

(3)第三方担保有两种形式:第一种指企事业法人作第三方连带责任保证;第二种指购车借款人在银行指定的保险公司办理机动车辆分期付款购车保证保险后,就可向银行申请分期付款购车贷款。

3. 借款时需提交的材料

如果借款人为个人,需要准备的材料主要有:

(1)要有一份与银行指定汽车经销商签订的购车合同。

(2)要出具本人身份证、收入证明(可选择提供单位收入证明、存款证明、有价证券、房地产证明或其他收入证明)、户口本、所在地居委会证明(居委会证明要写清你的婚姻状况,证明你有固定住址,已婚者需要带齐配偶的上述材料)。

4. 贷款额度、期限及利率

借款人首期付款最少不少于购车款的20%,贷款额度最高不超过购车款的80%。贷款期限最高不超过五年。贷款利率按照中国人民银行有关规定执行,当国家利率调整时,其贷款利率标准随之调整,实行一年一定。

5. 贷款程序

该项业务办理的全过程,一般要经过以下几项基本程序:

(1)借款申请人凭与银行认可的汽车销售商签订的购车合同或协议及有关资料向银行提出汽车消费贷款申请,并存入首期购车款,公证费和保险费。

(2)银行进行贷款调查。

(3)到保险公司办理保险,保险公司出具保单。

(4)签订贷款合同。

(5)汽车销售商办理汽车牌照、登记等手续。

(6)贷款发放,划拨购车款给汽车销售商,办理提车手续。

(7)借款人按期归还贷款本息,贷款本息结清后,解除合同。

6. 还款方式

(1)汽车消费贷款采取按月分期归还法,借款人必须在缴款账户保持一定的余额,银行每月在合同约定还款日从该账户扣划贷款本息。

(2)借款人每月还款金额(含本金和利息)的计算方法有两种:等额法与递减法,可由借款人在签约时选择其中一种方式确定每月还款金额。

(3)计算公式

购车借款人应从贷款贷出日的次月开始,按月偿还贷款本息。贷款本息以等额法或递减法计算公式确定的金额逐月分期归还。

①等额法计算公式:

$$\text{每月等额还款金额} = \frac{(1+\text{月利率})^{\text{还款月数}}}{(1+\text{月利率})^{\text{还款月数}}-1} \times \text{贷款本金} \times \text{月利率每月贷款应收利息} =$$

$$\text{上月底贷款额} \times \text{月利率每月贷款应收本金} = \text{每月等额还款金额} - \text{当月贷款应收利息}$$

②递减法计算公式:

$$\text{每月平均还款本金} = \frac{\text{贷款本金}}{\text{贷款期月数每月还款利息} = (\text{本金} - \text{累计已偿还本金}) \times \text{月利率}}$$

## 4.3 汽车消费信贷操作性文件举例及说明

汽车消费信贷业务的主体主要涉及银行、汽车经销商、汽车集团财务公司以及其他非银行金融机构。由于各主体在信贷业务运作过程中所承担的职责不同,因而他们与消费者的关联程度和运作模式也不同。

目前,我国的汽车消费信贷业务模式按照各主体在信贷业务过程中所承担的职责及其与消费者关联度的不同主要分为 3 种。

(1)以银行为主体的贷款模式

也称为直客模式,银行直接面对用户开展业务,是各个业务流程的运作中心。

(2)以汽车经销商为主体的贷款模式

也称为间客模式,由经销商直接面对用户,与用户签订贷款协议。

(3)以汽车金融公司为主体的贷款模式

这种模式是由汽车集团财务公司行使银行直客模式下的银行职能。

### 4.3.1　以银行为主体的汽车消费信贷操作实务

在我国,商业银行是目前开办汽车消费信贷业务的主要机构,约占全部汽车贷款量的90%以上,是我国汽车信贷市场中主要的信贷模式。以商业银行为主要贷款机构的汽车消费信贷模式也被称为"直客"贷款模式,由购车人向商业银行贷款,用所获得的贷款支付给经销商,购买选中的汽车,然后购车人再按分期付款方式归还银行贷款。

1. 我国商业银行汽车消费信贷业务流程

该汽车信贷是由银行、专业资信调查公司、保险公司、汽车经销商四方联合。银行直接面对客户,在对客户信用进行评定后,银行与客户签订信贷协议,客户将从银行设立的汽车贷款消费机构获得车贷的额度,使用该车贷额度就可以在汽车市场上选购自己满意的产品。其流程如图4-5所示。

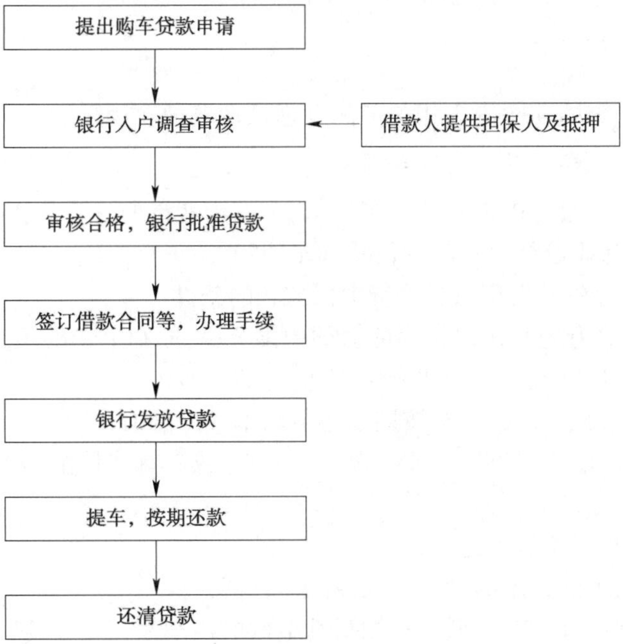


图4-5　"直客"模式汽车消费信贷业务流程

在该模式中,银行是中心。银行指定律师行出具客户的资信报告,银行指定保险公司并要求客户购买其保证保险,银行指定经销商销售车辆,风险由银行与保险公司共同承担。虽然各家银行所提供的服务程序不完全一样,但都是用银行、保险公司、专业资信调查公司、汽车经销商合作的方式。

由于目前许多保险公司已经停止办理带有为贷款人担保性质的履约保险,所以现在银行办理较多的主要是抵押加保证的贷款,即借款人将其固定的资产或车辆抵押,并找一个银行认可的担保人进行担保,这个担保人可以是公务员、医生、教师、金融员工等。其业务流程如下:

(1)咨询、选定车型,签订购车合同

购车者首先了解汽车消费信贷的相关事宜,然后选中满意的车型,与经销商谈好价格等,签订购车合同。

(2)提出贷款申请

购车者签订购车合同后,填写汽车消费贷款申请书、资信情况调查表,并连同个人情况的相关证明一并提交贷款银行。

(3)银行进行贷前调查和审批

对于符合贷款条件的,银行会及时通知借款人填写各种表格。

(4)审核合格,办理手续

通知借款人签订借款合同、担保合同、抵押合同,并办理抵押登记和保险等手续。

(5)银行发放贷款

由银行直接划转到汽车经销商的指定账户中。

(6)提车,按期还款

借款人将首付款交给汽车商,并凭存折和银行开具的提车单办理提车手续;按照借款合同的约定偿还贷款本息。

(7)还清贷款

还清贷款后在一定的期限内去相关部门办理抵押登记注销手续。

2. 我国商业银行汽车消费信贷购车须知

购车人如果决定向银行申请贷款购买汽车,第一步就是做好咨询工作,即去银行咨询相关事宜,了解我国的商业银行汽车消费信贷购车须知。

(1)我国商业银行关于汽车消费信贷中借款人的条件

①18 周岁以上,具有完全民事行为能力的中国公民,原则上年龄不超过 65 周岁;

②具有本市常住户口或有效居住身份,有固定的住所;

③有稳定职业和固定收入,具有按期偿还贷款本息的能力;

④提供贷款人认可的财产抵押、或有效权利质押、或具有代偿能力的法人或第三方作为偿还贷款本息并承担连带责任的保证担保;

⑤遵纪守法,没有不良信用记录;

⑥持有与特约经销商签定的购车协议或购车合同;

⑦提供或在贷款银行存有不低于首期付款金额的购车款;

⑧愿意接受贷款银行规定的其他条件。

(2)我国商业银行关于汽车消费信贷购车应提供的资料

汽车消费信贷购车人在申办汽车消费信贷的过程中,一般需要向银行提供的个人证明及材料如表 4-1 所示。

(3)贷款额度

以中国建设银行的贷款额度为例来说明。

①按建设银行的个人信用评定办法达到 A 级以上的客户,可以将所购车辆作抵押申请汽车贷款,贷款额度最高为所购车辆销售款项的 80%。

②借款人以建设银行认可的国债、金融债券、国家重点建设债券、本行出具的个人存单

进行质押的,贷款额度最高为质押凭证价值的90%。

购车贷款所需材料　表4-1

| 角　色 | 携带证件及资料 |
|---|---|
| 借款人 | 身份证原件和复印件 |
| | 户口本原件和复印件 |
| | 住房证明 |
| | 工资收入证明 |
| | 机动车驾驶证 |
| | 停车泊位证明 |
| | 一寸照片(两张) |
| | 结婚证原件和复印件 |
| | 贷款申请书 |
| | 购车协议或合同 |
| | 不低于首付款的存款凭证或首付款的收据原件和复印件 |
| | 贷款银行要求提供的其他资料 |
| 共同购车人 | 身份证原件和复印件 |
| | 户口本原件和复印件 |
| | 住房证明 |
| | 工资收入证明 |
| | 与借款人的关系证明 |
| 担保人 | 身份证原件和复印件 |
| | 户口本原件和复印件 |
| | 住房证明 |
| | 工资收入证明 |

③借款人以房屋、其他地上定着物或依法取得的国有土地使用权作抵押的,贷款额度最高为抵押物评估价值的70%。

④保险公司提供分期还款保证保险的,贷款额最高为汽车销售款项的80%。

⑤提供第三方连带责任保证方式(银行、保险公司除外)的,按照建设银行的个人信用评定办法为借款人(或保证人)设定贷款额度,且贷款额度最高为汽车销售款项的80%购买再交易车辆的,贷款额度最高为其评估价值的70%。

(4)贷款期限

汽车消费贷款期限一般为三年,最长不超过五年。

(5)贷款利率

贷款利率按照中国人民银行规定的同期贷款利率执行,并允许按照中国人民银行的规定实行上浮或下浮。

3. 主要操作性文件

(1)签订购车合同

消费者在车型选择好之后,与经销商签订《购车合同书》《同意书》及《担保书》。

①《购车合同书》是购车人与经销商签订的正式购销合同。本合同一式五份,购车人、经销商(供车方)、贷款银行、保险公司、公证处各执一份。具有法律效力。

②《同意书》《购车合同书》附件,是由共同购车人签署的具有法律效力的同意文书。

③《担保书》《购车合同书》附件,是由担保人签署的具有法律效力的文书,此文件需公证处公证。

④用途:购车人向经销商、贷款银行、保险公司、公证处分别提交《购车合同书》。

⑤填写注意事项:购车合同书由购车人本人签署;同意书由共同购车人本人签署。担保书由担保人本人签署,担保人情况表应如实填写。

(2)贷款申请手续

在客户决定购车后,将同时填写购车申请表、资信调查表和银行汽车消费信贷申请书。

①消费信贷购车申请表。

②消费信贷购车资格审核调查表。目前,由银行、企业、保险公司联合推出的汽车消费买方信贷,资信审核将由三方共同审核,其中以经销商上门初审为主,银行、保险依各自需要留备材料。

③银行汽车消费贷款申请书。银行汽车消费贷款申请书由银行制发,用于客户申请购车贷款,是客户向银行提出汽车消费贷款的正式申请书,内容均根据国家金融机构有关政策制定。

(3)银行批准

①汽车消费信贷银行所需存档材料。

②个人消费贷款保证合同。此合同是经销商为购车人提供贷款保证,与银行签订的合同。合同每项内容均须当事人签署。

③个人消费贷款借款合同。

④个人消费贷款审批表。

⑤委托付款授权书。授权书是银行制发的文件,用于购车人成为贷款银行贷款客户后,授权银行将其首付款及银行贷款支付经销商的文件。此授权书签署双方为贷款银行和购车人。

⑥委托收款通知书。通知书为银行制发的单据,当购车人的贷款申请被银行批准后,由经销商通知银行将购车人贷得的款项存入经销商的账户。

(4)取车手续

①车辆验收交接单:客户获得车辆后的签收单。应提请购车人核对单中内容正式签收。

②办理经济事务公证申请表:申请表是用于对《购车合同书》进行公证的申请。申请表每项内容均须当事人签署。

③车辆险投保单:保险公司制发的单据,用于客户所购车辆投保的车辆险、第三者责任险、盗抢险和不计免赔险。保单每项内容均须当事人签署。

④机动车辆分期付款售车信用保险投保单:保险公司制发的单据,用于客户在分期购车

时投保的信用险。

(5)车辆出门证:车辆出门证是售车单位给购车人开具的车辆驶离售车单位大门的凭证。

(6)按月付款:在合同期内,贷款银行对借款人的收入状况、抵押物状况进行监督,对保证人的信誉和代偿能力进行监督,借款人和保证人应提供协助。

4.特点分析

(1)优势分析

①资金充足。银行作为汽车信贷的主体,首当其冲的优势就在于资金优势上,充足的后备资金,使银行在做汽车消费信贷业务时游刃有余。

②贷款操作熟练。银行本身就是金融管理的行家,对于贷款的操作是轻车熟路,资本运作的优势是商业银行独一无二的。

(2)劣势分析

①汽车产品自身的特点给银行带来的附加成本。汽车消费信贷本身具有的特点造成银行人工成本大大增加。如原本1000万的贷款单,其他商业贷款可能是一个客户,而汽车消费贷款可能是100个客户,会增加大量的工作人员管理,分散银行的实力,增加银行成本。

②专业评估费用高。银行需要花费大量的人力来进行资信调查、审核和管理,管理成本高,工作效率低。

③承担风险高。由于缺乏完善的个人信用体系,银行难以掌握客户收入和综合信用情况,由此造成了汽车消费贷款的较高风险。

## 4.3.2　以经销商为主体的汽车消费信贷操作实务

以经销商为主体的汽车消费信贷模式是指银行通过汽车经销商与汽车消费者形成的金融借贷关系,以经销商为消费者资信调查和信用管理为主体,并由汽车经销商向消费者提供金融服务的汽车消费信贷模式,也称之为“间客”模式。

该模式的汽车信贷是由银行、保险、经销商三方联手,由经销商为购车者办理贷款手续,负责对贷款购车人进行资信调查,以经销商自身资产为客户承担连带责任保证,并代银行收缴贷款本息,而购车者可享受到经销商提供的“一站式”服务。其流程如图4-6所示。

由于经销商在贷款过程中承担了一定风险并付出了一定的人力、物力,所以通常需要收取2%~4%的管理费。

1.以经销商为主体的汽车消费信贷业务流程

我国以经销商为主体的汽车消费信贷业务,并没有统一确定的对贷款申请人的限制和贷款流程,其主要业务流程有:

①客户咨询。客户咨询工作主要由咨询部门承担,工作内容主要是了解客户购车需求、帮助客户选择车型、介绍购车常识和如何办理汽车消费信贷购车、报价、办理购车手续等。

②客户决定购买。应指导客户填写《消费信贷购车初、复审意见表》和《消费信贷购车申请表》。

③复审。审查部应根据客户提供的个人资料、消费信贷购车申请、贷款担保等进行贷款资格审查。

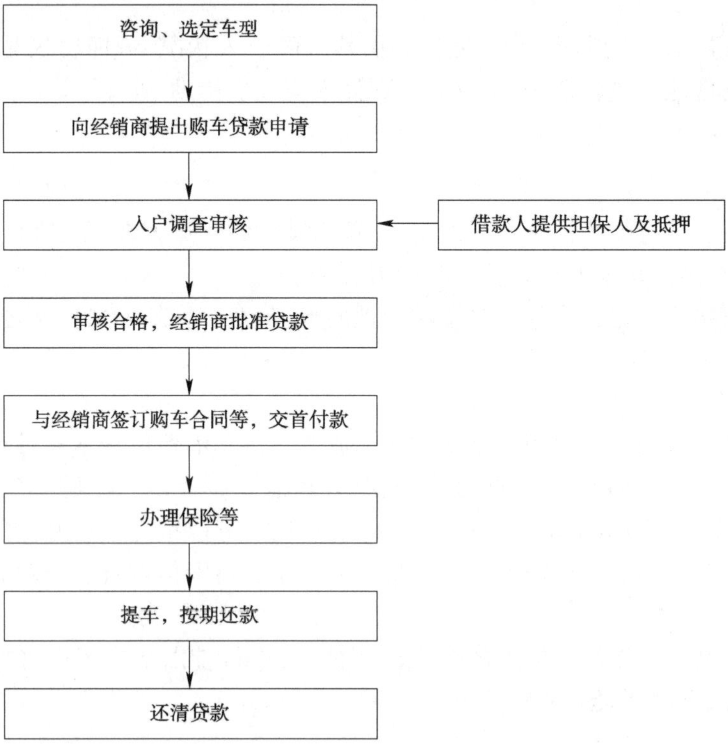


图4-6 “间客”模式汽车消费信贷业务流程

④与银行交换意见。

⑤交首付款。

⑥客户选定车型。

⑦签订购车合同书。

⑧公证、办理保险。

⑨审查。

⑩办理银行贷款：审查部受银行委托，与客户办理相关个人消费信贷借款手续。

⑪办理车辆牌照。

⑫给客户交车。

⑬建立客户档案。

2. 银行审批程序

①初审。在经销商向银行提供了客户材料后，银行要对所提供的资料进行初审。

②终审。机动车辆分期付款售车信用险（或保证险）投保单、公证后的购车合同、购车发票、委托收款通知单。

③银行信贷部主任审批签字。

④银行行长审批签字。

⑤银行将客户的首付款和贷款转入经销商在银行的账户中。

3. 银行与汽车经销商的合作方式

(1)经销商全程担保

即消费者贷款时,经销商为消费者提供担保,承担风险。

(2)保险公司提供履约保险

即购车者贷款时,向保险公司投保履约保险。

4. 特点分析

(1)优势分析

①简化了贷款申请和审批的程序。该模式提高了信贷服务效率,消费者可以得到相对方便的个人汽车消费贷款服务。

②消费者选择空间更大。消费者在首付款、贷款期限等各方面都有更大的自主选择空间。

③可享受到专业化的增值服务。通过与经销商的合作,消费者在整个过程中能得到各种专业的汽车资讯和汽车维护维修方面的专业知识。通过这种多方联合的方式,汽车消费信贷最终形成了"集信息咨询、贷款购车、上牌照、上保险等为一体的一条龙购车服务"。

(2)劣势分析

这种模式一方面给消费者带来较大便利,另一方面给消费者带来较大经济负担。消费者除承担银行利息外,还要承担保证保险、经销商服务费用等各项支出。另外,经销商存在着销售量与对贷款购车者的信用审核之间的矛盾。

## 4.3.3 以汽车金融公司为主体的汽车消费信贷操作实务

该模式由非银行金融机构组织进行购买者的资信调查、分期付款服务。目前国内的非银行金融机构通常为汽车生产企业的财务公司。

上海汽车集团(简称中国上汽)、中国第一汽车集团(简称中国一汽)等都有自己的财务公司。其中,中国上汽的财务公司于1997年开始进行个人消费信贷业务,具体的模式为:由经销商出30%的款项从上海大众提车,其余70%由中国上汽财务公司提供,该类车辆只能以消费信贷的形式售出。客户购买保险公司的保证保险,律师行出具资信文件,由经销商提供车辆,中国上汽财务公司提供汽车消费信贷业务。一旦出现客户风险,由保险公司将余款补偿给经销商,经销商再将其偿还给中国上汽财务公司。

1. 汽车金融公司个人汽车消费信贷业务流程(图4-7)

①消费者在经销商处选定车型,填写贷款申请。

②经销商将消费者贷款资料通过计算机传给汽车金融公司。

③金融公司通过计算机联网向信用调查机构调取消费者信用资料,进行信用评估。

④金融公司通知经销商贷款核准情况,并授权经销商同消费者签订融资合同。

⑤经销商向政府汽车管理部门登记上牌。金融公司为车辆的抵押权人,并显示在汽车管理部门出具给消费者的车辆所有权证明书上。

⑥经销商交车给消费者。

⑦金融公司收到经销商的合同文件后,付款给经销商。

⑧消费者按合同内容分期付款给金融公司。

⑨金融公司将消费者的付款状况信息提供给信用调查机构。

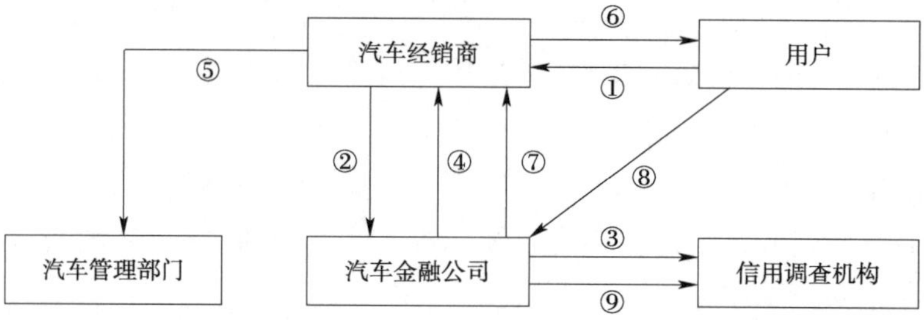


图4-7　汽车金融公司个人汽车消费信贷业务流程

2. 特点分析

(1)优势分析

①程序简便。

②提供专业化服务。

③促进汽车产业自身的发展。

(2)劣势分析

①利率限制。

②资金来源限制。

③业务范围限制。

3. 汽车金融公司与银行的汽车消费信贷比较

(1)申请资格

汽车金融公司放贷标准较宽松,注重申请人的信用,外地户口符合条件也可申请。而银行更看重申请人收入、户口和抵押物等,且需要本地户口或本地市民担保、房产证明等一系列烦琐的程序。

(2)手续和费用

金融公司一般3天完成,且不交手续费、抵押费、律师费等费用。银行则需1周多时间,要找担保公司做担保,且收取一定的杂费。

(3)首付比例及贷款年限

金融公司的首付一般较低,如丰田汽车金融公司对于信誉度非常好的客户可以承诺首付款为全车售价的20%,贷款年限分3年、5年两种方式。

(4)利率水平

银行按照中国人民银行规定的同期贷款利率计算,而汽车金融公司则比银行现行利率高出1~2个百分点。

(5)月还款额

银行提供的信贷方式一般称为标准信贷。目前,有的汽车金融公司比银行多推出了一种服务方式,即弹性信贷。所谓弹性信贷,是指为消费者提供多种选择:消费者可以将一部分贷款额(通常不超过25%)作为弹性尾款,在贷款期限的最后一个月一次性支付,而不计算到月付金额,这样就能使购车者的月供明显低于标准信贷的月供。

## 4.4 汽车消费信贷的风险防范

我国的汽车消费信贷业务仍然处在一个从无到有的初级发展阶段,汽车消费信贷业务的巨大市场诱惑与非信用化环境下难以预测的风险隐患,形成了强烈的反差和矛盾,并一直制约着我国汽车消费信贷业务的发展。因此,加强汽车信贷风险管理成为发展汽车信贷业务的首要问题。本节将对汽车信贷风险管理的理论部分进行相应的研究。

1. 汽车消费信贷风险的概念

汽车消费贷款风险是商业银行或汽车金融公司从接受消费者汽车贷款申请开始一直到该笔贷款收回的整个业务过程中,由于借款人主体以及内外部各种经济、金融变量的不确定性,导致贷款机构实际收益与预期收益目标相背离,使其蒙受损失或丧失收益的可能。

虽然汽车消费贷款风险有可能给银行带来一些额外收益,但一般情况下,风险可能造成的损失会大于可能的额外收益,对金融机构的经营活动造成负面影响。由于各种经济变量和经济要素不停地变动,使得银行预期收益具有很多不确定性。同时风险也推动和制约着金融机构汽车消费贷款业务的发展。目前多家金融机构都已将汽车消费贷款业务作为新的利润增长点,车贷市场竞争尤为激烈,谁把握了市场的变化,谁就能获得更多的收益,反之亦然。因此,汽车信贷风险既促进了金融机构管理效率的提高,又对其可能造成的严重后果起到了警戒和约束作用。

2. 汽车消费信贷风险的分类

汽车消费信贷风险可以根据不同的划分标准进行分类。结合汽车消费信贷业务的特征,以产生风险的原因为标准,可分成四个类型:分别为欺诈风险、信用风险、操作风险、市场风险。这四类风险由于产生的因素不同,既联系紧密、相互影响,又彼此独立,因此也增加了汽车信贷风险的复杂性。

(1)欺诈风险

指借款人出于本人非法牟利为目的或者是在他人胁迫或者在完全不知情的情况下,向金融机构骗取贷款,进而导致金融机构损失的风险。此种风险在我国过去很长一段时间里长期存在,不但遍布国内各个地区,而且欺诈手段不断升级,防范难度极大,对金融机构造成的损失也最为严重。

(2)信用风险

指借款人没有履行借款合同所约定的义务,导致汽车金融公司不能按时收回贷款而造成经济损失的风险,也可称为违约风险。它是金融风险的主要类型,由于难于进行转移、量化并带有滞后性,是汽车信贷风险控制的难点。

(3)操作风险

指因不当或者不完善的内部操作流程、人员、系统或者外部事件进而导致的直接或者间接损失的风险。

(4)市场风险

指由于外部经济的不确定因素波动变化导致的个人信贷无法按期偿还,或者导致客户无法履行合约的可能性。汽车消费信贷作为资产业务,比较容易受到贷款利率波动的影响进而导致风险损失。

## 4.4.1 汽车消费信贷风险特征及现状

1.汽车信贷风险特征

近几年以来,随着我国宏观经济增速放缓,国内外市场环境恶化,汽车贷款业务暴露出大量问题,尤其是高端品牌汽车信贷市场,更成为违约的重灾区。风险特征有如下几点:

(1)高逾期率

从2011年至今,国内汽车贷款的逾期率迅速飙升,从之前的0.1%左右升至现如今的平均0.45%,平均上升幅度达到350%。而高端汽车的逾期率又远远高于市场平均值,个别地区在特定时间段的逾期率甚至到达4%,远远超出了汽车消费贷款同时期的平均值,更是大大超过了金融机构的安全警戒线。

(2)地域差异显著

虽然近几年全国范围内的汽车信贷违约率均大幅攀升,但是不同地区仍然存在着较为明显的区域差别。经分析研究可以得出,贷款逾期高发地区主要集中在经济相对发达的东部地区,例如江浙和福建地区,这两地不但逾期率高,而且贷款违约总额非常巨大。另外,内蒙古和山东两省也是贷款违约的重灾区,虚假骗贷案件频发,影响非常恶劣。

(3)恶性欺诈比例高

虽然从事汽车金融业务的银行和汽车金融公司有着相对完整的风险防控措施,但是仍然存在着巨大的不足与缺陷,这就给很多不法之徒以可乘之机,恶意骗取贷款非法拥有车辆;同时由于道德建设的缺失,也经常出现不法之徒与金融从业者内外勾结,甚至有金融从业者监守自盗等诸多恶性欺诈行为。

恶性欺诈大多涉及多辆汽车,且车辆多为高档汽车里的中高端车型,涉案金额巨大且难于催收,经常是月还款一期未还便人和车均无法联系;有的即使找到借款人,也不具备还款能力,贷款车辆也被非法处置,再无法找到。这些恶性欺诈给金融机构带来巨大的经济损失。

(4)欠款车辆多被非法交易

对于贷款车辆,由于存在技术上和法律上的限制,金融机构无法对贷款车辆进行跟踪定位,所以即使车辆在车辆管理机构已经办理了车辆抵押手续,金融机构在发现贷款逾期之后,也无法通过技术手段对车辆进行定位,贷后管理和监控的难度大。尤其是恶性欺诈所得的车辆经常被不法之徒在黑市上进行交易,有的甚至被篡改车架号和发动机号并套用其他合法车辆的手续,这些违法行为给车辆监控和贷款的催收带来了相当大的困难,给金融机构带来了巨大的经济损失。

2.汽车信贷风险防控现状

(1)现行风险防控措施

目前国内汽车信贷风险防控措施仍然沿用着贷前调查、贷中监管和贷后违约催收的思路展开，从 2004 年第一批外资汽车金融机构开业至今，10 年期间没有大的变化。例如，贷前风险防控措施仍然主要依靠销售顾问和信贷审批人员凭借经验进行判断交易的真实性，并根据客户提供的财力证明材料做出审批意见。

(2)市场竞争加剧导致审批尺度过度宽松

随着越来越多的银行纷纷涉足汽车金融领域，且效仿汽车金融公司开发出了越来越多的金融产品，国内的汽车金融公司和银行之间的竞争日趋激烈。银行相对于汽车金融公司具备融资成本低廉、网络覆盖全面和善于交叉销售的优势，各大银行不断地扩展各自的汽车贷款业务，尤其倾向于拓展高端汽车品牌市场，并通过压低贷款产品的价格，以攫取更大的汽车贷款市场份额。由于市场恶性竞争的不断加剧，导致贷款审批越发宽松，放款流程日益简化，免抵押信用卡分期等乱象层出不穷。信贷风险防控措施不但没有加强，反而由于市场的无序竞争所削弱，潜在风险巨大。

(3)市场环境恶化导致违约风险

从 2007 年全球爆发次贷危机至今，受全球经济复苏乏力和我国产业转型影响，国内私营经济受到极大的冲击，实体经济面临着前所未有的挑战。加之自 2010 年起，中国人民银行连续加息并提高存款准备金率，导致市场货币供给不足和流动性的减弱，进一步恶化了实体经济的货币供给，很多地区尤其是江浙、山东和内蒙古地区，出现了大面积的违约情况，银行和金融公司都面临着极大的违约风险。近几年受到国际大环境影响，出口萎缩且内需不旺，各地私营经济出现大面积的亏损甚至倒闭，贷款逾期率明显上升。

(4)行业过度依赖导致汽车金融公司负重前行

近几年汽车零售行业对于汽车贷款业务的依赖越发凸显，汽车金融公司在防控风险和促进生产厂家汽车销售之间左右为难。近两年平均每卖出 2 辆乘用车就有 1 辆是通过金融服务完成交易，金融服务已是推动汽车市场发展的不可或缺的原动力。由于汽车金融公司大多是汽车厂家成立服务本品牌的金融机构，肩负着促进本品牌汽车销售的任务，无论市场环境如何均要为本品牌提供最有力的金融服务支持，一旦金融服务陷入僵局甚至中断，将给整个汽车行业带来无法想象的打击，必然会致使销售乏力，汽车滞销，经销商和汽车生产厂家资金无法及时回笼导致资金链断裂，甚至导致汽车经销商和生产企业的倒闭。但是金融机构毕竟是独立核算的营利性法人机构，必须保持自身的盈利和风险可控，所以汽车金融公司只能肩负着巨大的风险和巨额的坏账艰难前行。

从上述我们不难看出，我国现阶段汽车金融风险防控现状不容乐观，不利于有效规避信贷风险和汽车金融市场的长期稳定健康的发展。

### 4.4.2 汽车金融公司信贷风险防范

从上述分析可知，我国的汽车金融公司发展过程中显现出巨大的风险，这对我国汽车金融业的发展造成了严重阻碍。如何加强汽车金融公司的个人信贷风险管理，在合理的、可承受的范围内控制信贷风险，提高我国汽车金融公司的竞争力，是当前我们亟须思考和解决的问题。但是我们需要明确一个前提，就是汽车金融公司控制个人信贷风险，并不仅仅是盲目地排斥风险，倘若一味地回避风险，汽车金融公司将不得不放弃许多潜在收益，从而大大收缩其经营业务范围,削弱其本身经营能力。正所谓风险与收益并存,我们需要更多地将研究的重点放在汽车金融公司可能遭受的损失、损失的程度以及概率如何,通过各种办法,将风险控制在其可承受的范围之内。

我们认识到,我国目前汽车金融公司的风险主要体现在经营性风险、操作性风险、流动性风险的公司内部信贷风险和受信者的信用风险、偿债能力风险的市场风险以及法律制度方面,因此结合我国实际发展情况,具体研究如何控制我国汽车金融公司信贷风险。

### 4.4.3 汽车金融公司防范信贷风险对策

1. 减少经营性风险

(1)建立专业的风险评级系统

首先,应该把信用评级软件引入到汽车金融公司,把对受信者的风险从以前的定性分析转移到现在的定量分析。采用具有汽车贷款特征的参数,将参数设定为不同权重,进行自动系统评级。其次,研发汽车金融公司能够操作的软件,把汽车金融公司、经销商、受信者、银行以及制造商联结在一个系统平台上,实时监控各种贷款数据。

通过系统风险监控模块,汽车金融公司可以事先定义风险规则,可以分析输入的数据,自动评分。信贷员可以进行综合评分并结合受信者的情况做出贷款决定,相关机构通过信息反馈模块能够了解受信者贷款审批情况,为此达到相互关联、相互约束的目的。

(2)建立健全内控机制

为了预防汽车信贷风险,汽车金融公司必须加强其内部风险管理,并且制定具有可操作性的岗位责任制,加强贷款管理部门的风险责任,制定风险管理的对策与目标,强化第一责任人制度,层层分解,并落实到个人。会计、计划、财务、信贷管理、风险、审批等每个部门发挥其职能,密切配合。根据汽车信贷的特点进行审查决策,确立科学合理的指标体系,能够把授信额度、期限、利率进行量化并进行动态管理。建立档案,严格管理个人汽车信贷,加强贷前审查和完善贷款签订手续,确保审贷分离。要进行定期检查与监督,强化监督经办人员,严格控制工作人员道德风险。建立复审工作制度,审核汽车信贷合同,加强合同管理,避免无效合同。加强贷后管理,确立贷款风险预警机制,随时监控受信者的还款能力和还款意向,在风险处于萌芽时期将其化解。制定不良贷款催收制度,对已经出现风险的贷款,要动员全部力量加强清收工作,确保做好欠款的催收工作和催收记录。

为防范信用风险,汽车金融公司首先加强制度建设,针对不同业务种类,分别建立了较为完善的客户信用评级制度、贷款五级分类制度等一系列管理制度和操作规程,形成比较完备的信贷审批、监督及内部审计体系;根据制度要求,各业务部门对信用风险进行初审,并根据业务涉及信贷额度由不同层级管理人员审批。公司执行委员会设立信贷委员会对信贷业务实行监督,并对信贷审批人员提供书面建议。对于批发业务和公司信贷业务,公司设立专门的商业贷款评估部进行信贷评估。公司的风险管理部门和内部审计部门对信贷业务涉及的风险进行事中、事后控制,对可能存在的信用风险加以防范。

(3)开发风险分散与转移方式

汽车金融公司的客户特点、业务以及运作流程都很容易形成较大的风险,为此要对风险的分散和转移的方法做充分的准备,使汽车金融公司的内部风险得到最大限度地降低。在风险分散方面,首先要增加汽车金融公司的业务品种,尽管现在仅开展了汽车贷款业务,但为了向业务品种的多元化发展,除标准贷款以外,还应推出智慧贷款业务。所谓智慧贷款是一种新型的汽车贷款还款方式,将贷款分为首期和末期两部分进行归还,尾款将在贷款到期时再做偿还,尾款数额的高低由贷款期限所决定,因此使得月还款金额远低于传统等额本息方式下的月还款金额。贷款到期时,客户可选择 3 种还款方式:全部付清智慧尾款;申请 12 个月的展期;二手车置换。智慧贷款吸引了更多的潜在客户,缩短了车辆的置换周期,同时促进了新车的销售。其次,汽车金融公司为了实现多样化经营,一方面在大力发展汽车信贷的同时,另一方面还要拓展其他相关领域的业务,这可以达到分散风险的作用,避免出现当国家政策有重大调整时,给汽车金融行业甚至整个汽车产业造成冲击。现阶段在北京实施的汽车限购令则给汽车金融公司敲响了警钟,目前汽车金融公司的业务集中在汽车信贷,汽车限购令的实施将直接导致汽车信贷业务的缩减从而造成汽车金融公司业务的缩减。因此要将汽车金融业务渗透到整个汽车行业的从制造到销售直至最后的车辆报废的每个环节中,形成以销售、保养、维修、租赁为主,汽车文化、汽车消费品、汽车俱乐部等为辅助的局面。

对于风险转移,汽车金融公司首先要规范现有的汽车保险市场,建立自己的保险部门,与保险公司进行长期规范的合作,以便使所有车辆的保险公司、险种、期限具有统一性。其次,要建立个人贷款保险,能够帮助汽车金融公司最大限度地降低偿债能力风险。在很多发达国家,对个人贷款保险已经成为汽车金融公司分散风险的重要手段,值得我国予以借鉴。

2. 减少操作性风险

(1)完善汽车金融公司自身管理体系

①在意识上提高风险认识。首先,汽车金融公司要明确内部风险控制目标,保证其提供的汽车金融业务符合国家相关法律法规的要求;其次,确保公司的持续经营能力,采取规范业务操作、查错防弊、堵塞漏洞等方法确保公司具有持续经营能力;再次,采取风险转移的方法把风险控制在合理的范围内,降低公司发生损失的概率。

②对从业人员进行系统培训。汽车金融公司要对从业人员开展定期培训,其内容应该包括汽车金融的运作、风险构成及识别风险、国家相关政策信息及员工职业操守等。凭借持续、全面的培训,使领导层和员工都能对我国汽车金融市场存在的各种风险有充分认识,明确他们在企业、在内部控制系统中的地位及角色,并在主观上进行防范,将控制风险转变为防范风险。

(2)完善汽车金融公司风险预警机制

风险预警目的是为了对风险的预控提供依据,在一定的风险指标条件下,采取有效的风险预控措施,在风险所造成的损失还未对公司产生实质性的伤害前,及时调整公司的风险管理策略和措施,使风险能够得到控制。

汽车金融公司应不断对其风险预警机制进行完善,按照其风险承受能力和业务特点,对于不同业务、不同受信者制定相应的监控指标和风险阈值,并确立一个统一的系统,实时掌握并监督每个受信者的状况,实施分析和衡量业务运作中的风险,把实际值与风险阈值的大小进行比较,并以此对受信者的风险等级判断,如果发现异常,能够及时采取相应的应急措施。

3. 减少流动性风险

(1)发展并深化与商业银行的合作

我国目前汽车信贷以商业银行为主,汽车金融公司为辅,商业银行占据着汽车信贷绝大部分市场。如前所述,商业银行具有网点分布广泛、资金实力雄厚、服务网络覆盖全国和融资渠道广泛的优势,但是其缺少汽车信贷业务所需的专业性、灵活性和多样性;汽车金融公司能够为消费者提供专业化、全方位、灵活的金融服务,但却受到融资、利率方面的诸多限制和约束。因此,我国汽车金融公司在与商业银行竞争的同时,可以探索建立广泛的合作、合资关系。这种合作可以划分为外部和内部两种方式。内部合作是指汽车金融公司负责评估消费者的信用、贷款回收和还款保证,商业银行负责提供信贷并向汽车金融公司支付一定费用;外部合作是指汽车金融公司自行给消费者提供汽车信贷,银行提供的业务包括向汽车金融公司提供以综合授信、资金结算、相互代理等。

(2)实行资产证券化

资产证券化是指把缺乏流动性的资产调转为金融市场上能够自由买卖的证券的行为,确保其具有流动性。对于汽车金融公司来说,可以将资产证券化定义为:汽车金融公司将没有动性的资产但具有未来现金收入的资产,按一定标准进行结构重组,而后按证券发行的方式卖给资本市场投资人的一种融资方式。汽车金融公司提供的信贷通常是为 1 ~5 年,并且融资的还款期限一般较短,因此会产生期限错配问题,一方面使流动性风险增大,一方面逐步积累了信用风险。资产证券化不但吸引长期稳定资金有利,还可以通过外部融资调整汽车金融公司的财务结构。通常情况下,发达国家一般对中长期个人贷款实行证券化,主要是为了分散风险,缩短授信时间;但是我国目前拥有着规模较大的游资和数量众多的机构投资者,能够承担一定风险以获取较大收益。

(3)尝试多元化融资途径

原《汽车金融公司管理办法》对汽车金融公司融资渠道的限制比较大,只允许有 3 种获取融资的渠道,分别为获得集团母公司超过 3 个月以上的定期存款、公司内部股东融资或是本土银行的结款,这对汽车金融公司的发展具有较大的限制。2008 年出台的新《汽车金融公司管理办法》,拓宽了融资渠道,即:接受汽车经销商购买车辆的贷款保证金及承租人租赁汽车的保证金;经批准,发行金融债券;从事同业拆借;同时将吸收存款的范围由原来的“接受境内股东单位 3 个月期以上的存款”调整为“接受境外股东及其所在集团在华全额投资的子公司和境内股东 3 个月(含)期以上定期存款”。

2010 年 10 月,中国上汽通用汽车金融公司联合中信证券、中德证券、中国银行、交通银行、农业银行率先发行总额共计 15 亿元、为期 3 年的金融债券,成为国内第一家发行金融债券的汽车金融公司,所募基金用于补充公司的中长期资金,为公司业务发展提供资金支持,公司资产负债结构得到优化,避免出现期限错配问题。

### 4.4.4 进一步完善市场环境和法律环境

1. 完善征信体系建设

我们将汽车金融服务与个人信用征信系统的关系比作计算机与防火墙,个人信用征信系统对贷前风险的控制犹如计算机的防火墙,随时阻挡病毒(即信贷风险)的入侵,保证计算机系统(即汽车金融服务)的正常运行。缺乏完整有效的个人信用征信体系,犹如防火墙有缺陷的计算机,其运行的结果往往导致整个系统的崩溃。而我国汽车金融服务目前正处在这个"防火墙有缺陷"的阶段,为保证系统的运行,必须植入完善的个人信用征信体系。

(1)建立全国性的征信网络系统

政府和中国人民银行牵头收集分散在各商业银行和社会各方面的个人信用信息,并将这些信息进行加工、整理和存储,充实企业和个人信用信息基础数据库,能够为汽车金融公司、商业银行等金融机构和社会有关各方系统全面地了解企业和个人信用状况给予服务。当前提供给金融机构的个人信用信息基础数据库信用信息基本来自于商业银行,数据库运用全国几种模式,由各商业银行每月定期向数据库报送数据,并将数据整合后对商业银行等金融机构提供查找服务。数据库仅仅收集来于银行机构的信息,数据并不完整。根据统计,我国50%~60%的个人信用信息数据库基本集中于商业银行,其他信息分散在公安、法院、工商、国税、劳动保障等多个部门及公用事业、邮政、电信、移动通信、保险等非政府机构。

(2)健全个人信用评估体系

健全的个人信用评估体系能够使汽车金融公司在授信前期对申请人的资信得到较为准确的评价,从而使得公司避免将款项贷给资信较差的申请人。我国目前的个人征信系统是建立在人民银行的个人信用信息基础数据库的基础之上的,仅能提供信用信息的查询功能,并不能够满足汽车金融公司对于资信评级、信用评估等要求,汽车金融公司不得不自行对其得到的信用信息做二次加工。

要建立活跃的信用市场,除了要加强公共征信建设以外,还应大力拓展商业化征信机构。支持并鼓励海内外知名的商业征信评级机构到我们国家建立分支机构或合作、合资建立商业征信评级机构,这样能够对汽车贷款机构和个人资信评级发展起到极大的推动作用。

(3)建立个人信用担保制度

第三方担保贷款通常是指专业化的信用担保公司提供贷款担保,但我国此种专业性的机构还比较缺乏。我国目前贷款大多采用车辆抵押以及保险公司履约保险等形式,我国应尽快成立专业化的个人信用担保公司,由担保公司给购车者提供担保服务,这不仅能够降低汽车金融公司所承担的风险,还能够促进担保公司业务的拓展,在汽车金融市场中占有一定的市场份额。此外,还可以考虑由政府组建信用担保公司,在简化贷款手续,加强信用风险管理的同时,在较大程度上解决部分申请人难以提供担保和汽车金融公司资金流动性问题。

(4)建立个人破产制度

所谓个人破产制度,是指不能按照约定偿还贷款的私人借款者,能够申请破产,得到法律的保护。个人破产制度可以促进个人信用制度的发展,它是个人信用制度的一部分。我国到目前为止,只有企业破产制度,还没有涉及个人破产制度。我国应加快建立个人破产制度,完善个人信用体系。

2. 完善法律法规

除公司内部风险、外部信用体系之外,公司外部还要加强各方面的监管,而市场监管则是用法律来约束。法律能够反映一个时代经济环境,具有强制性、权威性及惩戒性的特点,能够为维护市场上的交易秩序、监督和规范市场交易主体的行为发挥非常重要作用。如果在汽车金融市场中没有法律的保障,交易主体的行为也就失去硬性的约束,进而使汽车金融市场的风险扩大。由于我国汽车金融发展时间较短,有关法律法规还处于发展阶段,尽管《汽车金融公司管理办法》和《汽车金融公司管理办法实施细则》已经搭建起了汽车金融市场发展的法律法规框架,但仍然需要继续完善其他配套的法律规范,以便明确交易双方的权利、义务以及违约时的处罚措施。

首先,我国应尽快建立并完善征信法律制度,以保障和支持汽车金融公司的发展,确保征信制度在全社会建立的强制性和实施的有效性。其次,加快修订"破产法"的速度,确立个人破产制度。再次,不断完善我国与个人汽车信贷有关现行法律,包括"担保法""经济合同法""民法通则""抵押登记管理办法""商业银行法""个人信用征信法"等。

3. 完善二手车市场建设

二手车是汽车金融公司的主要抵押物,为此规范二手车市场势在必行。规范的二手车市场将确保贷款抵押物能够迅速变现,可以在消费品的二级市场上转换和释放风险,进而确保抵押物能够按照正常的市场价格顺利变卖,使在出现风险后能够顺利拍卖抵押物,将其变现。

我国应强化二手车市场的管理力度,调整、完善有关政策规范交易行为,减少对交易主体的各种限制,使汽车金融公司、汽车经销商成为二手车市场经营主体,力争解决二手车交易过程中存在的各种不合理的税收政策,统一二手车交易税费标准,建立科学的二手车评估体系,制定统一的价格标准,建立二手车售后服务体系。

## 4.5 汽车消费信贷案例分析

**案例:中国的汽车消费信贷模式**

1. 案例内容

汽车信贷消费在中国是从1998年亚洲金融危机后国家采取拉动内需的政策才大力开展的业务。目前,中国汽车信贷消费占贷款规模的比例只有1%,截至2001年底,国内金融机构的个人汽车贷款余额为435亿元。据统计,在汽车消费中只有10%是通过分期付款形式销售的。2001年中国汽车销售总额为673亿人民币,根据世界平均信贷消费比例(70%)计算,理论上信贷消费总额应为471亿人民币。这说明我国的汽车信贷消费还明显低于世界平均水平。

目前,中国汽车信贷消费的模式主要有3种。

(1)以银行为主体的直接模式

该模式的特点是:由银行直接面对客户,在对客户信用进行评定后,银行与客户签订信贷协议,客户拿贷款额度到汽车市场上选购自己满意的产品。在"直客"模式中,银行是中心,银行指定律师行出具客户的资信报告,银行指定保险公司并要求客户购买其保证保险,银行指定经销商销售车辆。在这一模式中,风险由银行与保险公司承担。目前开展个人汽车消费信贷服务的银行非常多,几乎大多数的商业银行都参与其中,例如工商银行、中国银行、建设银行、交通银行、招商银行、民生银行等。

(2)以经销商为主体的间接模式

该模式的特点是:由经销商负责为购车者办理贷款手续,以经销商自身资产为客户承担连带责任保证,并代银行收缴贷款本息,而购车者可享受到经销商提供的一站式服务。由于经销商在贷款过程中承担了一定风险并付出了一定的人力物力,所以经销商通常要收取2% ~4%的管理费。在这一模式中,经销商是主体,它与银行和保险公司达成协议,负责与消费信贷有关的一切事务,客户只需与一家经销商打交道。这时,风险由经销商与保险公司共同承担。这种信贷模式的代表是北京亚飞汽车连锁总店(以下简称亚飞)。

目前,以经销商为主体的间接模式又有新的发展,从原来客户必须购买保险公司的保证保险到经销商不再与保险公司合作,客户无须购买保证保险,经销商独自承担全部风险。这也是亚飞在汽车消费信贷业务竞争日益激烈的情况下,通过对风险的预估后推出的新模式。

(3)以非银行金融机构为主体的间接模式

该模式的特点是:银行金融机构组织对购买者的资信进行调查、担保、审批工作,向购买者提供分期付款。这些非银行金融机构通常为汽车生产企业的财务公司。

目前,上海大众汽车工业(集团)总公司(以下简称上汽)、中国第一汽车集团公司、天津汽车集团等都有自己的财务公司。其中,上汽的财务公司于1997年开始进行个人消费信贷业务。当时的模式如下:由经销商出30%的款从上汽提车,其余70%由上汽财务公司提供,该类车辆只能以消费信用的形式售出。客户购买保险公司的保证保险,律师行出具资信文件,由经销商提供车辆,上汽财务提供汽车消费信贷业务。一旦出现客户风险,由保险公司将余款补偿给经销商,经销商再将其偿还给上汽财务公司。因此,在这种形式中,风险由上汽财务公司、经销商和保险公司三家共同承担。

2. 案例评析

(1)从信用形式分析

信用作为一种借贷行为,要通过一定的形式表现出来。所谓信用形式,就是表现借贷关系特征的形式。现代信用形式按不同标准可以分成不同的种类:以信用授受的主体为准,信用可分为商业信用、国家信用、银行信用和个人信用;以信用授受的期限为准,信用可分为短期信用、中期信用、长期信用;以信用授受的用途为准,可分为生产信用和消费信用;以信用授受的对象(即有无抵押)为准,可分为对物信用和对人信用等。以信用主体进行分类是较为常用的信用形式。本案例中的消费信用模式既涉及信用的用途和主体,又涉及信用的期限和对象。从信用授受的用途看,本案例中的借贷行为是用于耐用消费品——汽车;从信用授受的主体看,本案例中既有银行信用,也有企业向消费者个人提供的信用;从信用的期限看,既有以分期付款形式表现出来的中期信用,又有消费信贷形式的长期信用;从信用授受的对象看,既有对物信用,也有无抵押的对人信用。

(2)从消费信贷市场的竞争分析

本案例中我们可以看到,目前中国汽车消费信贷市场的竞争主体有3个:银行、汽车经销商和汽车企业财务公司。银行和汽车经销商之间存在着一种既竞争又共生的关系。一方面,中国目前的汽车经销企业还不具备独立开展汽车消费信贷业务的资本规模,它们需要利用银行的资本开展此项业务,与银行之间是一种合作的关系;另一方面,银行的直接模式使经销商无从获得以前收取的管理费和担保费等,与汽车经销商又形成了一定的竞争关系。另外,由于银行在客户资信调查工作方面缺乏经验,对风险的态度过于谨慎,所以使得资信调查的中介机构有了生存空间。银行与汽车企业财务公司的竞争是正面的,两者各有优势。银行的优势在于营业网点多,资本雄厚;而财务公司的优势在于与汽车生产商联系密切,有专业优势,更有调节利润的空间,在利率选择范围上具有自由度。作为提供汽车消费信贷的机构,银行、财务公司和经销商这三方在未来会形成直接的竞争关系。由于汽车的分销体系往往是以品牌为系列构筑的,依附于汽车生产企业的财务公司和经销商会关注某一类产品的营销,而银行则只着重借贷者的偿付能力及信用,而不关注其购买的品牌。因此,在某种程度上,银行、财务公司和经销商之间又可在市场竞争中形成一定的交错关系。比如,在一些财务公司和经销商无法提供金融服务的产品消费中,银行能更广泛地提供服务。目前,国内汽车产业集中度不高,银行与财务公司及经销商形成交错关系的可能性更大。保险公司介入汽车消费信贷的原因是因为提供信贷的机构希望减少风险。保险公司与银行等机构一起承担风险,使提供消费信贷的主体机构在风险暴露前有了一定的缓冲区。目前国内保险公司往往不愿意提供保证险种,这是因为其对风险的控制能力还不强,保险业的竞争也还不激烈,保险业的利润率还很高。加入WTO后,外资保险公司在汽车消费信贷的保险市场会对国内保险公司形成冲击。

信用体系的缺失一直是汽车消费信贷操作成本高、手续复杂的原因。汽车消费信贷市场要想做大,必须有健全的信用体系作支撑。对于客户的资信调查,除了由银行、财务公司等专门的金融机构来进行外,还可以由专业的资信调查公司来进行。愿意承担一部分担保风险的公司可以相应分得一部分利润。这一块业务与信贷、保险相结合,就形成了汽车消费信贷市场的一个完整结构。

(3)从我国信用制度的建立与发展分析

信用制度是指一种“制度安排”,是对信用行为及关系的规范和保证,即约束人们某一特定类型活动和关系的行为规则。信用制度是在商品交换中形成的,如果没有大多数人在商品交换过程中产生信用关系及对这一关系固定化和普遍化的要求,不仅没有制度化的可能,也没有制度化的必要。因此,信用制度作为一种交易规则是与商品经济的发展相联系的。从广义上来讲,信用制度的构成要素包括信用意识、信用行为和信用关系等。在经济实践中,信用意识具体化为各种信用行为,信用行为的产生必然产生信用关系,信用关系的形成又进一步推动信用交易、信用行为的发生,从而构成了信用的发生执行机制,它是内在的。而这一机制在现实中的稳定和顺利运行依赖于一定的保障制度,这是外在的。

从前面对消费信贷市场竞争的分析中也可以反映出我国当前信用制度建设中存在的一些问题。

1)社会普遍缺乏信用意识和信用道德规范。由于我国近代市场经济发育不充分,信用经济发育较晚,市场信用交易不发达,新中国成立后又长期处在计划经济体制之下,社会信用关系十分单薄。因此,无论企业还是消费者个人,都普遍缺乏现代市场经济条件下的信用意识和信用道德观念的培养。

2)企业内部普遍缺乏基本的信用管理制度。本案例中汽车信贷消费领域的有些经销商和财务公司本身就缺乏内在的信用管理制度,因此其竞争力大大减弱。除此以外,其他行业中的企业也普遍缺乏信用管理制度,出现很多因授信不当导致合约不能履行,以及受信企业对履约计划缺乏管理和违约的现象。

3)我国作为“非征信国家”,征信服务的市场化程度很低。我国对企业和个人的征信中介服务没有普及,信用管理行业的市场化程度不高,在市场交易中还不能快速对资本市场、商品市场上绝大多数企业和消费者个人的真实资信背景进行报告。

4)国家信用管理体制不健全,缺乏有效的失信惩罚机制。在一些征信国家,大都有比较健全的国家信用管理体系。这一体系包括:国家关于信用方面的立法和执法;政府对信用行业的监督管理;政府对全社会的信用教育和信用管理的研究和开发。目前,我国在这些方面都存在严重不足。

因此,我国信用制度的建立和完善,可从以下几个方面考虑:

1)通过多种方式强化市场主体的信用观念和信用意识。

2)尽快制定信用管理的法律制度,加强信用方面的立法和执法。

3)促进信用中介服务行业的市场化发展。

4)建立并逐步完善政府的信用监督和管理体系。

5)加强行业协会等民间机构的自律管理。

6)强化企业内部的信用管理。

7)建立完善的个人信用制度。

3. 案例讨论

(1)我国的汽车消费信贷模式是如何体现我国信用制度的?

(2)你认为银行、汽车经销商和汽车企业财务公司在未来的竞争中孰胜孰负?

(3)你认为应该如何完善我国的汽车消费信贷市场?

## 本章小结

本章主要内容包括汽车消费信贷的概念与形式、汽车消费信贷的种类与程序、以银行为主体的汽车消费信贷操作实务、以经销商为主体的汽车消费信贷操作实务,以及以汽车金融公司为主体的汽车消费信贷操作实务、汽车消费信贷的风险防范等内容。

下列问题覆盖了本章的主要学习内容,可以利用以下线索对所学内容做一次简要的回顾。

1. 汽车消费信贷

(1)汽车消费信贷的概念

(2)汽车消费信贷的特点

(3)发达国家汽车消费信贷发展历史和现状

(4)我国汽车消费信贷发展历史及现状

(5)我国汽车消费信贷发展模式

(6)我国汽车消费信贷未来发展对策

(7)汽车消费信贷形成的条件

(8)汽车消费信贷对汽车产业的促进作用

2. 汽车消费信贷的种类与程序
(1)国外汽车消费信贷的主要方式
(2)国内汽车消费信贷的主要方式
(3)汽车消费信贷的种类
(4)关于办理汽车消费信贷
3. 汽车消费信贷操作性文件举例及说明
(1)以银行为主体的汽车消费信贷操作实务
(2)以经销商为主体的汽车消费信贷操作实务
(3)以汽车金融公司为主体的汽车消费信贷操作实务
4. 汽车消费信贷的风险防范
(1)汽车消费信贷风险特征及现状
(2)汽车金融公司信贷风险防范
(3)汽车金融公司防范信贷风险对策
(4)进一步完善市场环境和法律环境

# 自测题

**一、多项选择题**(下列各题的备选答案中,有两个或两个以上选项是正确的,请把正确答案的序号填写在括号内)

1. 汽车消费信贷一般有下面(　　)方式。
A. 以车供车贷款　　B. 汽车保险公司
C. 住房抵押汽车消费贷款　　D. 有价证券质押汽车消费贷款

2. 目前提供汽车消费信贷的公司主要有(　　)及汽车资本服务公司等。
A. 商业银行　　B. 专门的信贷公司
C. 汽车消费信贷机构　　D. 汽车金融公司

3. 下面哪些属于中国汽车消费信贷的挑战(　　)。
A. 发展缓慢且水平低　　B. 苛刻的贷款条件使得规模扩张受到限制
C. 市场机会巨大　　D. 发展空间巨大

4. 目前我国汽车消费信贷模式主要有(　　)。
A. 直客式消费信贷模式　　B. 间客式消费信贷模式
C. 间接式　　D. 返回式

5. 消费信贷已成为西方发达国家经济生活的重要内容,其形式主要有(　　)两种。
A. 赊销　　B. 消费信贷
C. 汽车消费信贷　　D. 间客式消费信贷模式

**二、判断题**(在括号内正确打√,错误打×)

1. 汽车消费信贷作为消费信贷的一种,或者称为汽车消费融资,是指金融机构(包括商业银行以及信贷公司或者财务公司等非银行金融机构)向经销商及用户在销售、购买汽车时提供的融资业务(贷款)。　　(　　)

2. 规模化和专业化已经成为国际汽车消费信贷业务最主要的特点。　（　）

3. 我国大多数消费者都是钱攒够了一次性付款购车,而真正愿意采取贷款购车的还是极少数,特别是当前贷款利率高且处于上升趋势,加之手续繁杂更是限制了消费者贷款购物的热情。　（　）

4. 当前美国的汽车消费信贷模式以直接贷款和间接贷款两种方式为主。　（　）

5. 日本的汽车消费信贷模式也主要有两种,一种是以专业汽车金融机构为信贷主体,一种是以银行为信贷主体。　（　）

**三、简答题**

1. 汽车消费信贷的概念。
2. 汽车消费信贷的特点。
3. 发达国家汽车消费信贷发展历史和现状。
4. 我国汽车消费信贷发展历史及现状。
5. 我国汽车消费信贷发展模式。
6. 我国汽车消费信贷未来发展对策。
7. 汽车消费信贷的种类与程序以及风险防范。

# 第5章　汽车保险服务

## 导言

本章主要介绍汽车保险的概念、特点与作用;汽车保险市场的概念、特点与作用;汽车保险的职能、作用、原则和特征;汽车保险的发展以及理赔流程;各种汽车保险种类;我国汽车保险的金额、期限和费用;汽车保险的业务流程;汽车保险的理赔;汽车消费信贷款保证保险。在此基础上,对汽车保险服务进行大概了解,以便于对汽车服务具体业务的学习。

## 学习目标

1. 认知目标

(1)汽车保险的概念、特点与作用。

(2)汽车保险市场的概念、特点与作用。

(3)掌握汽车保险的职能、作用、原则和特征。

(4)掌握汽车保险的发展以及理赔流程。

(5)掌握汽车保险的业务流程。

(6)掌握汽车保险的理赔。

2. 技能目标

(1)熟悉各种汽车保险种类。

(2)熟悉我国汽车保险的金额、期限和费用。

(3)熟悉汽车消费信贷款保证保险。

3. 情感目标

(1)发挥自主学习的能力、收集学习资料的能力。

(2)发挥分析资料的能力、归纳总结关联知识点的能力。

## 5.1　汽车保险服务概述

国外汽车保险起源于19世纪中后期。当时,随着汽车在欧洲一些国家的出现与发展,因交通事故而导致的意外伤害和财产损失随之增加。尽管各国都采取了一些管制办法和措施,但汽车的使用仍然对人们的生命和财产安全构成了严重威胁,因此引起了一些精明的保险人对汽车保险的关注。

1896年11月,由英国的苏格兰雇主保险公司发行的一份保险情报单中,刊载了为庆祝

“1896 年公路机动车辆法令”的顺利通过,而于 11 月 14 日举办伦敦至布赖顿的大规模汽车赛的消息。在这份保险情报中,还刊登了“汽车保险费年率”。

最早开发汽车保险业务的是英国“法律意外保险有限公司”。1898 年该公司率先推出了汽车第三者责任保险,可附加汽车自燃损失险。到 1901 年,保险公司提供的汽车保险单已初步具备了现代综合责任险的条件,保险责任也扩大到汽车的失窃。

机动车辆保险(简称“车险”)一般是指以汽车、拖拉机、摩托车等各种车辆为保险标的的运输工具保险,是整个财产保险中最重要的业务来源。近年来,车险在中国财险市场的占比约为70%。而在中华人民共和国成立之后的短短几十年的时间里,伴随着汽车市场的快速发展,我国迅速成长为世界车险第一大市场。

## 5.1.1 汽车保险的概念与特点

1. 汽车保险的含义

汽车保险简称车险,是以机动车辆本身及其第三者责任等为保险标志的一种运输工具保险。其保险客户主要是拥有各种机动交通工具的法人团体和个人;其保险标的主要是各种类型的汽车,但也包括电车、电瓶车等专用车辆及摩托车等。机动车辆是指汽车、电车、电瓶车、摩托车、拖拉机、各种专用机械车、特种车。2012 年 3 月,中国保监会先后发布了《关于加强机动车辆商业保险条款费率管理的通知》和《机动车辆商业保险示范条款》,推动了车辆保险的改革。

汽车保险是以汽车本身及其相关利益为保险标的的一种不定值的财产保险。即汽车保险是财产保险的一种,是以汽车本身及其第三者责任为保险标的的一种运输工具保险。

汽车保险一般包括基本险和附加险两种险别,其中基本险又包括车辆损失险和第三者责任险。附加险是针对车辆损失险和第三者责任险的部分责任免除而设置的,不能单独承保。

2. 汽车保险的特征

(1)保险标的出险率较高

汽车是陆地的主要交通工具。由于其经常处于运动状态,总是载着人或货物不断地从一个地方开往另一个地方,很容易发生碰撞及其意外事故,造成人身伤亡或财产损失。由于车辆数量的迅速增加,一些国家交通设施及管理水平跟不上车辆的发展速度,加之驾驶人的疏忽、过失等人为原因,交通事故发生频繁,汽车出险率较高。

(2)业务量大,投保率高

由于汽车出险率较高,汽车的所有者需要以保险方式转嫁风险。各国政府在不断改善交通设施、严格制定交通规章的同时,为了保障受害人的利益,对第三者责任保险实施强制保险。保险人为适应投保人转嫁风险的不同需要,为被保险人提供了更全面的保障,在开展车辆损失险和第三者责任险的基础上,推出了一系列附加险,使汽车保险成为财产保险业务中业务量较大、投保率较高的一个险种。

(3)扩大保险利益

汽车保险中,针对汽车的所有者与使用者不同的特点,汽车保险条款一般规定不仅被保险人本人使用车辆时发生保险事故保险人要承担赔偿责任,而且凡是被保险人允许的驾驶人使用车辆时,也视为其对保险标的具有保险利益,如果发生保险单上约定的事故,保险人同样要承担事故造成的损失,保险人须说明汽车保险的规定以"从车"为主,而经被保险人允许的驾驶人驾驶被保险人的汽车造成保险事故的损失,保险人须对被保险人负赔偿责任。此规定是为了对被保险人提供更充分的保障,并非违背保险利益原则。但如果在保险合同有效期内,被保险人将保险车辆转卖、转让、赠送他人,被保险人应当书面通知保险人并申请办理批改。否则,保险事故发生时,保险人对被保险人不承担赔偿责任。

(4)被保险人自负责任与无赔款优待

为了促使被保险人注意维护、养护车辆,使其保持安全行驶技术状态,并督促驾驶人注意安全行车,以减少交通事故,保险合同上一般规定驾驶人在交通事故中所负责任,车辆损失险和第三者责任险在符合赔偿规定的金额内实行绝对免赔率,保险车辆在保险期限内无赔款,续保时可以按保险费的一定比例享受无赔款优待。以上两项规定,虽然分别是对被保险人的惩罚和优待,但要达到的目的是一致的。

除此之外,汽车保险还具有广泛性、差异性、保险标的可流动性等特点。

### 5.1.2 汽车保险市场概述

1. 保险市场的含义

保险市场是指保险商品交换关系的总和,它既可以指固定的交易场所狭义的定义,也可以是所有实现保险商品让渡的交换关系的总和广义的定义。现代保险市场已经突破了传统的有形市场的概念,即保险市场核心内容的交换关系通过确定的地理场所实现,也可以通过各种现代媒介,包括电信、互联网等实现。

2. 保险市场的主体

保险市场的主体是指保险市场交易活动的参与者,包括保险商品的供给者、需求方和充当供需双方媒介的中介方。

(1)保险商品的供给方,是保险市场上提供各类保险产品,承担、分散和转移风险的各类保险人,包括国有保险公司、保险股份有限公司和个人保险公司。

(2)保险产品的需求方,是指保险市场上所有现实和潜在的保险商品的购买者,包括个人投保人和团体投保人、企业投保人和独立投保人、私营企业投保人和国有企业投保人等。

(3)保险市场的中介方,主要是指活动于保险人与投保人之间充当保险供需双方媒介,把保险人和投保人联系起来并建立保险合同关系的人,主要有保险代理人和保险经济人。保险市场的中介方还包括公证人、公估人、律师、精算师等。

3. 汽车保险市场的地位

汽车保险在保险市场中地位的认识,是指导这一业务健康发展的关键,应当明确汽车保险在保险市场,特别是在财产保险市场中的重要地位,这种重要地位体现在以下几方面:

(1)汽车保险不再是以企业和单位为主要对象的业务,而逐步发展成为以个人为主要对象的业务,汽车保险正在成为与人们生活息息相关的一种保险。

(2)汽车保险,尤其是第三者责任保险在稳定社会关系和维护社会秩序方面的特殊作用,使其从合同双方的单一经济活动,逐渐上升成为社会法制体系的一个重要组成部分。

(3)与其他保险不同,汽车保险的出险率高,保险人的理赔技术和服务将成为一个十分突出的问题,并将直接影响保险业的健康发展。

(4)汽车保险业务在财产保险市场所占的比例已经对整个市场起到了"举足轻重"的作用,无论是从保险公司经营管理的角度,还是从监管部门对于市场的监督与管理的角度,汽车保险均具有突出的地位。

综上所述,现在已经不能简单地把汽车保险视为一种普通的经济合同关系。这是因为,汽车保险对于人们生产和生活的影响已经超出了合同双方的范围,成为一种具有一定社会意义的经济制度,这也对汽车保险业务的经营与管理提出了更高的要求。

### 5.1.3 汽车保险的职能及作用

1.汽车保险的职能

保险基本职能就是组织经济补偿和实现保险金的给付,同样也是机动车辆保险的基本职能。

生产力水平的提高、科学技术的发展使人类社会走向文明,汽车文明在给人类生活以交通便利的同时,也给人类带来了因汽车运输中的碰撞、倾覆等意外事故造成的财产损失和人身伤亡。不仅如此,随着生产力水平的提高和科学技术的进步,风险事故所造成的损失也越来越大,对人类社会的危害也越来越严重。机动车辆在使用过程中遭受自然灾害风险和发生意外事故的概率较大,特别是在发生第三者责任的事故中,其损失赔偿是难以通过自我予以补偿的。

机动车辆使用过程中的各种风险及风险损失是难以通过对风险的避免、预防、分散、抑制以及风险自留就能解决得了的,必须或最好通过保险转嫁方式将其中的风险及风险损失得以在全社会范围内分散和转移,以最大限度地抵御风险。汽车用户以缴纳保险费为条件,将自己可能遭受的风险成本全部或部分转嫁给保险人。机动车辆保险是一种重要的风险转嫁方式,在大量的风险单位集合的基础上,将少数被保险人可能遭受的损失后果转嫁到全体被保险人身上,而保险人作为被保险人之间的中介对其实行经济补偿。通过机动车辆保险,将拥有机动车辆的企业、家庭和个人所面临的种种风险及其损失后果得以在全社会范围内分散与转嫁。

机动车辆保险是现代社会处理风险的一种非常重要的手段,是风险转嫁中一种最重要、最有效的技术,是不可缺少的经济补偿制度。

2.汽车保险的作用

我国自1980年保险业务恢复以来,汽车保险业务已经取得了长足的进步,尤其是伴随着汽车进入百姓的日常生活,汽车保险正逐步成为与人们生活密切相关的经济活动,其重要性和社会性也正逐步凸显，作用越加明显。

(1)促进汽车工业的发展，扩大了对汽车的需求

从目前经济发展情况看，汽车工业已成为我国经济健康、稳定发展的重要动力之一。汽车产业政策在国家产业政策中的地位越来越重要，汽车产业政策要产生社会效益和经济效益，要成为中国经济发展的原动力，离不开汽车保险与之配套服务。汽车保险业务自身的发展对于汽车工业的发展起到了有力的推动作用，汽车保险的出现，解除了企业与个人对使用汽车过程中可能出现的风险的担心，一定程度上提高消费者购买汽车的欲望，一定程度上扩大了对汽车的需求。

(2)稳定了社会公共秩序

随着我国经济的发展和人民生活水平的提高，汽车作为重要的生产运输和代步的工具，成为社会经济及人民生活中不可缺少的一部分，其作用越来越重要。汽车作为一种保险标的，虽然单位保险金不是很高，但数量多而且分散，车辆所有者既有党政部门，也有工商企业和个人。车辆所有者为了转嫁使用汽车带来的风险，愿意支付一定的保险费投保。在汽车出险后，从保险公司获得经济补偿。由此可知，开展汽车保险既有利于社会稳定，又有利于保障保险合同当事人的合法权益。

(3)促进了汽车安全性能的提高

在汽车保险业务中，经营管理与汽车维修行业及其价格水平密切相关。原因是在汽车保险的经营成本中，事故车辆的维修费用是其中重要的组成部分，同时车辆的维修质量在一定程度上体现了汽车保险产品的质量。保险公司出于有效控制经营成本和风险的需要，除了加强自身的经营业务管理外，必然会加大事故车辆修复工作的管理，一定程度上提高了汽车维修质量管理的水平。同时，汽车保险的保险人从自身和社会效益的角度出发，联合汽车生产厂家、汽车维修企业开展汽车事故原因的统计分析，研究汽车安全设计新技术，并为此投入大量的人力和财力，从而促进了汽车安全性能方面的提高。

(4)汽车保险业务在财产保险中占有重要的地位

目前，大多数发达国家的汽车保险业务在整个财产保险业务中占有十分重要的地位。美国汽车保险保费收入占财产保险总保费的45%左右，占全部保费的20%左右。亚洲地区的日本和中国台湾汽车保险的保费占整个财产保险总保费的比例更是高达58%左右。

从我国情况来看，随着积极的财政政策的实施，道路交通建设的投入越来越多，汽车保有量逐年递增。在过去的20年，汽车保险业务保费收入每年都以较快的速度增长。在国内各保险公司中，汽车保险业务保费收入占其财产保险业务总保费收入的50%以上，部分公司的汽车保险业务保费收入占其财产保险业务总保费收入的60%以上。汽车保险业务已经成为财产保险公司的“吃饭险种”。其经营的盈亏直接关系到整个财产保险行业的经济效益。可以说，汽车保险业务的效益已成为财产保险公司效益的“晴雨表”。

### 5.1.4 汽车保险的原则

汽车保险过程中，要遵循的基本原则就是保险法的基本原则，即集中体现保险法本质和精神的基本准则。它既是保险立法的依据，又是保险活动中必须遵循的准则。保险法的基

本原则是通过保险法的具体规定来实现的，而保险法的具体规定，必须符合基本原则的要求。

1.保险与防灾减损相结合的原则

保险，从根本上说是一种危险管理制度，目的是通过危险管理来防止或减少危险事故，把危险事故造成的损失缩小到最低程度，由此产生了保险与防灾减损相结合的原则。

(1)保险与防灾相结合的原则

这一原则主要适用于保险事故发生前的事先预防。根据这一原则，保险方应对承保的危险责任进行管理，其具体内容包括：调查和分析保险标的危险情况，据此向投保方面提出合理建议，促使投保方采取防范措施，并进行监督检查；向投保方提供必要的技术支援，共同完善防范措施和设备；对不同的投保方采取差别费率制，以促使其加强其对危险事故的管理，即对事故少、信誉好的投保方给予降低保费的优惠。相反则提高保费等。遵循这一原则，投保方应遵循国家有关消防、安全、生产操作、劳动保护等方面的规定，主动维护保险标的的安全，履行所有人、管理人员应尽的义务；同时，按照保险合同的规定，履行危险增加通知义务。

(2)保险与减损相结合的原则

这一原则主要适用于保险事故发生后的事后减损。根据这一原则，如果发生保险事故，投保方应尽最大努力积极抢险，避免事故蔓延、损失扩大，并保护出险现场，及时向保险人报案。而保险方则通过承担施救及其他合理费用来履行义务。

2.最大诚信原则

保险合同当事人双方在签订和履行保险合同时，必须以最大的诚意，履行自己应尽的义务，互不欺骗和隐瞒，恪守合同的承诺和义务，否则保险合同无效。最大诚信原则主要包括：

(1)履行如实告知义务。

(2)履行说明义务。

(3)履行保证义务。

(4)弃权和禁止抗辩。

3.保险利益原则

保险利益原则是保险的基本原则，其本质内容是要求投保人必须对投保的标的具有保险利益。如果投保人以不具有保险利益的标的投保，保险人可单方面宣布保险合同无效；保险标的发生保险责任事故，被保险人不得因保险而获得不属于保险利益限度内的额外利益。它主要包括两层含义：第一，只有对保险标的有保险利益的人才具有投保的资格；第二，是否具有保险利益是判断保险合同能否生效的依据。

4.树立为保户服务的指导思想，坚持实事求是原则

当发生汽车保险事故后，保险人要急被保险人所急，千方百计避免扩大损失，尽量减轻因灾害事故造成的影响，及时安排事故车辆修复，并保证基本恢复车辆的原有技术性能，使其尽快投入生产运营。及时处理赔案，支付赔款，以保证运输生产单位生产、经营的持续进行和人民生活的安定。在现场查勘、事故车辆修复定损以及赔案处理方面，要坚持实事求是

的原则,在尊重客观事实的基础上,具体问题作具体分析,既严格按条款办事,又结合实际情况进行适当灵活处理,使各方都比较满意。

5. 重合同、守信用,依法办事原则

保险人是否履行合同,就看其是否严格履行经济补偿义务。因此,保险方在处理赔案时,必须加强法制观念,严格按条款办事,该赔的一定要赔,而且要按照赔偿标准及规定赔足;不属于保险责任范围的损失,不滥赔;同时还要向被保险人讲明道理,拒赔部分要讲事实,重证据。要依法办事,坚持重合同,诚实信用,只有这样才能树立保险的信誉,扩大保险的积极影响。

6. 坚持"主动、迅速、准确、合理"理赔原则

"主动、迅速、准确、合理"是保险理赔人员在长期的工作实践中总结出的经验,是保险理赔工作优质服务的最基本要求。

### 5.1.5 我国机动车辆保险的发展

我国汽车保险主要经历了萌芽时期、试办时期、发展时期和最新改革四个时期。

1. 萌芽时期

中国的汽车保险业务的发展经历了一个曲折的历程。汽车保险进入中国是在鸦片战争以后,但由于中国保险市场处于外国保险公司的垄断与控制之下,加之旧中国的工业不发达,中国的汽车保险实质上处于萌芽状态,其作用与地位十分有限。

2. 试办时期

中华人民共和国成立以后的 1950 年,创建不久的中国人民保险公司就开办了汽车保险。但是因宣传不够和认识的偏颇,不久就出现对此项保险的争议,有人认为汽车保险以及第三者责任保险对于肇事者予以经济补偿,会导致交通事故的增加,对社会产生负面影响。于是,中国人民保险公司于 1955 年停止了汽车保险业务。直到 20 世纪 70 年代中期,为了满足各国驻华使领馆等外国人拥有的汽车保险的需要,开始办理以涉外业务为主的汽车保险业务。

3. 发展时期

中国保险业恢复之初的 1980 年,中国人民保险公司逐步全面恢复中断了近 25 年之久的汽车保险业务,以适应国内企业和单位对于汽车保险的需要,适应公路交通运输业迅速发展、事故日益频繁的客观需要。但当时汽车保险仅占财产保险市场份额的 2%。

随着改革开放的发展,社会经济和人民生活也发生了很大的变化,机动车辆迅速普及和发展,机动车辆保险业务也随之得到了迅速发展。1983 年将汽车保险改为机动车辆保险使其具有更广泛的适应性。在此后的近 20 年过程中,机动车辆保险在中国保险市场,尤其在财产保险市场中始终发挥着重要的作用。到 1988 年,汽车保险的保费收入超过了 20 亿元,占财产保险份额的 37.6%,第一次超过了企业财产险(35.99%)。从此以后,汽车保险一直是财产保险的第一大险种,并保持高增长率,中国的汽车保险业务进入了高速发展的时期。

与此同时,机动车辆保险条款、费率以及管理也日趋完善,尤其是中国保监会的成立,进一步完善了机动车辆保险的条款,加大了对于费率、保险单证以及保险人经营活动的监管力度,加速建设并完善了机动车辆保险中介市场,对全面规范市场,促进机动车辆保险业务的发展起到了积极的作用。

4.最新改革

2014 年 7 月,中国保监会向各财险公司发布了《关于深化商业车险条款费率管理制度改革的指导意见(征求意见稿)》,拟将商业车险费率分为基准纯风险保费、基准附加费用、费率调整系数三个部分计算,并要求保险行业协会按照大数法则,建立商业车险损失数据的收集、测算、调整机制,动态发布商业车险基准纯风险保费表。

## 5.2　汽车保险种类

根据汽车自身损失的常见原因和汽车使用过程中常引发的责任,制定了不同的保险产品用以承接相应的汽车风险。

按照不同的标准,汽车保险的分类也不相同。按照保险标的分类可分为车辆损失险和车辆责任险;按照机动车辆的常见类型分类可分为汽车保险、摩托车保险、拖拉机保险等;按照保险期限分类可分为一年期保险和短期保险;按照承保条件分类,可分为基本保险和附加险。

按照实施形式分类可分为自愿保险和强制保险两种。其中交强险是强制险,汽车商业保险是自愿保险,也称任意保险。汽车常见保险见表 5-1。

**机动车辆险种**　　表 5-1

| 主要险种 | 附加险 |
|---|---|
| 车辆损失险 | 盗抢险 |
| | 玻璃单独破碎险 |
| | 车辆停驶损失险 |
| | 火灾、爆炸、自燃损失险 |
| | 新增加设备损失险 |
| 第三者责任险 | 救助特约险 |
| | 车身划痕损失险 |
| | 无过失责任险 |
| | 车上人员责任险 |
| | 车上货物责任险 |
| | 不计免赔险 |
| 强制保险 | |

机动车主险中的机动车损失险承保机动车辆在使用过程中所创造的风险,即对于因车辆本身损失;第三者责任保险承保车辆在使用过程中所创造的风险,即对于因车辆使用给他

人造成的人身伤害和财产损失依法应由被保险人承担赔偿责任时,由保险人负责赔偿。机动车附加险都是针对主险中保险条款的责任免除而言的,投保这些险种可以使汽车保险更加完善,投保险种更加全面,发生事故后可以解决得更加全面。

### 5.2.1 强制保险——交强险

所谓强制保险,是指根据国家颁布的有关法律和法规,凡是在规定范围内的单位或个人,不管愿意与否都必须参加的保险。强制保险又称为法定保险,是由法律规定必须参加的保险。商业保险一般都实行自愿原则,但是对少数危险范围较广、影响人民利益较大的保险标的,则应实行强制保险。

从国际上看,强制保险的形式有两种,一是规定在特定范围内建立保险人与被保险人的保险关系。这种形式对保险人、被保险人及保险标的范围以及当事人的权利义务关系都做出明确具体的规定,被保险人或者保险人没有自主选择的余地。二是规定一定范围内的人或财产都必须参加保险,并以此作为许可从事某项业务活动的前提条件。我国的强制保险在法律、行政法规规定的范围内实施,只有根据法律、行政法规规定,才可以实行强制保险,法律、行政法规未做规定的,保险公司不得强制他人订立保险合同。

交强险是中国首个由国家法律规定实行的强制保险制度。其保费是实行全国统一收费标准,由国家统一规定,但是不同的汽车型号的交强险价格也不同,主要影响因素是"汽车座位数"。

交强险的全称是"机动车交通事故责任强制保险",是由保险公司对被保险机动车发生道路交通事故造成受害人(不包括本车人员和被保险人)的人身伤亡、财产损失,在责任限额内予以赔偿的强制性责任保险。

1. 保险责任

被保险人在使用被保险机动车过程中发生交通事故,致使受害人遭受人身伤亡或财产损失,依法应当由被保险人承担的损害赔偿责任,保险公司依照约定对每次事故在赔偿期限内负责赔偿。

2. 赔偿限额

(1)机动车在道路交通事故中有责任的赔偿限额

死亡伤残赔偿限额:110000 元人民币

医疗费用赔偿限额:10000 元人民币

财产损失赔偿限额:2000 元人民币

(2)机动车在道路交通事故中无责任的赔偿限额

死亡伤残赔偿限额:11000 元人民币

医疗费用赔偿限额:1000 元人民币

财产损失赔偿限额:100 元人民币

(3)死亡伤残赔偿限额

是指被保险机动车发生交通事故,保险人对每次保险事故所有受害人的死亡伤残费用所承担的最高赔偿金额。死亡伤残费用包括丧葬费、死亡补偿费、受害人亲属办理丧葬事宜支出的交通费用、残疾赔偿金、残疾辅助器具费、护理费、康复费、交通费、被抚养人生活费、住宿费、误工费,被保险人依照法院判决或者调解承担的精神损害抚慰金。

(4)医疗费用赔偿限额

是指被保险机动车发生交通事故,保险人对每次保险事故所有受害人的医疗费用所承担的最高赔偿金额。医疗费用包括医药费、诊疗费、住院费、住院伙食补助费,必要的、合理的后续治疗费、整容费、营养费。

(5)财产损失赔偿限额

是指被保险机动车发生交通事故,保险人对每次保险事故所有受害人的财产损失承担的最高赔偿金额。

3. 责任免除

根据我国相关法律规定,下列情形保险公司在交强险的保险责任限额内不负赔偿责任:

(1)受害人的故意行为导致的交通事故人身损害、财产损失,例如自杀、自残行为,碰瓷等;

(2)《交通事故责任强制保险条例》第3款中规定的保险车辆本车人员、被保险人;

(3)因发生交通事故而导致的仲裁或诉讼费及与之相关的其他费用;

(4)间接损失,例如车辆因碰撞而价值减损。

## 5.2.2　机动车辆损失险

机动车辆损失险,又称车辆损失险,指保险车辆遭受保险责任范围内的自然灾害(不包括地震)或意外事故,造成保险车辆本身损失,保险人依据保险合同的规定给予赔偿。

大多数保险公司的车辆损失保险一般保障的是因雷击、暴风、暴雨、洪水等自然灾害和碰撞、倾覆等意外事故造成保险车辆的损失以及相关的施救费用。

1. 保险责任

被保险人或其允许的驾驶人员在使用保险车辆过程中,因下列原因造成保险车辆的损失,保险人负责赔偿:

(1)碰撞、倾覆;

(2)火灾、爆炸,按照保险合同约定为非营运企业或机关车辆的自燃;

(3)外界物体坠落、倒塌,保险车辆在行驶中平行坠落;

(4)暴风、龙卷风、雷击、雹灾、暴雨、洪水、海啸、地陷、冰陷、崖崩、雪崩、泥石流、滑坡;

(5)载运保险车辆的渡船遭受本条第(4)项所列自然灾害(只限于有驾驶人员随车照料者)。

发生保险事故时,被保险人为防止或者减少保险车辆的损失所支付的必要的、合理的施救费用,由保险人承担,最高不超过保险金额的数额。

2. 保险金额

车辆损失险的保险金额由投保人和保险人选择以下三种方式之一协商确定:

(1)按投保时被保险机动车的新车购置价确定

投保时的新车购置价根据投保时保险合同签订的同类型新车的市场销售价格(含车辆购置税)确定,并在保险单中载明,无同类型新车市场销售价格的,由投保人与保险人协商确定。

(2)按投保时被保险机动车的实际价值确定

投保时被保险机动车的实际价值根据投保时的新车购置价减去折旧金额后的价格确定。被保险机动车的折旧按月计算,不足一个月的部分,不计折旧。例如9座以下客车月折旧率为0.6%,10座以上客车月折旧率为0.9%,最高折旧金额不超过投保时被保险机动车新车购置价的80%。

(3)在投保时被保险机动车的新车购置价内协商确定

此外,车损险是费率浮动的险种,车主在续保时保险公司会根据出险和理赔的情况进行动态调整。比如某保险公司设定了12个车险费率调整等级,等级最高的为十二等级,其保险费将调整为200%;等级最低的为一等级,其保险费将调整为50%。

注意保险金额不得超过投保时新车购置价,因为超过的部分无效。

3.保障范围

被保险人或其允许的合格驾驶员在使用保险车辆过程中,因下列原因造成保险车辆的损失,保险人负责赔偿:

(1)碰撞、倾覆;

(2)火灾、爆炸;

(3)外界物体倒塌、空中运行物体坠落、保险车辆行驶中平行坠落;

(4)雷击、暴风、龙卷风、暴雨、洪水、海啸、地陷、冰陷、崖崩、雪崩、雹灾、泥石流、滑坡;

(5)载运保险车辆的渡船遭受自然灾害(只限于有驾驶员随车照料者)。

发生保险事故时,被保险人或其允许的合格驾驶员对保险车辆采取施救、保护措施所支出的合理费用,保险人负责赔偿。但此项费用的最高赔偿金额以保险金额为限。

## 5.2.3 第三者责任险

机动车辆第三者责任简称为第三者责任险,是指被保险人或其允许的驾驶人员在使用保险车辆过程中发生意外事故,致使第三者遭受人身伤亡或财产直接损毁,依法应当由被保险人承担的经济责任,保险公司负责赔偿。同时,若经保险公司书面同意,被保险人因此发生仲裁或诉讼费用的,保险公司在责任限额以外赔偿,但最高不超过责任限额的30%。绝大多数的地方政府将第三者责任险列为强制保险险种,不购买此保险,机动车便上不了牌照也不能年检。

1.保险责任

(1)被保险人允许的合格驾驶员

这里有两层含义,一是被保险人允许的驾驶员,指持有驾驶执照的被保险人本人、配偶及他们的直系亲属或被保险人的雇员或驾驶员使用保险车辆在执行被保险人委派的工作期间或被保险人与使用保险车辆的驾驶员具有营业性的租赁关系。二是合格,指上述驾驶员必须持有效驾驶执照,并且所驾车辆与驾驶执照规定的准驾车类相符。只有“允许”和“合格”两个条件同时具备的驾驶员在使用保险车辆发生保险事故造成损失时,保险人才予以赔偿。保险车辆被人私自开走,或未经车主、保险车辆所属单位主管负责人同意,驾驶员私自许诺的人开车,均不能视为“被保险人允许的驾驶员”开车,此类情况发生肇事,保险人不予赔偿。

(2)使用保险车辆过程

保险车辆作为一种工具被运用的整个过程,包括行驶和停放。例如,保险起重机车固定车轮后进行吊卸作业,可称“使用保险车辆过程”。

(3)第三者

在保险合同中,保险人是第一方,也叫第一者;被保险人或致害人是第二方,也叫第二者;除保险人与被保险人之外的,因保险车辆的意外事故而遭受人身伤害或财产损失的受害人是第三方,也叫第三者。

(4)人身伤亡

人的身体受伤害或人的生命终止。

(5)直接损毁

保险车辆发生意外事故,直接造成事故现场他人现有财产的实际损毁。

(6)依法应当由被保险人支付的赔偿金额

依照道路交通事故处理规定和有关法律、法规,按被保险人或其允许的合格的驾驶员承担的事故责任所应当支付的赔偿金额。

在我国,交通事故一般由公安交通管理部门处理。但对在非公路地点发生的车辆事故,公安交通管理部门一般不予受理。这时可请出险当地政府有关部门根据道路交通事故处理规定研究处理,对公安交通管理部门或出险当地政府有关部门的处理意见有严重分歧的案件,可提交法院处理解决。

(7)保险人依照保险合同的规定给予补偿

①保险合同的规定:指基本险条款、附加险条款、特别约定以及保险批单等保险单证所载的有关规定。

②保险人并不是无条件地完全承担“被保险人依法应当支付的赔偿金额”,理赔时还应剔除保险合同中规定的不赔部分。

2. 责任金额

第三者责任险每次事故的最高赔偿限额是保险人计算保险费的依据,同时也是保险人承担第三者责任险每次事故赔偿金额的最高限额。

每次事故的责任限额,由投保人和保险人在签订保险合同时按5万元、10万元、15万元、20万元、30万元、50万元、100万元和100万元以上不超过1000万元的档次协商确定。第三者责任险的每次事故的最高赔偿限额应根据不同车辆种类选择确定。

3. 责任免除

保险车辆造成下列人身伤亡或财产损失,不论在法律上是否应当由被保险人承担赔偿责任,保险人均不负责赔偿:

(1)被保险人及其家庭成员的人身伤亡、所有或代管的财产的损失;

(2)本车驾驶人员及其家庭成员的人身伤亡、所有或代管的财产的损失;

(3)本车上其他人员的人身伤亡或财产损失。

下列情况下,不论任何原因造成的对第三者的经济赔偿责任,保险人均不负责赔偿:

(1)地震、战争、军事冲突、恐怖活动、暴乱、扣押、罚没、政府征用;

(2)竞赛、测试,在营业性维修场所修理、养护期间;

(3)利用保险车辆从事违法活动;

(4)驾驶人员饮酒、吸食或注射毒品、被药物麻醉后使用保险车辆;

(5)保险车辆肇事逃逸;

(6)驾驶人员有下列情形之一者:

①无驾驶证或驾驶车辆与驾驶证准驾车型不相符;

②公安交通管理部门规定的其他属于无有效驾驶证的情况下驾车;

③使用各种专用机械车、特种车的人员无国家有关部门核发的有效操作证,驾驶营业性客车的驾驶人员无国家有关部门核发的有效资格证书。

(7)非被保险人允许的驾驶人员使用保险车辆;

(8)保险车辆不具备有效行驶证件;

(9)保险车辆拖带未投保第三者责任保险的车辆(含挂车)或被未投保第三者责任保险的其他车辆拖带。

出现下列损失和费用,保险人不负责赔偿:

(1)保险车辆发生意外事故,致使第三者停业、停驶、停电、停水、停气、停产、通讯中断的损失以及其他各种间接损失;

(2)精神损害赔偿;

(3)因污染(含放射性污染)造成的损失;

(4)第三者财产因市场价格变动造成的贬值、修理后因价值降低引起的损失;

(5)保险车辆被盗窃、抢劫、抢夺造成第三者人身伤亡或财产损失;

(6)被保险人或驾驶人员的故意行为造成的损失。

其他不属于保险责任范围内的损失和费用。

### 5.2.4 车上人员责任险

车上人员责任险,即车上座位险,是指车上人员责任险中的乘客部分,指的是被保险人允许的合格驾驶员在使用保险车辆过程中发生保险事故,致使车内乘客人身伤亡,依法应由被保险人承担的赔偿责任,保险公司会按照保险合同进行赔偿。

车上人员责任险是车辆商业险的主要保险,它的主要功能是赔偿车辆因交通事故造成的车内人员的伤亡的保险。

1. 保险责任

投保了本保险的机动车辆在使用过程中,发生意外事故致使保险车辆车上人员遭受人身伤亡,依法应由被保险人承担的经济赔偿责任,保险人依照国务院《道路交通事故处理办法》和保险合同的规定给予赔偿。

2. 责任金额

车上人员每人的最高赔偿限额由投保人和保险人在投保时协商确定,投保座位数以保险车辆的核定载客数为限。

(1)车上人员人身伤亡按国务院《道路交通事故处理办法》规定的赔偿范围、项目和标准以及保险合同的规定计算赔偿,但每人最高赔偿金额不超过保险单载明的本保险每座赔偿限额,最高赔偿人数以投保座位数为限。

(2)每次赔偿均实行免赔率,免赔率及办法与第三者责任险相同。

3. 责任免除

下列损失,保险人不负责赔偿:

(1)因违章搭乘造成的人身伤亡;

(2)由于驾驶员的故意行为造成的人身伤亡;

(3)本车上的人员因疾病、分娩、自残、殴斗、自杀、犯罪行为所致的人身伤亡;

(4)乘客在车下时所受的人身伤亡;

(5)其他不属于保险责任范围内的损失和费用。

### 5.2.5 车辆盗抢险

车辆盗抢险,全称为机动车辆全车盗抢险。机动车辆全车盗抢险的保险责任为全车被盗窃、被抢劫、被抢夺造成的车辆损失以及在被盗窃、被抢劫、被抢夺期间受到损坏或车上零部件、附属设备丢失需要修复的合理费用。

1. 保险责任

投保车辆出现以下情况时,保险公司在保险金额内负责赔偿:

(1)保险车辆(含投保的挂车)全车被盗窃、被抢劫、被抢夺,经县级以上公安刑侦部门立案证实,满三个月未查明下落;

(2)保险车辆在被盗窃、被抢劫、被抢夺期间受到损坏或车上零部件、附属设备丢失需要修复的合理费用。

2. 责任金额

(1)赔偿项目:如果您的车被盗抢超过三个月未找回,保险金额在保险金额内进行赔偿。如果车被盗抢后,在三个月内找回,但是在此期间车辆损坏或零部件丢失,保险公司负责赔偿修复费用。

(2)赔偿额度:每次事故应赔偿损失总金额的80%。

3. 责任免除

(1)下列原因造成的损失,保险人不负责赔偿:

①战争、军事冲突、恐怖活动、暴乱;

②自然灾害造成保险车辆的灭失;

③被保险人及其家庭成员或驾驶人的故意行为或违法行为；

④驾驶人饮酒或服用国家管制的精神药品或麻醉药品的；

⑤保险车辆被诈骗、扣押、罚没、查封或政府征用；

⑥因民事、经济纠纷导致保险车辆被盗窃、抢劫、抢夺；

⑦承租人或经承租人许可使用保险车辆的驾驶人与保险车辆同时失踪。

(2)保险车辆全车被盗窃、抢劫、抢夺时，有以下情形之一的，保险人不负赔偿责任：

①除非另有约定，发生保险事故时无公安机关交通管理部门核发的合法有效的行驶证、号牌；

②被保险人索赔时，未能提供机动车停驶手续或出险当地县级以上公安刑侦部门出具的盗抢立案证明；

③保险车辆在竞赛、检测、修理、养护，被扣押、征用、没收期间；

④保险车辆转让他人，被保险人、受让人未履行本保险合同第二部分“通用条款”第十五条规定的通知义务的，因转让导致保险车辆危险程度显著增加而发生保险事故。

(3)下列损失，保险人不负责赔偿：

①非全车遭盗窃、抢劫、抢夺，仅车上零部件或附属设备被盗窃、抢劫、抢夺、损坏；

②新车车辆出厂时的原厂配置以外新增设备的损失；

③保险车辆全车被盗窃、抢劫、抢夺期间造成人身伤亡或本车以外的财产损失；

④遭受保险责任范围内的损失后，未经必要修理继续使用，致使损失扩大的部分；

⑤市场价格变动造成的贬值、修理后因价值降低引起的损失。

(4)其他不属于保险责任范围内的损失和费用，保险人不负责赔偿。

## 5.2.6 玻璃单独破碎险

玻璃单独破碎险，即保险公司负责赔偿保险车辆在使用过程中，发生本车玻璃单独破碎的损失的一种商业保险。玻璃单独破碎是指被保车辆只有挡风玻璃和车窗玻璃(不包括车灯、车镜玻璃)出现破损的情况。

1. 保险责任

投保了本附加险的机动车的前后挡风玻璃或左右车窗玻璃发生单独破碎，保险公司负责赔偿。投保人可以选择国产玻璃或者是进口玻璃，保险公司将根据投保方式承担相应的赔偿责任。

2. 保险金额

(1)在保险期间内，保险车辆在使用过程中，发生本车风挡玻璃或车窗玻璃的单独破碎，保险人按实际损失赔偿。

(2)投保人在与保险人协商的基础上，自愿按进口或国产玻璃选择投保，保险人根据其选择承担相应保险责任。

3. 责任免除

保险车辆的下列损失，保险人不负责赔偿：

(1)灯具、车镜玻璃破碎；

(2)安装、维修车辆过程中造成玻璃的破碎。

## 5.2.7 车身划痕险

划痕险即车辆划痕险，它属于附加险中的一项。主要是作为车损险的补充，能够为意外原因造成的车身划痕提供有效的保障。

1. 保险范围

划痕险一般可以保障汽车本身由于受到尖锐物体的剐蹭造成的车漆破坏，比如小刀、石子、钥匙等。但要提醒车主注意的是与其他物体发生碰撞造成的损失如车辆碰撞、剐蹭到固定物体等情况，就不属于划痕险的保障范围之内了，而属于车损险范畴。划痕险属于车辆损失险的附加险种，是不可以进行单独投保的。

2. 保险金额

保险金额为2000元、5000元、10000元或20000元，由投保人和保险人在投保时协商确定。

3. 责任免除

被保险人及其家庭成员、驾驶人及其家庭成员的故意行为造成的损失。

## 5.2.8 自燃损失险

自燃损失险指负责赔偿因本车电器、线路、供油系统发生故障及运载货物自身原因起火造成车辆本身的损失。本保险为车辆损失险的附加险，投保了车辆损失险的车辆方可投保本保险。

该险适用于家庭自用汽车、营业货车、城市公交车、公路客运车、出租车、租赁车、特种车，且只有在投保了机动车损失保险的基础上方可投保本附加险。

1. 保险责任

(1)投保了本附加险的机动车在使用过程中，因下列原因造成保险机动车燃烧导致的保险机动车自身的损失，保险人按照保险合同约定负责赔偿：

①本车电器、线路、供油系统、供气系统发生故障；

②运载货物自身原因起火燃烧。

(2)发生本附加险保险责任范围内的事故时，被保险人或其代表为防止或者减少保险机动车损失而采取施救、保护措施所支出的必要合理的费用，保险人负责赔偿。本项费用的最高赔偿金额以本附加险的保险金额为限。

2. 保险金额

(1)被保险人向保险人索赔时，应提供公安消防部门出具的火灾原因证明。

(2)部分损失的，在保险金额以内按保险车辆的实际损失计算赔偿；

(3)全部损失的,在保险金额以内按出险时保险车辆实际价值计算赔偿;

(4)施救费用在保险金额内按实际支出计算赔偿;

(5)本附加险每次赔偿均实行20%的绝对免赔率。

3. 责任免除

对下列原因及状态下的损失,保险人不负责赔偿:

(1)不明原因产生的火灾;

(2)自燃仅造成电器、线路、供油系统的损失;

(3)因人工直接供油、高温烘烤等违反车辆安全操作规则造成的损失;

(4)在修理期间或被扣押期间;

(5)保险车辆改装或加装的设备引起的火灾;

(6)被保险人的故意行为或违法行为造成保险车辆的损失;

(7)车辆无档案或与档案不符的;

(8)未按政府规定进行年度检验或检验不合格的车辆。

## 5.2.9 车辆停驶损失险

车辆停驶损失险负责赔偿保险车辆发生保险事故造成车辆损坏,因停驶而产生的损失。保险人在双方约定的修复时间内按保险单约定的日赔偿金额乘以从送修之日起至修复竣工之日止的实际天数计算赔偿。对于从事专业营运的大型客货车辆以及营运出租客车,由于肇事后修车耽误营运,间接损失较大,是有必要投保的。

1. 保险范围

保险车辆发生车辆损失险范围内的保险事故,造成车身损毁,致使车辆停驶而产生的损失,保险公司按规定进行以下赔偿:

(1)部分损失的,保险人在双方约定的修复时间内按保险单约定的日赔偿金额乘以从送修之日起至修复竣工之日止的实际天数计算赔偿;

(2)全车损毁的,按保险单约定的赔偿限额计算赔偿;

(3)在保险期限内,上述赔款累计计算,最高以保险单约定的赔偿天数为限。本保险的最高约定赔偿天数为90天,且车辆停驶损失险最大的特点是费率很高,达10%。

2. 保险金额

赔偿限额以投保人与保险人投保时约定的赔偿天数乘以约定的日赔偿金额为准。本保险的最高约定赔偿天数为30天,且每天赔偿限额最高不超过200元。

3. 责任免除

保险人对下列停驶损失不负责赔偿:

(1)车辆被扣押期间的损失;

(2)因车辆修理质量不合要求造成返修所受的损失;

(3)被保险人及其驾驶员拖延车辆送修或修复时间的损失;

(4)其他不属于保险责任范围内的损失和费用。

## 5.2.10　新增设备损失险

新增设备损失险负责赔偿车辆由于发生碰撞等意外事故而造成的车上新增设备的直接损失。“新增加设备损失险”是车辆损失险的第三大附加险,在生活中有着越来越广泛的应用。它负责赔偿车辆由于发生碰撞等意外事故而造成的车上新增设备的直接损失。当车辆发生碰撞等意外事故造成车上新增设备(是指除车辆原有设备以外,被保险人另外加装的设备及设施),如加装制冷设备、CD及电视录像设备、真皮或电动座椅等的直接损毁时,保险公司按实际损失赔偿。

1. 保险责任

当车辆发生碰撞等意外事故造成车上新增设备(是指除车辆原有设备以外,被保险人另外加装的设备及设施),如加装制冷设备、CD及电视录像设备、真皮或电动座椅等直接损毁时,保险公司按实际损失赔偿。

2. 保险金额

保险金额按新增设备的实际价格,由保险公司和您协商确定。实际价格是购置新的设备的市场价格减去折旧。

(1)赔偿项目:如果您车上的新增设备部分损坏,赔偿实际修理费。如果您车上的新增设备整体损毁,在保险金额内按实际损失赔偿。

(2)赔偿额度:保险公司会根据您在事故中所负责任的大小,赔偿所有应赔偿总金额的80% ~95%(其余部分为保险条款规定的免于赔偿部分)。被保险人在事故中负全部责任的赔偿80%,负主要责任的赔偿85%,事故双方负同等责任的赔偿90%,被保险人负次要责任的赔偿95%。

3. 责任免除

新增设备是指除车辆原有设备以外,被保险人另外加装的设备及设施。如果设备是因为交通事故而被撞坏,或者因全车失窃而丢失,保险公司应承担赔偿责任。但如果是新增设备单独被盗窃、丢失、被破坏的情况,保险公司不负责赔偿。

## 5.2.11　车上货物损失险

车上货物损失险是指保险车辆在使用过程中发生意外事故,致使保险车辆上所载货物遭受直接损毁,依法应由被保险人承担的经济赔偿责任,以及被保险人为减少车上货物损失而支付的合理的施救、保护费用,由保险人在保险单载明的赔偿限额内计算赔偿的保险。在投保了第三者责任险的基础上方可投保车上货物责任保险。

1. 保险责任

投保了本保险的机动车辆在使用过程中、发生意外事故,致使保险车辆上所载货物遭受直接损毁和车上人员的人身伤亡,依法应由被保险人承担的经济殆偿责任、以及被保险人为减少损失而支付的必要合理的施救、保护费用、保险人在保险单所载明的该保险赔偿限额内计算赔偿。

2. 保险金额

车上承运货物的赔偿限额和车上人员每人的最高赔偿限额由被保险人和保险人在投保时协商确定。投保座位数以保险车辆的核定载客数为限。

3. 责任免除

由于以下原因引起的损失、保险人不负责赔偿:

(1)货物遭哄抢、自然损耗、本身缺陷、短少、死亡、腐烂、变质;

(2)违法载运或因包装、紧固不善,装载、遮盖不当造成的货物损失;

(3)车上人员携带的私人物品、违章搭乘的人员或违章所载货物;

(4)由于驾驶员的故意行为、紧急刹车或本车上的人员因疾病、分娩、自残、殴斗、自杀、犯罪行为所致的人身伤亡、货物损失以及车上人员在车下时所受的人身伤亡;

(5)其他不属于保险责任范围内的损失和费用。

## 5.2.12 车载货物掉落责任险

车载货物掉落责任险是商业第三者责任保险的附加险。被保险人或其允许的合格驾驶人在使用保险车辆过程中,所载货物从车上掉落致使第三者遭受人身伤亡或财产的直接损毁,依法应当由被保险人承担的经济赔偿责任,保险人在保险单所载明的本保险赔偿限额内负责赔偿。

1. 保险责任

在保险期间内,保险车辆在使用过程中,所载货物从车上掉落致使第三者遭受人身伤亡或财产的直接损毁,依法应由被保险人承担的经济赔偿责任。保险人在扣除交强险应赔偿部分后,按照本合同的规定在保险单载明的赔偿限额内计算赔偿。

2. 保险金额

本保险每次事故的赔偿限额由投保人与保险人在投保时协商确定,每次赔偿均实行20%的绝对免赔率。

3. 责任免除

(1)下列损失,保险人不负责赔偿:

①被保险人或驾驶人及他们家庭成员的人身伤亡、财产损失;

②驾驶人故意行为或车上所载气体、液体泄漏所造成的损失;

③装卸货物造成的损失。

(2)应当由交强险赔偿的损失和费用,保险人不负责赔偿。

## 5.2.13 不计免赔特约险

不计免赔率特约条款属于附加险的一种。该险种通常是指经特别约定,保险事故发生后,按照对应投保的主险条款规定的免赔率计算的应当由被保险人自行承担的免赔金额部分,保险人负责赔偿。

该险种通常是指经特别约定,保险事故发生后,按照对应投保的主险条款规定的免赔率计算的、应当由被保险人自行承担的免赔额部分,保险人负责赔偿的一种保险。投保后,车主不仅可以享受到按保险条款应由保险公司承担的那一部分赔偿,还可享受到由于车主在事故中负有责任,而应自行承担的那部分金额赔偿。按照保险对象的不同,不计免赔险又可分为基本险的不计免赔和附加险的不计免赔,车主在投保时应详细了解。

1. 保险责任

经特别约定,保险事故发生后,按照投保人选择投保的商业第三者责任保险、车辆损失险或车上人员责任险的事故责任免赔率计算的,或按照全车盗抢险的绝对免赔率计算的,应当由被保险人自行承担的免赔金额部分,保险公司负责赔偿。

基本险各险种的不计免赔率特约责任彼此独立存在,投保人可选择分别投保,并适用不同的费率。

不计免赔特约险也有自己相应的免赔部分,比如加扣免赔率、附加险免赔、事故责任难确定等。一般保险公司都会在该保险的保险条款中对"不计免赔"的除外责任进行详细而明确的说明,车主在投保时要仔细阅读了解这部分条款,避免理赔时出现不必要的麻烦。

2. 保险金额

车主只要投保了该险种,就能把本应由自己负责的5% ~20%的赔偿责任再转嫁给保险公司。由于这个附加险保障全面,而费率却相对便宜,所以一经推出就很受车主欢迎。通常是指车主在投保购买此险种后,将车主由于事故责任所承担的免赔金额转给保险公司,车主领到的理赔额会更多。但不计免赔险只将车损险与第三者责任险的事故责任免赔率转嫁给保险公司。在购买车险时,车主应给车损险与第三者责任险分别投保不计免赔险,使自身理赔权益达到最大化。

3. 责任免除

(1)机动车损失保险中应当由第三方负责赔偿而无法找到第三方的;

(2)因违反安全装载规定增加的;

(3)被保险人根据有关法律法规规定选择自行协商方式处理交通事故,但不能证明事故原因的;

(4)投保时指定驾驶人,保险事故发生时为非指定驾驶人使用被保险机动车而增加的;

(5)投保时约定行驶区域,保险事故发生在约定行驶区域以外而增加的;

(6)因保险期间内发生多次保险赔偿而增加的;

(7)附加险条款中规定的。

### 5.2.14 交通事故精神损害赔偿责任险

交通事故精神损害赔偿险是指保险车辆在使用过程中,因发生交通事故,致使第三者或本车上人员的伤残、死亡或怀孕妇女意外流产,受害方据此提出精神损失赔偿请求,依照法院应由被保险人承担的精神损害赔偿责任,保险人按合同约定在赔偿限额内负责赔偿的保险。

1. 保险责任

在保险期间内,保险车辆在使用过程中,因发生交通事故,致使第三者的伤残、死亡或怀孕妇女意外流产,受害方据此提出精神损害赔偿请求,依照法院判决应由被保险人承担的精神损害赔偿责任,保险人在扣除交强险应赔偿部分后,按本合同约定在赔偿限额内负责赔偿。

2. 保险金额

(1)在下列情况下,被保险人承担的精神损害赔偿,保险人不负责赔偿:

①驾驶人在交通事故中无过错;

②保险车辆未发生碰撞事故,仅由惊恐引起,造成第三者或车上人员的行为不当所引起的伤残、死亡;

③怀孕妇女的流产发生在交通事故发生之日起30天以外的;

④法院调解书中确定的应由被保险人承担的精神损害赔偿;

⑤其他不属于保险责任范围内的损失和费用。

(2)应当由交强险赔偿的金额,保险人不负责赔偿。

3. 责任免除

本保险每次事故的最高赔偿限额由保险人和投保人在投保时协商确定。

# 5.3 我国汽车保险的金额、期限和费用

## 5.3.1 保险金额和赔偿金额

1. 汽车保险金额

汽车保险金额针对汽车损失险及其附加险,汽车损失险保险金额的确定以保险车辆的价值为依据,其具体方法如下:

(1)按照投保时被保险机动车的新车购置价确定

新车投保是根据购置价投保时保险合同签订的同类型新车的市场销售价格确定,并会在保险单中载明,无同类新车市场销售价格的,则由投保人和保险人共同商议确定。

(2)按投保时被保险机动车的实际价值确定

投保时被保险车辆的实际价值根据投保时的新车购置价减去折旧金额后的价格确定。被保险机动车折旧按月计算,不足一个月的部分,不计折旧。如9座以下客车月月折旧率为0.6%,10座以上的客车月折旧率为0.9%,最高折旧金额不超过投保时被保险车辆新车购置价的80%。

折旧金额 = 投保时的新车购置价 × 被保险机动车辆已使用月数 × 月折旧率

(3)在投保时被保险机动车的新车购置价内协商确定

车损险是费率浮动的险种,车主在续保时保险公司会依据出险和理赔的情况进行动态调整。如在某保险公司设定了12个车险费率调整等级,等级最高的为12等级,其保险费将

调整为 20%;等级最低的是 1 等级,其保险费将调整为 50%。

2. 赔偿限额

汽车保险赔偿额度的多少由投保的险种所决定,在交通意外发生后,如保险公司赔付的车辆保险理赔金额足够就会让车主避免了事故带来的损失。如果保险公司赔付的保险理赔金额不足或拒赔,那么车主就要自己承担部分或全部的损失。

车险险种多达上百种,汽车保险赔偿比例也会根据所投保的险种不同而有所不同。现在以通常意义上的"全险"为例,简单讲一下在交通事故中,不同险种的汽车保险赔偿额度的支付标准。

通常意义上的"全险"包括交强险、第三者责任险、机动车辆损失险、全车盗抢险、车上责任险、玻璃单独破碎险、车身划痕险及不计免赔特约条款等。保险买"全险",可以在常见的交通事故中得到较好的赔偿。

(1)强制保险车辆必须要购买机动车交通事故责任强制保险(简称交强险)。交强险是由保险公司对被保险机动车发生道路交通事故造成受害人(不包括本车人员和被保险人)的人身伤亡、财产损失,在责任限额内予以赔偿的强制性责任保险。交强险是由国家法律规定实行的强制保险,其保费是实行全国统一收费标准。

机动车交通事故责任强制保险责任限额(2008 年 2 月 1 日后):

①机动车在道路交通事故中有责任的赔偿限额:

死亡伤残赔偿限额:110000 元人民币;

医疗费用赔偿限额:10000 元人民币;

财产损失赔偿限额:2000 元人民币。

②机动车在道路交通事故中无责任的赔偿限额:

死亡伤残赔偿限额:11000 元人民币;

医疗费用赔偿限额:1000 元人民币;

财产损失赔偿限额:100 元人民币。

(2)第三者商业责任险(简称三责险)

三责险是被保险人或其允许的合法驾驶人员在使用被保险车辆过程中发生的意外事故,致使第三者遭受人身伤亡或财产直接损毁,依法应当由被保险人承担经济责任,保险公司负责赔偿。三责险是非强制性的保险,因为交强险在对第三者的财产损失和医疗费用部分赔偿较低,可考虑购买第三者责任险作为交强险的补充。附加三责不计免赔条款。

每次事故最高赔偿限额由投保人和保险人在签订保险合同时根据不同车辆种类协商确定:

①在不同区域内,摩托车、拖拉机的最高赔偿限额分为 4 个档次:2 万元、5 万元、10 万元和 20 万元。

②其他车辆的最高赔偿限额分为 6 个档次:5 万元、10 万元、20 万元、50 万元、100 万元和 100 万元以上,且最高不超过 1000 万元。

(3)车辆损失险

车辆损失险是指保险车辆遭受保险责任范围内的自然灾害(不包括地震)或意外事故,造成保险车辆本身损失。大多数保险公司的车辆损失保险一般保障的是因雷击、暴风、暴雨、洪水等自然灾害和碰撞、倾覆等意外事故造成保险车辆的损失以及相关的施救费用,附加车损不计免赔条款。

保险金额由投保人和保险人从下列3种方式中选择确定,保险人根据确定保险金额的不同方式承担相应的赔偿责任:

①按投保时保险车辆的新车购置价确定。本保险合同中的新车购置价是指在保险合同签订地购置与保险车辆同类型新车(含车辆购置税)的价格。

②按投保时保险车辆的实际价值确定。本保险合同中的实际价值是指同类型车辆新车购置价减去折旧金额后的价格。

③在投保时被保险机动车的新车购置价内协商确定。

(4)全车盗抢损失险(简称盗抢险)

盗抢险的保险责任为全车被盗窃、被抢劫、被抢夺造成的车辆损失以及在被盗窃、被抢劫、被抢夺期间受到损坏或车上零部件、附属设备丢失需要修复的合理费用,附加盗抢不计免赔。

一般来说,盗抢险的保险金额不单独列明,而是以车辆损失险的保险金额作为盗抢险的保险金额。

机动车辆全车盗抢险的保险责任包含两部分:

①因被盗窃、被抢劫、被抢夺造成的保险车辆的损失;

②因保险车辆被盗窃、被抢劫、被抢夺造成的合理费用支出。

对上述两部分费用由保险公司在保险金额内负责赔偿。

(5)车上责任险(包括驾驶员和乘客)

车上责任险是指投保了这个险的机动车辆在使用过程中,发生意外事故,致使保险车辆所载货物遭受直接损毁和车上人员的人身伤亡,依法应由被保险人承担的经济赔偿责任,以及被保险人为减少损失而支付的必要合理的施救、保护费用,保险公司在保险单所载明的本保险赔偿限额内计算赔偿,附加车责不计免赔条款。

每次事故最高赔偿限额由投保人和保险人在签订保险合同时根据不同车辆座位数协商确定。

(6)玻璃单独破碎险

即保险公司负责赔偿保险车辆在使用过程中,发生本车玻璃单独破碎的损失的一种商业保险。玻璃单独破碎是指被保车辆只有挡风玻璃和车窗玻璃(不包括车灯、车镜玻璃)出现破损的情况。玻璃单独破碎险是车辆损失险的附加险,已投保车辆损失险的车辆方可投保本附加险。

在保险期间内,保险车辆在使用过程中,发生本车风挡玻璃或车窗玻璃的单独破碎,保险人按实际损失赔偿。

(7)车身划痕险

全称车身划痕损失险,家庭自用车辆、非营业车辆可投保,是指在保险期间内,保险车辆发生无明显碰撞痕迹的车身表面油漆单独划伤,保险公司按实际损失负责赔偿。划痕险是车辆损失险的附加险,即需要在投保了车辆损失险的情况下方可投保,不可单独投保。

划痕赔付限额一般是2000元、5000元。要注意的是,划痕险是累计赔付的,也就是说如果投保的划痕险保额是2000元的,出险不限次数,但赔偿累计金额不能超过2000元,超过

2000 元保险合同就自动终止。

3. 免赔率

免赔率是指不赔金额与损失金额的比率。免赔率分为相对免赔率与绝对免赔率两种。

(1)免赔率是指不赔金额与损失金额的比率。免赔率分为相对免赔率与绝对免赔率两种。

(2)保险公司认为某些易碎、易短量的商品在运输途中遭受一定比例的损失是不可避免的,故投保这类商品规定在某百分比范围的破碎或短量可以免赔,该百分比就是免赔率。

(3)投保的商品实际损失比率超过规定的免赔率时,保险公司只负赔偿超过免赔率的部分,这种赔偿的比率称为绝对免赔率。

(4)投保的商品实际损失比率超过了规定的免赔率时,保险公司负责赔偿实际全部损失,这种赔偿的比率称为相对免赔率。

(5)绝对免赔率与相对免赔率的相同点是:如果损失不超过免赔率,均不赔偿;它们的区别是:如果损失数额超过免赔率,绝对免赔率扣除免赔率,只赔超过部分,而相对免赔率不扣除免赔率,全部予以赔偿。

(6)现行的车辆保险采用的是绝对免赔率,其做法是:保险公司对超出免赔率部分的损失进行赔偿,赔偿金额不包含免赔金额。可见,免赔率以下的部分损失,保险公司是不负责赔偿的。因此,车辆索赔时,免赔率是不可忽视的。

4. 无赔款优待

机动车辆保险的无赔款优待是指保险车辆在上一年保险期间内无赔款,续保时可享受无赔款减收保险费优待,优待金额为本年度续保险种应交保险费的 10%。

享受无赔款优待的条件:

(1)保险期限必须满 1 年

享受无赔款优待实际上是对被保险人上一保险年度安全行驶的奖励,中途退保者不能享受。

(2)保险期限内无赔款

无赔款的条件包括保险车辆投保的所有险种与险别,即车辆同时投保车辆损失险、机动车交通事故责任强制保险及附加险的,只要其中有任何一个险种或险别发生赔款,就不能给予无赔款优待。

(3)按期续保

这一条件包含两层意思:一是享受无赔款优待的时间必须是在投保人办理续保时,绝不能变相用于销售时的“返佣”;二是享受无赔款优待的范围必须是续保的险种或险别。上年度投保而本年度未续保的或本年度新投保的,均不得享受无赔款优待。

## 5.3.2 保险期限

汽车保险合同的保险期限为一年。除法律另有规定的外,投保时保险期限不足一年的按短期费率收取保险费;保险期限不足一月的按月计算。

### 5.3.3 保险费用的计算

1. 保险费率的基本原则

保险费是投保人为转移风险、取得保险人在约定责任范围内所承担的赔偿(或给付)责任而交付的费用;也是保险人为承担约定的保险责任而向投保人收取的费用。保险费是建立保险基金的主要来源,也是保险人履行义务的经济基础。

计算保险费的影响因素有保险金额、保险费率及保险期限,以上3个因素均与保险费成正比关系,即保险金额越大,保险费率越高,或保险期限越长,则应缴纳的保险费就越多。其中任何一个因素的变化,都会引起保险费的增减变动。保险金额单位一般为1000元或100元,所以保险费率通常用千分率或百分率来表示。

保险费率一般由纯费率和附加费率两部分组成。习惯上,将由纯费率和附加费率两部分组成的费率称为毛费率。纯费率也称净费率,是保险费率的主要部分,它是根据损失概率确定的。按纯费率收取的保险费称纯保费,用于保险事故发生后对被保险人进行赔偿和给付。附加费率是保险费率的次要部分,按照附加费率收取的保险费称附加保费。它是以保险人的营业费用为基础计算的,用于保险人的业务费用支出、手续费支出以及提供部分保险利润等。

(1)充分性

指所收取的保险费足以支付保险金的赔付及合理的营业费用、税收和公司的预期利润。充分性原则的核心是保证保险人有足够的偿付能力。

(2)公平性

指一方面保费收入必须与预期的支付相对称;另—方面被保险人所负担的保费应与其所获得的保险权利相一致,保费的多寡应与保险的种类、保险期限、保险金额、被保险人的年龄、性别等相对称。风险性质相同的被保险人应承担相同的保险费率,风险性质不同的被保险人,则应承担有差别的保险费率。

(3)合理性

指保险费率应尽可能合理,不可因保险费率过高而使保险人获得超额利润。

(4)稳定灵活性

指保险费率应当在一定时期内保持稳定,以保证保险公司的信誉;同时,也要随着风险的变化、保险责任的变化和市场需求等因素的变化而调整,具有一定的灵活性。

(5)促进防损

指保险费率的制定有利于促进被保险人加强防灾防损,对防灾工作做得好的被保险人降低其费率;对无损或损失少的被保险人,实行优惠费率;而对防灾防损工作做得差的被保险人实行高费率或续保加费。

2. 汽车保险费率

汽车保险费的费率见表5-2~表5-8。

(1)机动车损失保险

按照被保险人类别、车辆用途、座位数/吨位数/排量/功率、车辆使用年限所属档次查找基础保费和费率。

保费 = 基础保费 + 新车购置价 × 费率

以表 5-2 为例说明保费的计算方法。

机动车损失险(单位:元)　　表 5-2

| 家庭自用汽车与非营业用车 | 机动车损失保险 | | | | |
|---|---|---|---|---|---|
| | 年限 | 0~1 年 | | 1~4 年 | |
| 家庭自用汽车 | 项目 | 基础保费 | 费率 | 基础保费 | 费率 |
| | 6 座以下 | 630 | 1.50% | 594 | 1.41% |
| | 6~10 座 | 756 | 1.50% | 713 | 1.41% |

例:假定某 5 座家庭自用汽车投保车损险,车龄为 1 年以下,保险金额为 10 万元。在费率表上查得对应的基础保费为 630 元,费率为 1.50%。则:

该车辆的保费 = 630 + 100000 × 1.50% = 2130 元

具体到车行的车型计算公式为:

6 座以下保费 = 630 + 新车购置价 × 1.50%

6~10 座保费 = 756 + 新车购置价 × 1.50%

(2)第三者责任保险

按照被保险人类别、车辆用途、座位数/吨位数/排量/功率、责任限额直接查找保费(表 5-3)。

第三者责任保险(单位:元)　　表 5-3

| 险别 | | 机动车第三者责任险 | | | | | | |
|---|---|---|---|---|---|---|---|---|
| 使用性质 | 车龄车辆种类 | 5 万 | 10 万 | 15 | 20 万 | 30 万 | 50 万 | 100 万 |
| 家庭自用汽车 | 6 座以下客车 | 785 | 1099 | 1240 | 1335 | 1492 | 1772 | 2308 |
| | 6~10 座客车 | 672 | 941 | 1062 | 1142 | 1272 | 1517 | 1976 |
| | 10 座及以上客车 | 672 | 941 | 1062 | 1142 | 1277 | 1517 | 1976 |

(3)车上人员责任险

驾驶人保费 = 每次事故责任限额 × 费率

乘客保费 = 每次事故每人责任限额 × 费率 × 投保乘客座数

按照被保险人类别、车辆用途、座位数查找费率(表 5-4)。

车上人员责任险(单位:%)　　表 5-4

| 险别 | | 车上人员责任险 | |
|---|---|---|---|
| 使用性质 | 车险<br>车辆种类 | 司机座位 | 乘客座位 |
| | | 费率 | 费率 |
| 家庭自用汽车 | 6 座以下客车 | 0.42 | 0.27 |
| | 6~10 座客车 | 0.40 | 0.26 |
| | 10 座及以上客车 | 0.40 | 0.26 |

(4)盗抢险

保费 = 基本保费 + 保险金额 × 费率

按照被保险人类别、车辆用途、座位数查找基础保费和费率(表5-5)。

**盗　抢　险**　　表5-5

| 险别 | | 全车盗抢损失险 | |
|---|---|---|---|
| 使用性质 | 车龄车辆种类 | 基本保费/元 | 费率/% |
| 家庭自用汽车 | 6座以下客车 | 120 | 0.49 |
| | 6~10座客车 | 140 | 0.44 |
| | 10座及以上客车 | 140 | 0.44 |

(5)玻璃单独破碎险

按照被保险人类别、座位数、投保国产/进口玻璃查找费率(表5-6)。

保费 = 新车购置价 × 费率

**玻璃破损险费率**(单位:%)　　表5-6

| 车辆种类 | 家庭自用汽车 | |
|---|---|---|
| | 国产玻璃 | 进口玻璃 |
| 6座以下客车 | 0.19 | 0.31 |
| 6~10座客车 | 0.19 | 0.30 |

(6)车身划痕损失险

按车龄、新车购置价、保额所属档次直接查找保费(表5-7)。

**车身划痕险**(单位:元)　　表5-7

| 新车购置价 | 车龄保额 | 车龄<2年 | 车龄≥2年 |
|---|---|---|---|
| <30万 | 2000 | 400 | 610 |
| | 5000 | 570 | 850 |
| | 10000 | 760 | 1300 |
| | 20000 | 1140 | 1900 |
| 30万~50万 | 2000 | 585 | 900 |
| | 5000 | 900 | 1350 |
| | 10000 | 1170 | 1800 |
| | 20000 | 1780 | 2600 |
| ≥50万 | 2000 | 850 | 1100 |
| | 5000 | 1100 | 1500 |
| | 10000 | 1500 | 2000 |
| | 20000 | 2250 | 3000 |

(7)基本险不计免赔、附加险不计免赔特约条款(表5-8)

**不计免赔**(单位:%)　　表5-8

| 基本险不计免赔特约条款及附加险不计免赔特约条款 | | | | | |
|---|---|---|---|---|---|
| 险别 | 基本险不计免赔特约条款 | | | | 附加险不计免赔特约条款 |
| | 车损 | 三责 | 车上责任 | 盗抢 | |
| 费率 | 15 | 15 | 15 | 20 | 15 |

# 5.4 汽车保险的业务流程

保险公司承保、签订保险合同,包括核保、出具保单、出具保费的收据;保险标的发生损失,保户向保险公司提出索赔;保险公司查勘;属于保险责任,保险公司支付赔偿,不属于保险责任,保险公司拒绝赔偿;续保等环节。本节重点介绍汽车保险业务的投保、承保、理赔等基本业务环节。

## 5.4.1 保险投保

保险投保是指投保与保险人(通常是保险公司)订立保险合同,并按照保险合同支付保险费的过程。投保人也称要保人,是与保险人订立保险合同并按照保险合同负有支付保险费义务的人。自然人与法人皆可成为投保人。成为投保人的条件为:具有相应的民事权利能力和行为能力;对保险标的具有保险利益。

1. 投保人投保过程中应注意的问题

由于各保险公司推出的汽车保险条款种类繁多,价格不同,因此投保人在购买汽车保险时应注意如下事项:

(1)合理选择保险公司

投保人应选择具有合法资格的保险公司营业机构购买汽车保险。汽车保险的售后服务与产品本身一样重要,投保人在选择保险公司时,要了解各公司提供服务的内容及信誉度,以充分保障自己的利益。

(2)合理选择代理人

投保人也可以通过代理人购买汽车保险。选择代理人时,应选择具有执业资格证书、展业证及与保险公司签有正式代理合同的代理人;应当了解汽车保险条款中涉及赔偿责任和权利义务的部分,防止个别代理人片面夸大产品保障功能,回避责任免除条款内容。

(3)了解汽车保险内容

投保人应当询问所购买的汽车保险条款是否经过中国保监会批准,认真了解条款内容,重点条款的保险责任、除外责任和特别约定,被保险人权利和义务,免赔额或免赔率的计算,申请赔偿的手续、退保和折旧等规定。此外还应当注意汽车保险的费率是否与中国保监会批准的费率一致,了解保险公司的费率优惠规定和无赔款优待的规定。通常保险责任比较全面的产品,保险费比较高;保险责任少的产品,保险费较低。

(4)根据实际需要购买

投保人选择汽车保险时,应了解自身的风险和特征,根据实际情况选择个人所需的风险保障。对于汽车保险市场现有产品应进行充分了解,以便购买适合自身需要的汽车保险。

(5)购买汽车保险的其他注意事项

①对保险重要单证的使用和保管。投保者在购买汽车保险时,应如实填写投保单上规定的各项内容,取得保险单后应核对其内容是否与投保单上的有关内容完全一致。对所有的保险单、保险卡、批单、保费发票等有关重要凭证应妥善保管,以便在出险时能及时提供理

赔依据。

②如实告知义务。投保者在购买汽车保险时应履行如实告知义务,对与保险风险有直接关系的情况应当如实告知保险公司。

③购买汽车保险后,应及时交纳保险费,并按照条款规定,履行被保险人义务。

④合同纠纷的解决方式。对于保险合同产生的纠纷,消费者应当依据在购买汽车保险时与保险公司的约定,以仲裁或诉讼方式解决。

⑤投诉。消费者在购买汽车保险过程中,如发现保险公司或中介机构有误导或销售未经批准的汽车保险等行为,可向保险监督管理部门投诉。

2.保险公司或代理人应提供合理的保险方案

在开展汽车保险业务的过程中,保险公司或代理人应从加大产品的内涵、提高保险公司的服务水平入手,在开展业务的过程中为投保人或被保险人提供完善的保险方案。

(1)保险方案制订的基本原则

①充分保障的原则:是指保险方案的制订应建立在对于投保人的风险进行充分和专业评估的基础上,根据对于风险的了解和认识制订相应的保险保障方案,目的是通过保险的途径最大限度地分散投保人的风险。

②公平合理的原则:是指保险人或代理人在制订保险方案的过程中应贯彻公平合理的精神。所谓合理性就是要确保提供的保障是适用和必要的,防止提供不必要的保障。所谓公平主要应体现在价格方面,包括与价格有关的赔偿标准和免赔额的确定,既要合法,又要符合价值规律。

③充分披露的原则:是指保险人在制订保险方案的过程中应根据保险最大诚信原则的告知义务的有关要求,将保险合同的有关规定,尤其是可能对于投保人不利影响的规定,要向投保人进行详细的解释。以往汽车保险业务出现纠纷的重要原因之一就是保险公司或代理人出于各种目的的考虑,在订立合同时没有对投保人进行充分的告知。

(2)制订保险方案前的调查工作

在制订保险方案之前应对投保人或潜在被保险人的情况进行充分的调查,根据调查结果进行分析是制订保险方案的必要前提。调查的主要内容有:

①了解企业的基本情况,包括企业的性质、规模、经营范围和经营情况。

②了解企业拥有车辆的数量、车型和用途,了解车况、驾驶人素质情况、运输对象、车辆管理部门等。

③了解企业车辆管理的情况,包括安全管理的目标,对于安全管理的投入、安全管理的实际情况、以往发生事故的情况以及分类等。

④了解企业以往的投保情况,包括承保公司、投保险种、投保的金额、保险期限和赔付率等情况。

⑤了解企业投保的动机,防止逆向投保和道德风险。

(3)保险方案的主要内容

保险方案是在对投保人进行风险评估的基础上提出的保险建议书。首先,应当包括从专业的角度对投保人可能面临的风险进行识别和评估。其次,在风险评估的基础上提出保险的总体建议。再次,应当对条款的适用性进行说明,介绍有关的险种并对条款进行必要的

解释。最后,对保险人及其提供的服务进行介绍。其具体内容有:

①保险人情况;

②投保标的风险评估;

③保险方案的总体建议;

④保险条款以及解释;

⑤保险金额以及赔偿限额的确定;

⑥免赔额以及适用情况;

⑦赔偿处理程序以及要求;

⑧服务体系以及承诺;

⑨相关附件。

## 5.4.2　保险承保

1. 填写投保单

投保人购买保险,首先要提出投保申请,即填写投保单,交给保险人。投保单是投保人向保险人申请订立保险合同的依据,也是保险人签发保单的依据。投保单的基本内容有:投保人的名称、厂牌型号、车辆种类、号牌号码、发动机号码及车架号、使用性质、总质量或座位、行驶证、初次登记年月、保险价值、车辆损失险保险金额的确定方式、第三者责任险赔偿限额、附加险的保险金额或保险限额、车辆总数、保险期限、联系方式、特别约定、投保人签章。

2. 核保

核保是保险公司在业务经营过程中的一个重要环节。核保是指保险公司的专业技术人员对投保人的申请进行风险评估,决定是否接受该风险,并在决定接受风险的情况下,决定承保的条件,包括使用的条款和附加条款、确定费率和免赔额等。

(1)核保的意义

①防止逆选择,排除经营中的道德风险。在保险公司的经营过程中始终存在一个信息问题,即信息的不完整、不精确和不对称。尽管最大诚信原则要求投保人在投保时应履行充分告知的义务。但是,事实上始终存在信息的不完整和不精确的问题。保险市场信息问题可能导致投保人或被保险人的道德风险和逆选择,给保险公司经营带来巨大的潜在的风险。保险公司建立核保制度,由资深人员运用专业技术和经验对投保标的进行风险评估,通过风险评估可以最大限度地解决信息不对称的问题,排除道德风险,防止逆选择。

②确保业务质量,实现经营稳定。保险公司是经营风险的特殊行业,其经营状况关系社会的稳定。保险公司要实现经营的稳定,关键一个环节就是控制承保业务的质量。但是,随着国内保险市场供应主体的增多,保险市场竞争日趋激烈,保险公司在不断扩大业务的同时,经营风险也在不断增大。其主要表现为:一是为了拓展业务而急剧扩充业务人员,这些新的工作人员业务素质有限,无法认识和控制承保的质量;二是保险公司为了扩大保险市场的占有率,稳定与保户的业务关系,放松了拓展业务方面的管理;三是保险公司为了拓展新

的业务领域,开发了一些不成熟的新险种,签署了一些未经过详细论证的保险协议,增加了风险因素。保险公司通过建立核保制度,将展业与承保相对分离,实行专业化管理,严格把好承保关。

③扩大保险业务规模,与国际惯例接轨。我国加入 WTO 以后,国外的保险中介机构正逐步进入中国保险市场;同时,我国保险的中介力量也在不断壮大,现已成为推动保险业务的重要力量。在看到保险中介组织对于扩大业务的积极作用的同时,也应注意到其可能带来的负面影响。由于保险中介组织经营目的和价值取向的差异以及人员的良莠不齐,保险公司在充分利用保险中介机构进行业务开展的同时,也应对保险中介组织的业务加强管理,核保制度是对中介业务质量控制的重要手段,是建立和完善保险中介市场的必要前提条件。

④实现经营目标,确保持续发展。在市场经济条件下,企业发展的重要条件是对市场进行分析,并在此基础上确定企业的经营方针和策略,包括对企业的市场定位和选择特定的业务和客户群。同样在我国保险市场的发展过程中,保险公司要在市场上争取和赢得主动,就必须确定自己的市场营销方针和政策,包括选择特定的业务和客户作为自己发展的主要对象,确定对各类风险承保的态度,制定承保业务的原则、条款和费率等。而这些市场营销方针和政策实现的主要手段是核保制度,通过核保制度对风险选择和控制的功能,保险公司能够有效地实现其既定的目标,并保持业务的持续发展。

(2)核保的主要内容

①投保人资格。对于投保人资格进行审核的核心是认定投保人对保险标的拥有保险利益,汽车保险业务中主要是通过核对车辆行驶证来完成的。

②投保人或被保险人的基本情况。投保人或被保险人的基本情况主要是针对车队业务。通过了解企业的性质、是否设有安保部门、经营方式、运行主要线路等,分析投保人或被保险人对车辆管理的技术状况,保险公司可以及时发现其可能存在的经营风险,采取必要的措施降低和控制风险。

③投保人或被保险人的信誉。投保人与被保险人的信誉是核保工作的重点之一。对于投保人和被保险人的信誉调查和评估逐步成为汽车核保工作的重要内容。评估投保人与被保险人信誉的一个重要手段是对其以往损失和赔付情况进行了解,那些没有合理原因,却经常"跳槽"的被保险人往往存在道德风险。

④保险标的。对保险车辆应尽可能采用"验车承保"的方式,即对车辆进行实际的检验,包括了解车辆的使用和管理情况,复印行驶证、购置车辆的完税费凭证,拓印发动机与车架号码,对于一些高档车辆还应当建立车辆档案。

⑤保险金额。保险金额的确定涉及保险公司及被保险人的利益,往往是双方争议的焦点,因此保险金额的确定是汽车保险核保中的一个重要内容。在具体的核保工作中应当根据公司制订的汽车市场指导价格确定保险金额。对投保人要求按照低于这一价格投保的,应当尽量劝说并将理赔时可能出现的问题进行说明和解释。对于投保人坚持己见的,应当向投保人说明后果并要求其对于自己的要求进行确认,同时在保险单的批注栏上明确。

⑥保险费。核保人员对于保险费的审核主要分为费率适用的审核和计算的审核。

⑦附加条款。主险和标准条款提供的是适应汽车风险共性的保障,但是作为风险的个体是有其特性的。一个完善的保险方案不仅解决共性的问题,更重要的是解决个性问题,附

加条款适用于风险的个性问题。特殊性往往意味着高风险，所以在对附加条款的适用问题上更应当注意对风险的特别评估和分析，谨慎接受和限定条件。

3. 接受业务

保险人按照规定的业务范围和承保的权限，在审核检验之后，有权做出承保或拒保的决定。

4. 缮制单证

缮制单证是在接受业务后填制保险单或保险凭证等手续的程序。保险单或保险凭证是载明保险合同双方当事人权利和义务的书面凭证，是被保险人向保险人索赔的主要依据。因此，保险单质量的好坏，往往直接影响汽车保险合同的顺利履行。填写保险单的要求有：单证相符、保险合同要素明确、数字准确、复核签章、手续齐备。

## 5.5 汽车保险的理赔

### 5.5.1 概述

汽车保险的理赔流程主要由出险—报案—查勘—定损—核价—核损—核赔—支付等几个环节构成。

### 5.5.2 车险理赔流程

车险保险理赔是指保险人在保险标的发生风险事故导致损失后，对被保险人提出的索赔要求进行处理的过程。保险理赔应遵循“重合同、守信用、实事求是、主动、迅速、准确、合理”的原则，以保证保险合同双方行使权利与履行义务。

保险理赔的程序如下：

1. 接受损失通知

保险事故发生后，被保险人应将事故发生的时间、地点、原因及其有关情况，在规定的时间内通知保险人，并提出索赔要求。

发出损失通知书是被保险人必须履行的义务。被保险人发出损失通知的方式可以是口头方式，也可以是函电等其他方式，但随后应及时补发正式的书面通知，并提供必备的索赔凭证，如保险单、出险证明书、损失鉴定书、损失清单、检验报告等。

2. 审核保险责任

保险人收到损失通知书后，应当立即审核该索赔案件是否属于保险责任范围，其审核的主要内容为：损失是否发生在保险单的有效期内、损失是否由所承保的风险所引起，损失的车辆是否是保险标的、请求赔偿人是否有权提出索赔等。

3. 进行损失检查

保险人审核保险责任后，应派人到出险现场进行查勘，了解事故情况，分析事故损害原因,确定损害程度,认定索赔权利。

4. 赔偿给付保险金

保险事故发生后,经过核查属实并估算赔偿金额后,保险人应当立即履行赔偿给付的责任。

### 5.5.3 发生事故车险理赔流程

1. 报案

一般保险公司要求在事发 48 小时内报案。

(1)出险后,客户向保险公司理赔部门报案。

(2)内勤接报案后,要求客户将出险情况立即填写《业务出险登记表》(电话、传真等报案由内勤代填)。

(3)内勤根据客户提供的保险凭证或保险单号立即查阅保单副本并抄单以及复印保单、保单副本和附表。查阅保费收费情况并由财务人员在保费收据(业务及统计联)复印件上确认签章(特约付款须附上协议书或约定)。

(4)确认保险标的在保险有效期限内或出险前特约交费,要求客户填写《出险立案查询表》,予以立案(如电话、传真等报案,由检验人员负责要求客户填写),并按报案顺序编写立案号。

(5)发放索赔单证。经立案后向被保险人发放有关索赔单证,并告知索赔手续和方法(电话、传真等报案,由检验人员负责)。

(6)通知检验人员,报告损失情况及出险地点。

以上工作在半个工作日内完成。

2. 查勘定损

(1)检验人员在接保险公司内勤通知后 1 个工作日内完成现场查勘和检验工作(受损标的在外地的检验,可委托当地保险公司在 3 个工作日内完成)。

(2)要求客户提供有关单证。

(3)指导客户填列有关索赔单证。

3. 签收审核索赔单证

(1)营业部、各保险支公司内勤人员审核客户交来的赔案索赔单证,对手续不完备的向客户说明需补交的单证后退回客户,对单证齐全的赔案应在《出险报告(索赔)书》(一式二联)上签收后,将黄色联交还被保险人。

(2)将索赔单证及备存的资料整理后,交产险部核赔科。

4. 理算复核

(1)核赔科经办人接到内勤交来的资料后审核,单证手续齐全的在交接本上签收。

(2)所有赔案必须在 3 个工作日内理算完毕,交核赔科负责人复核。

5. 审批

(1)产险部权限内的赔案交主管理赔的经理审批。

(2)超产险部权限的逐级上报。

6. 赔付结案

(1)核赔科经办人将已完成审批手续的赔案编号,将赔款收据和计算书交财务划款。

(2)财务对赔付确认后,除赔款收据和计算书红色联外,其余取回。

## 5.5.4 单方事故的处理及索赔程序

单方事故的处理及索赔程序是指不涉及人员伤(亡)或第三者财物损失的单方交通事故。

举例:碰撞外界物体,自身车辆损坏,但外界物体无损坏或者无须赔偿。

单方肇事是最为常见的一类事故,因为不涉及第三者的损害赔偿,仅仅造成被保险车辆损坏,事故责任为被保险车辆负全部责任,所以事故处理较为简单。

1. 报案

事故发生后,保留事故现场,并立即向保险公司报案

2. 现场处理

(1)损失较小(10 000 元以下),保险公司派人到现场查勘,并出具《查勘报告》。

(2)损失较大(10 000 元以上),如查勘员认为需要报交通警察处理,应向交通警察部门报案,由交警部门到现场调查取证,并出具《事故认定书》。

3. 定损修理

(1)车主将车辆送抵定损中心并同时通知保险公司,定损。

(2)修理厂修车。

(3)车主提车。

4. 提交单证进行索赔

理赔:收集索赔资料交保险公司办理索赔手续。

5. 损失理算

保险公司收到齐备的索赔单证后进行理算,以确定最终的赔付金额。

6. 赔付

保险公司财务人员会根据理赔人员理算后的金额,向车主指定账户划拨赔款。

## 5.5.5 多方事故处理及保险索赔程序

多方事故的处理及索赔程序是指多方肇事指不涉及人员伤亡,但涉及第三者财物损失、事故责任明确的双、多方交通事故。

举例1:车辆追尾,后车负全部责任,对方或两方车辆均损坏。

举例2:碰撞防护栏,车辆负全部责任,护栏损坏也需赔偿。

1. 报案

(1)事故发生后,保留事故现场,并立即向保险公司报案。

(2)如第三方损失为道路设施或者第三方损失为车辆,需向交通警察部门报案。

2. 现场处理

(1)保险公司人员到达现场,并出具《查勘报告》。

(2)交警部门到达现场,并现场出具《事故认定书》。

提醒:一般情况下,如果在向保险公司报案时,保险公司要求向交通警察报案时,保险公司人员无须到现场处理。

3. 第三者修理

(1)如果第三者为非机动车,则最好要求保险公司人员在进行现场处理时,直接达成三方(第三者、保险公司、车主)公认的一个核损价格;如果当场不能核定损失,则在进行第三者损失核定的时候或者过程中,要求保险公司给出核损价格。

提醒:如果不经过保险公司允许,自行答应第三者有关索赔金额的承诺,这种承诺保险公司是有权推翻重来的;如果重新核定的价格与第三者的要求有差距,则这个差距会由车主自行承担。

(2)如果第三者是机动车,则要分以下两种情况:

①如果第三者同意与车主一同前往车主选定的修理厂进行修理,则当场不必支付第三者任何现金。

②如果第三者要求去自己选定的修理厂进行修理,即第三者将与车主去不同的修理厂进行车辆修理时,则第三者可能要求车主在事故现场先支付一部分修理费用,或称押金或定金,担心事后找不到车主或者事后车主不认账。

提醒1:如若现场付款,一定要立收据;支付一半的修理费用比较适当(因为也有可能发生事后第三者不认账的情况)。

提醒2:第三者车辆修理完毕后,车主必须先将修理费交付给第三者或者第三者选择的修理厂,然后拿到第三者的修理发票及维修明细才能进行保险索赔。如果事后第三者不提供相关资料或者找不到第三者时,第三者的维修费用保险公司是不能赔付的。

提醒3:虽然上文提到在现场付款时,要第三者立收据,虽说这种收据是不能作为的赔偿依据,但是这种收据至少可以避免第三者事后不认账的情况。因为第三者修理完毕后,车主必须先将修理费交付给第三者或者第三者选择的修理厂,如果没有收据,车主无法支付第三者车辆修理费用。

4. 车辆定损修理

(1)将车辆送抵定损中心并同时通知保险公司定损。

(2)修理厂修车。

(3)车主提车。

5. 提交单证进行索赔

理赔:收集索赔资料交保险公司办理索赔手续。

6. 损失理算

保险公司收到齐备的索赔单证后进行理算,以确定最终的赔付金额。

7. 赔付

保险公司财务人员会根据理赔人员理算后的金额,向车主指定账户划拨赔款。

### 5.5.6　停放被撞事故的处理及索赔程序

停放被撞是指车辆在停放过程中无人照料的情况下被不明物体碰撞造成车辆受损的事故。

举例:车辆在停车场停放中被第三方车辆碰撞损坏,但第三方车辆无法找到。

注意:该类案件保险公司只承担70%的赔偿责任。

1. 报案

事故发生后,保留事故现场,并立即向保险公司报案。

2. 现场处理

保险公司人员抵达现场进行查勘,并出具《查勘报告》,同时根据查勘员要求到当地公安派出所或者交通警察部门开具《事故证明》。无法出具事故证明,保险公司不予以受理赔付。

3. 车辆定损修理

(1)将车辆送抵定损中心并同时通知保险公司定损。

(2)修理厂修车。

(3)车主提车。

4. 提交单证进行索赔

理赔:收集索赔资料交保险公司办理索赔手续。

5. 损失理算

保险公司收到齐备的索赔单证后进行理算,以确定最终的赔付金额。

6. 赔付

保险公司财务人员会根据理赔人员理算后的金额,向车主指定账户划拨赔款。

### 5.5.7　整车被盗事故处理及保险索赔程序

整车被盗抢是指整部车辆被盗、被抢。该类事故因为涉及交通警察大队立案以及必要的侦破时间,所以处理起来周期比较长。

1. 报案

(1)24小时内带齐身份证、机动车驾驶证、机动车行驶证原件向案发地派出所报案,并取得加盖派出所公章的报案回执及被盗(抢)车辆报案表。

(2)48小时内向保险公司电话报案。

2. 刊登《寻车启事》

一周内带齐报案回执、被盗(抢)车辆报案表到市一级报纸上刊登《寻车启事》,并保存好全幅报纸。

3. 开具《被盗(抢)车辆侦破结果证明书》

如果3个月后(有些公司规定2个月)车辆仍未找到,带齐报案回执、被盗(抢)机动车辆报案表到派出所和公安分局刑警大队办理未侦破证明手续,并由上述两个部门在《被盗(抢)车辆侦破结果证明书》上盖章确认未破获。

4. 车辆销户

(1)到保险公司复印两份《被盗(抢)车辆立案表》并盖章。

(2)办理车辆销户手续。带齐被盗(抢)车辆侦破结果证明书、报案回执、被盗(抢)机动车辆报案表、被盗(抢)机动车辆立案表(一份交车辆管理所留存)、行驶证填写《机动车辆停驶登记申请表》,在公安报上刊登《销户声明》,取得《销户证明》。

5. 提交单证进行索赔

收集索赔资料交保险公司办理索赔手续。

6. 损失理算

保险公司收到齐备的索赔单证后进行理算,以确定最终的赔付金额。

7. 赔付

保险公司财务人员会根据理赔人员理算后的金额,向车主指定账户划拨赔款。

## 5.6 汽车消费信贷款保证保险

汽车消费贷款保证保险是一种以借款合同所确定的贷款本息为标的,投保人(即义务人或借款人)根据被保险人(即权利人或提供汽车消费贷款的银行)的要求,请求保险人担保自己信用的一种保险。如果在规定的期限内(如3个月),因投保人未按借款合同按期履行还款义务,致使被保险人(即银行)受到经济损失,由保险人负赔偿责任。保险人履行了保证保险的赔付义务后,有权向投保人追偿。

汽车消费信贷保证保险承保的还款风险建立在保险构成要素基础之上。车贷险保险人是对被保证人(贷款购车人或投保人)的履约能力或履约信用提供保险,如果债务人因偶发事故或意外事件丧失履约能力,保险人才承担保险责任。被保证人有履约能力而不履约的信用风险不作为车贷险保险人承保的风险。因此,车贷险保险人承保的风险可以确定为:债务人无法预料事件或主观能力因素引发的经营管理不善造成严重亏损而明显缺乏清偿能力;债务人发生死亡、伤残、疾病、失业等原因丧失经济来源,无法偿还银行贷款等。

### 5.6.1 我国汽车消费信贷保证保险的市场现状

1997年年底,我国南方一些城市开始兴办此项保险业务,各保险公司迅速推出相应的险种,如中国人民保险公司的《机动车辆消费贷款保证保险》、中国太平洋财产保险股份有限公司的《分期付款购车履约保证保险》,中国平安保险股份有限公司的《个人分期付款购车保证保险》等。各家保险公司之所以反应奇快,是因为对该险种的市场前景看好,其理由是:经过20多年的改革开放,城乡居民收入水平有了很大提高,消费观念也发生了更新。汽车消费保证保险业务的推出,对四方关系人,即银行、保险公司、购车人和销售商均有益处。对银行来说,可以盘活资金,拓宽贷款担保的渠道,规避、分散、化解了汽车消费贷款的风险,使贷款安全得到了保障;对保险公司来说,拓展了保险市场,产生保险产品销售的连锁效应,可以为保险公司业务发展找到新的增长点;对购车人而言,仅需支付少量保费.就可在丧失还款能力后由保险公司代为偿还银行贷款;对汽车销售商而言,可在银行消费信贷支持下促进销售,因为在银行降低了放贷风险后.放贷积极性大大提高,可以扩大汽车销售量。简言之,汽车消费信贷保证保险的推出是一个"多赢"的结果。

显然,汽车消费信贷保证保险业务在我国将蓬勃发展至少在理论上是讲得通的。然而,汽车消费信贷保证保险业务的开展绝非一帆风顺,现实经济生活中存在着一系列制约因素,如业务规模狭小、速度慢,在许多城市这一险种尚属于空白;恶性竞争严重,竞相支付高额的手续费;面临严重的道德风险,赔付率高等。

## 5.6.2 制约我国汽车消费信贷保证保险发展的原因分析

制约我国汽车消费信贷保证保险发展的原因主要如下3种。

1. 车贷险产品内容本质扭曲

车贷险虽具有担保的性质,但实质上是一种保证保险。从实践看,有些保险公司曲解了车贷险的这一性质,长期将车贷险定位为担保业务而非保险业务。主要表现为:一是实践中车贷险的核心条款内容与担保业务相同;二是车贷险保险人对贷款人的追偿规定和操作与担保业务相同;三是实践中的车贷险费率较低,不符合保险的精算规则,实则是有偿担保中的担保费用。另外,实践中的车贷险合同条款没有对掌握风险审批权限的被保险人做出相应的责任限制或责任比例划分等规定,不符合保证保险的性质和特征要求。

2. 车贷险费率厘定缺乏科学依据

实践中,各保险公司的车贷险费率相较于其他财产保险而言,定价过低,一般的财产保险费率为4%左右,而车贷险的费率仅为1%,有些甚至还达不到1%。另外,为了争夺汽车险市场份额,各产险公司不惜将办理车贷险的门槛一降再降,而不顾精算原理规则,加之公司内部风险防范和控制机制不健全、不完善以及高额"保费返点"的存在,使保险公司面临着严重的投保人信用缺失和道德风险。

3. 车贷险条款没有体现对被保险人(银行)责任的特殊限定

在汽车消费信贷实践中,银行享有对贷款人信用资格的审批权,保险公司也常常将对车贷险投保人的信用调查权下放给银行,同时对银行的相关义务和责任进行限定,因此非常容易产生道德风险。因为,一旦贷款人按照银行要求购买了车贷险,银行通常会松懈对其信用风险的调查,使保险公司成为实际上的最后的贷款风险承担者。

### 5.6.3 我国发展汽车消费信贷保证保险业务的几点建议

1. 建立利益共丰与风险共担的远行机制

首先，银行不能一味强调自身的利益，将保险与银行共担的风险变为完全由保险公司承担，将自身从风险中完全分离出来，使汽车消费信贷变成“零风险”业务。其次，银行业与保险业应相互配合支持，银行在代理汽车消费信贷保证保险时，应严格遵守消费信贷的各项规定，严格按有关流程办理有关业务，不能擅自扩大保险公司所承担的风险和责任。保险公司在开办汽车消费贷款保证保险时，应在限定保险责任和确定费率的基础上，严格履行保险条款所规定的保险责任，在保险条款规定范围内确保银行业信用贷款的安全。在标的发生风险和损失时，银行应与保险公司联手其同处理出现的各种问题。

2. 完善抵押与差额保证制度

目前，大部分汽车保险都是采取汽车作为抵押物，但是由于汽车属于流动性强、高耗损性资产，在保险事故发生之后，汽车的价值所剩无几，银行处理抵押物资产额度小。因此，投保人货款抵押物应该向增值性强、低耗损的固定资产转变。同时，保险人承担差额责任制。

3. 建立贷款动态监管与欠款催收追偿机制

保险需要对汽车消费贷款实现动态监管，建立经销商、购车人的信用跟踪机制，获得债务人的第一手信息，避免潜在风险转变为现实风险。对即将出现或者已经出现还贷风险的债务人要及时追偿，建立欠款催收与追偿机制。

4. 科学合理地制定车险费率

在厘定汽车消费贷款保证保险保险费率时，应确立汽车消费贷款保证保险产品费率体系，设立多个保险费调整系数，加大不同风险水平客户之间的保费差距，可以对汽车消费贷款保证保险中借款人的死亡风险、伤残风险、非自愿失业风险、偿债不能风险等客观风险进行经验分析，并在分析的基础上应用非寿险精算原理计算出汽车消费贷款保证保险的纯费率；在纯费率的基础上，适当加上附加费率，制定出汽车消费贷款保证保险的最终费率，从而奠定经营汽车消费贷款保证保险的基石。

### 5.6.4 机动车辆消费贷款保证保险业务程序

1. 展业

(1)展业准备

1)学习掌握机动车辆消费贷款保证保险的基本知识。

2)进行市场调查并选择合适的保险对象。

①调查与分析本区域内银行、汽车生产商、销售商和社会大众对消费信贷的态度，合理预测市场发展前景。

②调查分析与预测个人和法人对汽车消费贷款的实际购买力、参与程度以及当地汽车年销售量等情况。

③了解银行、销售商、购车人对保险的态度、需求及希望与保险公司合作的方式。

④调查分析实施消费贷款售车的车型、销售价格及变化趋势。

3)同选定的银行、销售商、公证机关、公安交通管理部门等签订合作协议,明确合作方式,各方的职责、权利及义务。

4)展业材料准备与培训。根据合作协议,向有关合作方及时提供机动车辆消费贷款保证保险的条款、费率规章、投保单及其他有关资料。对银行与销售商的相关业务人员进行培训,使他们掌握保证保险的有关规定,能够指导投保人正确填写投保单。

(2)展业宣传

备齐保险条款与相关资料以后,向银行、汽车生产商、销售商和贷款购车人做好宣传工作。重点宣传保证保险的特点、优势及本公司的网络优势、技术优势、实力水平、信用优势和服务优势。

2. 受理投保

(1)指导填写投保单

1)业务人员应依法履行告知义务,按照法律所要求的内容对条款及其含义进行告知,特别对条款中的责任免除事项、被保险人的义务,以及其他容易引起争议的部分,应予以解释和说明。

2)业务人员应提示投保人履行如实告知义务,特别是对可能涉及保险人是否同意承保或承保时需要特别约定的情况应详细询问。

3)业务人员在投保人提出投保申请时,应要求其按照保证保险条款的规定提供必需的证明材料。

(2)收取投保单及其相关资信证明并初步审核

业务人员应对填写完整的投保单和所附的资信证明材料进行初步审查,必要时要调查核实;对于审核无误的投保单,由业务负责人签署"拟同意承保"意见后交投保人。如果合作协议有明确规定,可直接交给银行或销售商。业务人员对投保单初步审查的内容包括:

1)审核证明文件或材料是否齐全,是否符合银行指定的汽车消费贷款管理办法。

2)在审核时,对于存在疑点或证明材料有涂改、伪造等痕迹的,应通过派出所、居委会或开户银行予以核实。必要时可以通过消费贷款保证保险问询表予以落实,并让消费贷款购车人确认后,附贴在投保单上。

3. 核保内容

(1)对受理投保单时初步审查的有关内容进行复核。

(2)审核投保单的保险金额是否符合条款规定,投保人购车的首付款是否符合规定。

(3)审核贷款合同和购车合同是否合法并真实有效,银行与销售商在办理消费贷款和购车手续时,是否按照规定严格把关。

(4)审核投保人是否按照条款的规定为消费贷款所购的车辆办理了规定内容的保险。

(5)审核贷款协议是否明确按月、按季分期偿还贷款,不得接受一年一次的还款方式。

(6)审核投保人是否按照与银行签订的抵押、质押或保证意向书,办理了有关抵押、质押或保证手续。

(7)审核投保人所购车辆的用途与还款来源。

对上述核保内容审核以后,应签署核保意见,明确是否同意承保,或是否需要补充材料以及是否需要特别约定等。如果核保后同意承保,应将贷款合同、购车合同和相关证明材料复印一套留存。

4. 缮制保险单证

(1)缮制机动车辆消费贷款保证保险保单,保险期限应长于贷款期限,保险金额不得低于贷款金额。

(2)根据贷款金额、贷款期限等正确选择费率并计算保险费。

(3)机动车辆消费贷款保证保险不单独出具保险证,但为明示需要,应在车辆基本险与附加险的保险证上标注“保证保险”字样。

(4)复核人员按照规定程序和内容,对保险单证进行复核并签章。

5. 收取保险费

财务人员按照保单核收保险费并出具保险费收据。投保人应一次交清保证保险的保险费。

## 本章小结

本章主要内容包括汽车保险的概念、特点与作用;汽车保险市场的概念、特点与作用;汽车保险的职能、作用、原则和特征;汽车保险的发展以及理赔流程;各种汽车保险种类;我国汽车保险的金额、期限和费用;汽车保险的业务流程;汽车保险的理赔;汽车消费信贷款保证保险等内容。

下列问题覆盖了本章的主要学习内容,可以利用以下线索对所学内容做一次简要的回顾。

1. 汽车保险服务概述

(1)汽车保险的概念与特点

(2)汽车保险市场概述

(3)汽车保险的职能及作用

(4)汽车保险的原则

(5)汽车保险的特征

(6)我国机动车辆保险的发展

(7)汽车保险的理赔及理赔流程

2. 汽车保险种类

(1)强制保险——交强险

(2)机动车辆损失险

(3)第三者责任险

(4)车上人员责任险

(5)车辆盗抢险

(6)玻璃单独破碎险

(7)车身划痕险
(8)自燃损失险
(9)车辆停驶损失险
(10)新增设备损失险
(11)车上货物损失险
(12)车载货物掉落责任险
(13)不计免赔特约险
(14)交通事故精神损害赔偿责任险
3. 我国汽车保险的金额、期限和费用
(1)保险金额和赔偿金额
(2)保险期限
(3)保险费用的计算
4. 汽车保险的业务流程
(1)保险投保
(2)保险承保
5. 汽车保险的理赔
(1)车险理赔流程
(2)发生事故车险理赔流程
(3)单方事故的处理及索赔程序
(4)多方事故处理及保险索赔程序
(5)停放被撞事故的处理及索赔程序
(6)整车被盗事故处理及保险索赔程序
6. 汽车消费信贷款保证保险
(1)我国汽车消费信贷保证保险的市场现状
(2)制约我国汽车消费信贷保证保险发展的原因分析
(3)我国发展汽车消费信贷保证保险业务的几点建议
(4)机动车辆消费贷款保证保险业务程序

# 自测题

**一、多项选择题**(下列各题的备选答案中,有两个或两个以上选项是正确的,请把正确答案的序号填写在括号内)

1. 汽车保险的保险标的,主要是各种类型(　　)等。

A. 汽车　　B. 电车

C. 电瓶车等专用车辆　　D. 摩托车

2. 汽车保险的特征主要有(　　)。

A. 保险标的出险率较高　　B. 业务量大,投保率高

C. 扩大保险利益　　D. 被保险人自负责任与无赔款优待

3. 汽车保险的作用(　　)。

A. 促进汽车工业的发展,扩大了对汽车的需求

B. 稳定了社会公共秩序

C. 汽车保险业务在财产保险中占有重要的地位

D. 促进了汽车安全性能的提高

4. 汽车保险中的最大诚信原则包括(　　)。

A. 履行如实告知义务　　B. 履行说明义务

C. 履行保证义务　　D. 弃权和禁止抗辩

5. 下面哪些保险属于第三者责任险(　　)。

A. 救助特约险、无过失责任险　　B. 车身划痕损失险

C. 车上人员责任险、车上货物责任险　　D. 不计免赔险

**二、判断题**(在括号内正确打√,错误打×)

1. 汽车保险简称车险,是以机动车辆本身及其第三者责任等为保险标志的一种运输工具保险。(　　)

2. 汽车保险一般包括基本险和附加险两种险别,其中基本险又包括车辆损失险和第三者责任险。(　　)

3. 保险市场是指保险商品交换关系的总和,它既可以指固定的交易场所狭义的定义,也可以是所有实现保险商品让渡的交换关系的总和广义的定义。(　　)

4. 保险市场的主体是指保险市场交易活动的参与者,包括保险商品的供给者、需求方和充当供需双方媒介的中介方。(　　)

5. 汽车保险不再是以企业和单位为主要对象的业务,而逐步发展成为以个人为主要对象的业务,汽车保险正在成为与人们生活息息相关的一种保险。(　　)

**三、简答题**

1. 汽车保险的概念与特点。
2. 汽车保险的职能及作用。
3. 汽车保险的原则与特征。
4. 汽车保险的理赔及理赔流程。
5. 简述汽车保险种类。
6. 简述汽车保险的业务流程。
7. 简述汽车保险的理赔流程。
8. 论述汽车消费信贷款保证保险。

# 第6章　汽车置换服务

## 导言

本章主要介绍汽车置换的概念、种类、必然性与优点；熟悉汽车置换的现状及发展前景；熟悉汽车置换服务的业务流程；掌握二手车的定义；掌握二手车评估的定义、基本原理以及评估的基本程序；掌握二手车评估的4种方法；熟悉二手车的交易与管理。在此基础上，对汽车服务进行大概了解，以便于汽车服务具体业务的学习。

## 学习目标

1. 认知目标

(1) 汽车置换的概念、种类、必然性与优点。

(2) 掌握二手车的定义。

(3) 掌握二手车评估的定义、基本原理以及评估的基本程序。

(4) 掌握二手车评估的4种方法。

2. 技能目标

(1) 熟悉汽车置换的现状及发展前景。

(2) 熟悉汽车置换服务的业务流程。

(3) 熟悉二手车的交易与管理。

3. 情感目标

(1) 发挥自主学习的能力、收集学习资料的能力。

(2) 发挥分析资料的能力、归纳总结关联知识点的能力。

当前，中国汽车市场已经形成生产能力大于销售能力，而销售能力又大于现实市场需求的态势。与此对应的是，各汽车厂商彼此之间的竞争趋于白热化，各汽车厂商均在有限的市场增幅中争夺最大的市场发展空间。在此基础上，各种销售方式也层出不穷，汽车厂商也希望借此刺激需求，开创一片新天地。各汽车厂商普遍认为，当前小客车进入家庭的关键问题是相对较高的新车价格与相对低下的消费能力的矛盾。于是，汽车置换业务应运而生。开展汽车置换业务可以加快经济发达地区的车辆更新速度，同时刺激欠发达地区市场对车辆的需求，满足特定消费市场，从而进一步提高市场占有率。而且，作为汽车置换业务的商品——二手车，可以在某种程度上调和高价车与低收入之间的矛盾，使其成为小客车真正进入家庭的前奏曲。

在2012年的第十二届北京国际车展上，首次设立了二手车专区，奥迪品荐、宝马尊选、丰田心悦等品牌二手车荣装登场,成为国内外 A 级车展的一大创举。同年,召开的"第九届中国·长春国际汽车博览会"上,保时捷、路虎部分品牌开设了二手车展区。这象征着中国二手车市场已经进入一个置换与品牌时代,二手车市场体系的转折契机已经来临。随着我国经济发展,尤其是经济发展重心已经逐渐从沿海向内地省份转移,中西部大开发战略实施必将减少地区间的经济差异,经济趋于同化是不可逆转的趋势。二手车置换业务是顺应汽车市场激烈竞争和市场需求多样化的必然产物,是促进和发展汽车流通产业的必然趋势。二手车市场的兴旺,加快了汽车的流通和更换,又进一步推动新车的买卖等相关行业的发展。

## 6.1 汽车置换服务概述

随着中国汽车市场的快速发展,尤其是国家二手车流通新政策的实施,二手车交易方式的多元化格局正在形成,以二手车交易市场占主导地位的交易方式已发生了根本改变,品牌经销商将成为二手车交易中的重要力量,品牌汽车置换也将成为二手车交易中的重要方式。以上海通用、上海大众、一汽大众和东风日产等为代表的汽车厂家及其所属经销商,已经在全国范围内展开了二手车置换业务,并制定了配套的商务策略,初步塑造了二手车的品牌形象。品牌汽车置换的发展,对规范二手车市场,促进二手车市场更加健康有序的发展具有重要的意义。

### 6.1.1 汽车置换的概念和种类

1. 汽车置换的概念

汽车置换是指消费者用二手车的评估价值加上另行支付的车款,从品牌经销商处购买新车的业务。它的定义有狭义和广义之别。狭义是指以旧换新业务,经销商通过二手商品的收购与新商品的对等销售获取利益,狭义的置换业务在世界各国都已成为流行的销售方式。广义是指在以旧换新业务基础上,同时兼容二手商品整新、跟踪服务、二手商品在销售乃至折抵分期付款等项目的一系列业务组合,使之成为一种有机而独立的营销方式。

2. 汽车置换的种类

(1) 只置换新车,不单纯回收

该类经销商主要针对目前有车而想换新车的消费者,通过旧车置换新车这一方式,减少消费者处理旧车的时间、精力等方面的花费,可以在经销商处一站式完成旧车出售、新车买入两种行为。其最大优势就是节省了时间,但是并不提供单纯的旧车回收服务。

(2) 置换新车,单纯回收均可

该类经销商在提供置换新车业务的同时,也开展单纯的旧车回收业务,这样可以提供给有出售旧车的客户一个新的交易平台。

(3) 同品牌的旧车换新车

有些汽车厂家为了增强自身品牌在市场上的占有率,推出用本品牌的车置换新车提供优惠的策略,这种置换方式有助于增强本身的竞争力。比如,本田汽车有限公司对用本田旧车置换本田新车给予优惠,那么原有的本田二手车车主必然会选择继续购买本田的新车型,这种方式使得消费者购买新车更加便利。

(4)用多品牌置换某一品牌新车的业务

这种方式是二手车车主将手中所有品牌的二手车全部用来置换一种新的车型,对于二手车车主来说可以一次将旧车处理掉,避免了东奔西跑的麻烦;对于二手车经营者来说可以用一种新车获得了多种品牌的旧车,丰富了自身二手车的种类。

(5)不同品牌二手车之间以旧换旧,比如二手富康轿车换二手奥迪轿车。

### 6.1.2　汽车置换的必然性和优点

1. 汽车置换的必然性

(1)我国新车市场发展迅速。我国销售量庞大的新车市场必然会导致一部分人购买新车、处理旧车,这样就会形成庞大的二手车市场。

(2)目前我国区域经济发展不平衡,人们对于车辆的认同存在差异。同一款车,在北京、上海、广州这些经济发达的地区可能早已经淘汰,但是将这些车放在西部一些经济水平相对落后的地区可能成为一种非常受欢迎的车型。

(3)汽车生产厂家给出鼓励举措。一些厂商为了吸引消费者置换或者购买该品牌的新车,对二手车置换给予了各种鼓励。

(4)随着新车市场的竞争日益激烈,新车价格下降,新车市场的利润也不断下降,而二手车市场以其低成本和多种利润来源占据优势,在利润的驱使下不断有新的二手车经营商加入,壮大了我国二手车市场的力量。

2. 汽车置换的优点

自从我国二手车置换业务开展以来,二手车置换业务越来越受到汽车生产厂家的重视,大家如此关注汽车置换业务,主要是因为汽车置换有如下优点:

(1)周期短时间快

车主只需将旧车开到4S店,现场评估师对旧车评估出价格,车主选好心仪的新车后,只要缴纳中间的差价即可完成置换手续,剩下的所有手续都由4S店代为办理,并且免代办费,当即就可完成新旧车交替。

(2)4S店置换二手车品质有保证

4S店按照厂家要求收购顾客的二手车,收购对象涵盖所有品牌及车型。对于消费者而言,在4S店所购车辆都是汽车厂商直供销售的,没有任何中间商,车况、车质让车主放心,消除了不懂车不知道怎么挑车的疑虑。

(3)有利于净化市场增强市场竞争力

以前卖旧车买新车,要经过二手车谈价、旧车过户、收款、与汽车经销商谈新车价格、付款购车等一系列程序。现在只需在品牌二手车经销商处评估旧车,有专业人士为顾客提供专业、透明的车辆评估及报价服务,所有手续都由经销商代办,二手车车价抵扣新车车价,然后补齐差价，即可开着新车走。大大方便了消费者，同时促进了汽车市场中产品和资金流通的速度。

(4)汽车厂商有多种促销让车主受益

消费者对4S店的信任，会让一大批违规操作的组织或个人在这个领域没有立足之地。以汽车厂商为主导的品牌二手车置换模式，将打破二手车市场“自由散漫”的传统，重新构建全国二手车交易新的游戏规则。

(5)借助电商平台精准有效推广

随着汽车国产化技术的成熟，以及限购政策的制约，汽车厂商把二手车置换作为角逐的主战场，并配合国家出台的政策补贴，纷纷在打出降价的同时，又推出了“原价”置换、置换送高额补贴、再送礼品或免费活动等优惠活动，这是打动众多车主换车冲动的动因。

### 6.1.3 汽车置换的价格影响因素

在汽车置换中，不同的车型置换有不同的价格，影响二手车置换的主要因素如下。

1. 新车降价

二手车的价格定价源自该车的新车市场价格行情，如果新车经常大幅度降价促销，二手车也会有所降低。尤其是在年底，很多老款新车在这段时间让利非常大，二手车的价格就会下降，所以车主要多观察新车行情。

2. 车辆手续

如机动车登记证书、机动车行驶证、车辆年检、违章、养路费，以及购置附加费、保险、发票等都会对车辆产生损失，这些情况车主应特别注意。

3. 车身颜色

对于一款出售的旧车来说，车辆颜色也很重要。不同的车有不同的讲究，比如商务车，深蓝色就是较受欢迎的车型；通常家用轿车以银灰色、黑色最为吃香，商家也更愿意接手大众化颜色车型。

4. 市场占有量

一些小众品牌或者冷门车型，占有量小，保值率就会受到一定的影响。车主要确定自己的车属小众品牌或者冷门车型，还是大众车型。

5. 车型配置

有些新车的标准型和豪华型价格相差在4万~5万，但二手车价格可能相差也就在1万~2万，配置对二手车的价格影响是有限的。

6. 使用年份

一般来说，二手车的第1年折旧率最大，约为15%，第2~5年，每年递减6%~8%。车主可根据上述数据，对自己的爱车有比较清楚的了解。

7. 保养好坏

车辆状况评估，主要参考如车架、发动机、变速箱、电子控制设备，这些部件的损伤会对车辆造成超过10%的损失,严重的损伤可能造成30%以上。一般的剐蹭和更换配件对于车辆折旧的影响不是很大。

## 6.2 汽车置换的现状及发展前景

### 6.2.1 我国汽车置换的现状

我国的二手车市场正处于由导入期向成长期过渡的关键时期。近年以来,我国二手车的市场交易量大幅度上升。中国已经进入了汽车时代,汽车产业蓬勃发展,消费者日趋成熟。从2000年开始,“汽车进入家庭”的口号一直为各大汽车厂商所追捧。事实上也是如此,我国汽车保有量逐年增长,并且增长势头惊人。与此相伴,二手车置换业务也应运而生。

据了解,在欧美等发达国家,通过旧车置换新车的消费者比例达到了70%以上,二手车置换业务已经成为这些国家汽车销售的主要模式。随着我国汽车用户的逐年增加,“旧车换新车”“小车换大车”的市场需求越来越旺盛。过去,车主处理旧车、更换新车的主要途径是到二手车市场进行交易,手续既烦琐,可靠性也低。随着二手车置换业务的兴起,势必对传统二手车市场形成巨大冲击,同时也为消费者更新车辆提供了重要渠道。

目前,国内已有多家汽车生产厂商开展了二手车置换业务,并且投入力量很大。其中,比较有代表性的是上海通用、东风雪铁龙、上海大众、一汽大众等。这些厂商之所以争相进入,正是看中了其中的巨大商机。二手车置换业务已成为许多汽车厂商市场战略的重要组成部分。

二手车置换业务不仅能给汽车生产厂商带来新的利润增长点,还将对我国汽车产业的既有格局产生极大的影响。二手车置换业务的发展状况在很大程度上折射出各汽车厂商的市场地位。那些产品单一、车型过老的汽车品牌将在市场竞争中处于被动地位,甚至为市场所淘汰。

我国二手车交易市场目前“鱼龙混杂”,相对混乱。造成这种情况的主要原因,很大程度上是因为缺乏公正、透明、可信赖的二手车交易商。由于汽车生产厂家“家大业大”,并且多为合资企业,其进入二手车市场后,带来的不仅是成熟市场的经验,更是规范的操作模式。因此,汽车生产厂家的二手车置换业务将对规范二手车市场起到重要作用。

自1998年我国二手车交易的第一个行政法规《旧机动车交易管理办法》颁布以来,二手车交易进入一个健康、快速的发展时期。特别是在2002年以来,新车销量的“井喷”式增长,带动了我国二手车市场的快速发展。近几年来,我国二手车交易量正在以每年20%~30%的速度增长。

2010年,我国二手车销量达385.19万辆,同比增长14.06%。然而与新车销量相比,还存在很大的差距。2010年我国新车销售量为1806.19万辆,是二手车销售量的4.68倍。在发达国家,二手车交易量普遍高于新车交易量。美国二手车与新车交易量之比约为2.5∶1,德国、瑞典等二手车与新车交易量之比约为2∶1,中国仅为0.22∶1。由此可见,与发达国家相比,我国二手车市场仍处于初级发展阶段,二手车市场仍有很大的发展空间。

按地区来看,我国二手车市场呈现发展不平衡态势。北京、上海、广州等发达城市二手车交易量较高,而其他城市则相对落后。据统计,2011 年 6 月,北京车市旧车交易量首次超过了新车,新旧车交易比例为 1:1.02。无独有偶,广州等城市的二手车交易量也接近新车上牌量。

1. 目前我国二手车市场的基本特点

从长远来看,要正确地制定发展目标,还必须正确地评价我国二手车市场的现状基础,研究存在的主要问题。以下几点是发展二手车交易必须充分引起重视的。

(1)我国二手车市场起步晚发展快

自 1998 年,国内贸易部颁布了《旧机动车交易管理办法》后,我国旧机动车市场开始步入规范化轨道。短短的 5 年时间,旧机动车交易量就翻了一番。以平均每年 25% 的速度增长,特别是 2002 年旧车交易量与新车交易量实现了同步增长,同比双双超过了 30%。旧车交易量占新车交易量的 1/3,北京、上海两地旧机动车交易市场是我国启动最早、交易量最大的省份,目前两个市场的交易量总和占全国交易量的 20% 左右。我国已经制定了到 2020 年经济再翻两番的目标,作为支柱产业的汽车市场必将在一个较长时期内保持快速发展的势头,其中二手车市场可能会发展得更快一些。

(2)二手车市场发展潜力巨大

2002 年我国汽车保有量同比增长 3.9%,而私人汽车保有量同比增长 26.04%,私人汽车保有量的增长速度快于全国增长速度。目前私人汽车保有量占全国汽车保有量的 47%,北京、成都、广东等地私人汽车保有量超过了 50%。特别是近年来人们生活水平的提高和消费观念的改变,公路建设、城市基础建设的大发展以及旅游业的发展,使汽车市场需求急剧扩大,汽车产量快速增长,带动了旧机动车交易的活跃,使车辆更新换代的频率加快。据调查,广州每百人有 20 人有私人轿车,北京每百人有 19 人有私人轿车,而发达国家每百人有 40~50 人有私人轿车,与国外相比差距较大。随着政府、企业、事业公务车辆的改革,以及城市车辆环保标准的提高,旧机动车市场的潜力巨大。

(3)我国二手车市场交易主体单一,是影响市场活力的重要因素

我国的二手车市场是从 1992 年邓小平南方讲话以后才开始形成并逐步活跃起来的。由于起步晚、发展快,市场管理体制的建设跟不上,存在着场外交易、偷税漏税、国有资产流失以及非法车辆流入市场等现象。针对这些问题,国内贸易部于 1997 年下发了《关于加强旧机动车流通行业管理的意见》,1998 年制定发布了《旧机动车交易管理办法》等。主要是针对当时二手车交易市场的管理,因此我国二手车市场交易主体单一是在当时历史条件下形成的。随着我国市场经济的发展和人民生活水平的提高以及汽车工业、汽车保有量、汽车消费、汽车需求的增长,原有的办法已经不适应市场经济发展的需要,否则将严重影响市场的活力。

(4)行业组织不健全是市场不成熟的标志

在计划经济转型为市场经济的进程中,加快行业组织建设成为一项重要的任务。目前上海、山东、湖南、福建、云南等地都成立了二手车行业组织。因此各地和企业呼吁尽快成立全国性二手车行业协会(专业委员会),加强行业自律,加强行业规划、统计、标准等工作。

2. 我国二手车市场亟待解决的问题

根据对市场现状的基本认识，我国二手车市场亟待解决的问题是：交易手续烦琐、交易行为不规范、交易功能落后、交易服务不健全等，具体表现为：

(1)我国二手车流通管理涉及工商、公安、环保、税务、交通等诸多方面的管理，使交易过程较为烦琐。近期我们进行了一次调查，一次交易过程完成最快的 30 分钟左右，最慢的 3 天。

(2)由于我国基础设施落后，绝大部分尚未实现联网，因此个别地方未能有效地控制非法车辆流入市场。

(3)有相当一部分旧机动车售前未进行车况的技术检测，因此很难保证车辆的安全和环保要求。

(4)旧车交易中的诚信问题。对于买卖双方以及经纪公司、经纪人各自的行为约束，缺少法律依据。

(5)新旧车经营权未放开，存在着不平等竞争。无论是品牌置换公司还是旧车市场中的置换公司，都存在经营权问题，前者是旧车经营权，后者是新车经营权。前者只有通过市场成立经纪公司实现置换，后者利用全国汽车连锁试点企业，可以异地售销新车的优势，变相连锁获取新车经营权。市场反映个别汽车连锁试点企业只是形式上的连锁，实际上是在收取新车经营权的管理费。

(6)个别省市没有按照地区市场规划、汽车保有量以及地区消费市场需求情况建立二手车市场，出现了同一城市多个市场，如太原 8 家、昆明地区 9 家、广州市 4 家等，造成恶性无序竞争，各地反映十分强烈。

(7)我国绝大部分有形市场仅限于为买卖双方提供集中交易场所，并收取一定的手续费。但由于全国没有统一收费标准、统一交易发票和凭证，造成交易后的车辆产权不清晰和税收的流失。

(8)在二手车市场引进拍卖营销方式时，按照《中华人民共和国拍卖法》中必须是具有法人资格的拍卖企业进入市场才能实现，否则无法开展。

(9)目前北京、上海等部分城市推出了二手车售后服务的承诺，大部分二手车市场存在着售后服务无保障的情况。

## 6.2.2　我国汽车置换的发展前景

1. 我国汽车置换发展趋势

我国汽车置换经过 20 来年的发展，出现了如下发展趋势：

(1)交易数量接近甚至超过新车

按照国际惯例，在汽车进入家庭 6 ~7 年后，会给二手车市场带来一个快速增长的行情，而我国汽车进入家庭是从 2001 年左右开始的。因此，中国二手车市场在 2008 年迎来第一轮行情，在 2010 年出现了第一次井喷，中国的二手车交易数量将逐步与新车持平。在之后的几年，差距逐步拉大，并最终达到约 2∶1 的比例，车辆的高保有量和消费观念的改变将为二手车市场的发展创造巨大的提升空间。

(2)二手车价格接轨国际市场

随着国际品牌汽车的涌入,新车价格不断调低,大部分品牌汽车实现了与国际市场的同步。到 2007 年,新车市场已经进入价格平稳期,不仅新车价格竞争更加充分,而二手车价格在新车降价和市场供求关系的影响下,也实现了与国际接轨。

(3)二手车成为新的利润增长点

从经营利润上看,二手车将来一定会成为厂家和经销商的一个重要利润来源。数据显示, 1992 年美国汽车经销商的利润构成和 2002 年相比,来自新车销售的利润占总利润的比例基本相同,但是二手车销售利润所占比例从 24.5% 上升到 28.6% 。新车的单车利润已经非常低,有的甚至不到 100 美元,但是二手车的平均单车利润能超过 1000 美元。因此,完全有可能在不久的将来成为汽车市场新的利润增长点。

(4)二手车市场实现从卖方向买方的过渡

在成熟的市场环境下,二手车供求关系基本趋于平衡。二手车经营企业主要的工作重点也将从现在的组织车源向提升增值服务、树立自身品牌和建立销售网络的方向转变。

2. 发展我国汽车置换的意义

随着我国汽车产业的发展,二手车交易量的增长,二手车交易的意义不断显现,至少体现在如下几个方面:

(1)二手车的交易将促进新车的销售

二手车市场是汽车二次流通的领域,是汽车第一次流通的延伸,为有车者处理旧车,再次购买新车提供了通畅的渠道;同时,二手车的购买者也是新车潜在的客户,新车市场的繁荣离不开二手车交易的支撑和二手车市场的完善。汽车需求量和保有量的增长,意味着进入二手车流通领域的车辆将会大幅增加,进入二手车流通领域的车辆越多,越能促进新车的销售。

(2)随着汽车产业的深入发展和不断发达,二手车的销量和利润将会超过新车

当汽车在一个国家或地区的保有量达到一个较高的水平,其对新车的需求则相对稳定,此时二手车的交易量明显超过新车,其交易所获的利润也将高于新车,其风险也相对更低。以美国为例,其 2016 年二手车交易量为 4100 万辆,新车销售量为 1755 万辆,二者比例为2.34∶1。新车销售的平均利润率为 5% ~6% ,二手车销售的平均利润率则为 10% ~12% 。

(3)二手车的交易将带动汽车服务业的发展

二手车交易的发达同时带动汽车租赁、汽车美容、维修、拍卖、评估、置换、零配件供应等一系列相关汽车服务业的发展,形成更完善的汽车后产业链。

(4)二手车的交易将推动汽车售后服务的信息化建设

二手车的交易涉及评估、过户、售后服务等环节,这就需要汽车公司、汽车经销商、汽车维修企业不断更新客户数据,掌握客户动态,完善售后服务系统,与政府有关部门、保险公司、汽车维修企业和二手车交易市场建立信息共享和交流的平台,进而推动汽车售后服务的信息化建设。

# 6.3 汽车置换服务的业务流程

## 6.3.1 我国二手车置换贸易的主要流程

目前,汽车置换已经成为近几年的热点,国内的汽车品牌4S店,如一汽大众、一汽丰田、东风日产等均已经开展了汽车置换业务,但相对于单一的新车销售或者买车,汽车置换的流程比较复杂。一般汽车置换流程如图6-1所示。

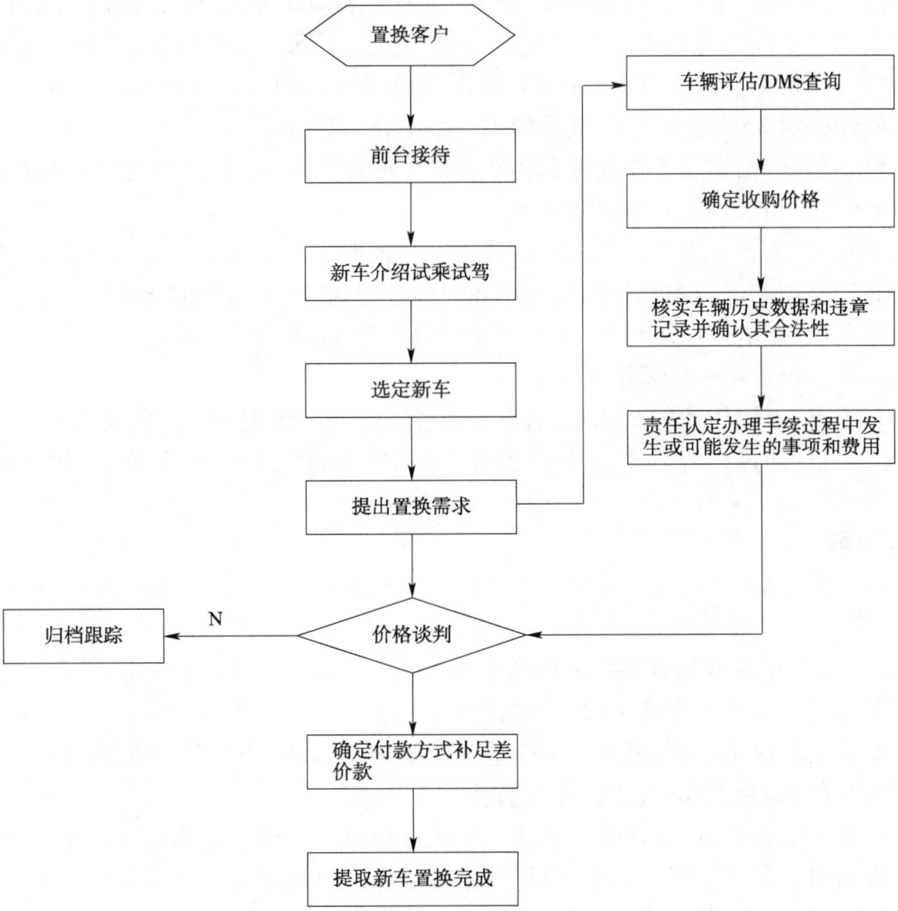


图6-1 汽车置换流程

1. 二手车置换的步骤和方法

(1)带齐手续

①车辆配件:千斤顶、套筒及三脚架警示牌、备胎、备用钥匙。

②车主手续:私家车需带车主本人身份证、公车需提供公司机构代码证复印件(加盖公章)。

③车辆手续:本地牌照、无违章未处理信息、机动车登记证书、机动车行驶证、新车购车发票/二手车交易发票(购车过户发票)。

(2)开始二手车评估

①外观检查:所谓的外观,不单纯是车辆的外部,包括内饰、底盘等暴露在视线中的部位均属于外观,评估师会通过外观细节判断车辆是否发生过事故。主要环节在发动机舱的位置,从漆面的新旧程度、螺丝的使用程度可以判断出车辆是否有过补漆、钣金等维修记录。最重要的是发动机下方的大梁,如果大梁有过维修痕迹,那么说明车辆肯定出现过比较严重的事故,这种情况4S店是不会收的。

②日常维护:一方面评判主要依据是车主提供的保养单据,以此来证明车辆的确按时进行了各项保养,所以车主应当尽量详细地提供车辆维修保养的凭证,提供的越详细,这一项的评分就会越高。同时建议车主平时尽量完整地保留车辆保养的凭证,在日后需要做二手车置换时会有所帮助。另一方面,评估人员也会通过车内的清洁状况及一些细节来评判车主在日常使用中对车辆是否爱护,最后给出一个综合的评分。

③品牌知名度:根据准备置换的车辆在市场中的保有量、品牌的知名度等方面给出综合评价(一般分为进口、合资、自主品牌3种)。

④工作状况:主要分为家用、公用、运营3种。根据不同类型给出不同分值,一般家用车分值会稍高。公用和运营车辆使用的频率和强度会比较高,所以分值会稍低。

⑤工作条件:车辆使用的环境,如上下班代步,城市路况居多;或者经常跑长途,高速路或国道居多等。根据用车环境给出评分。

⑥试车检查:由评估师驾车体验,从车辆的各个方面的表现和驾驶感受给出一个分值。

⑦最终出价:通过综合各个方面的表现,评估师会最终给出一个价格,评估环节基本结束。

(3)选购新车

旧车的事情解决完毕,接下来是选购新车。消费者可以选择一款喜爱的新车,确定其价格。

(4)置换二手车的钱款直接抵冲新车车价

新车需交钱款 = 新车价格 - 旧车评估价格

如果旧车贷款尚未还清,可由经销商垫付还清贷款,款项计入新车需交钱款。

(5)办理手续最后提车,完成二手车置换

顾客补足新车差价后,办理提车手续。车辆过户时一定要留心车辆手续是否齐全,不要图一时省事给自己留下遗憾。买车手续齐全,就会减少不必要的开支;当然卖车手续齐全,价格也会相应高一些。双方签订旧车购销协议以及置换协议后,销售店办理旧车过户手续,顾客提供必要的协助和材料。

2. 二手车置换注意事项

(1)旧车置换补贴只针对6年以上的老旧机动车,不满足条件的车型不享受此项政策补贴。

(2)出售旧车前了解政府相关补贴,可以登录政府环境交易所以及有关网站,各大二手车市场也均有相关布告和服务窗户。

(3)出售的二手车辆应在年检有效期内,且消除车辆违章,车辆必须在交易日之前不拖欠税费,且强制三者保险有效。

(4)车辆外观基本符合机动车行驶证照片,改装以及相关损伤部分按照车辆管理要求恢复正常状态。

(5)旧车出售,目前可以在4S店、旧车市场或者即时拍卖平台,具体选择可根据用户自身的时间和价格要求而定。

(6)旧车过户后可凭过户凭证到相关服务窗口领取补贴,办理网络指标更新。

(7)更新批准后凭打印单购买新车,办理相关牌照等业务。

(8)购买新车时,应仔细询问厂家和品牌补贴,确定哪一部分是补贴,那一部分是优惠。有些品牌直接赠送保险或装饰,一定要询问好相关的赠品内容和价格。

(9)建议用户在交易之前到相关服务网站和市场详细咨询,避免疏漏造成补贴或优惠"不到位"。

3. 领取置换补贴的流程

(1)车主将老旧机动车转出本市或送到具有正规资质的解体厂进行报废。

(2)车主在网上或办理网点填写并提交老旧机动车淘汰政府补助、企业奖励资金申请。

(3)车主提交申请后,交易办理平台会对车主信息进行审核。

(4)交易平台在车辆档案完成转出或注销后的3个工作日内完成审核,并向车主公示审核结果。

(5)审核通过后,车主可通过平台信息系统打印或到办理网点领取企业奖励凭证。

(6)携带相关凭证到汽车销售单位购置新车。

(7)汽车销售单位将车主所购新车的有关信息上传至交易办理平台。

(8)平台会在3个工作日内完成审核并公示。

(9)车主到业务办理网点提交老旧机动车淘汰及新车更换的有关材料,并申请政府补助。

(10)审核合格后,20个工作日内即可将政府补助划拨至以车主名义设立的中国建设银行活期银行的储蓄账户。

## 6.3.2 国外汽车置换贸易流程

1. 针对原车主做到充分估价

在国外,二手车的估价体系非常成熟。尤其在美国,有二手车"蓝皮书",如果车主想卖掉某部车,只要通过"蓝皮书"就完全可以自己先行进行估价。

2. 通过蓝皮书对二手车信息有充分的了解后到二手车交易公司

国外的二手车交易公司与我国的二手车交易市场类似。交易公司里不仅有二手车还有新车销售,而且汇聚了不同的二手车品牌。首先找到所需要的二手车品牌,交易公司派出专业的二手车评估鉴定技术人员对该车进行标准评估并做出评估结果;如果客户对此评估结果感到满意,那么客户可以将旧车直接放在二手车交易公司,然后补全差价可以获得一辆满意的新车,而这中间一系列的手续直接交由交易公司处理。

3. 客户置换

放在交易公司的车辆信息将被公布在专业的网站里,如果有人看中这辆旧车,他可以直接在网站上查询这辆车的信息。

4. 办理付款

消费者在选到合适的二手车以后即可办理付款,也可以去信贷部办理买车贷款,一般这是常用的支付手段。

5. 办理过户

在办理完付款手续后办理过户手续。

6. 售后服务

办理完过户手续基本上就完成了二手车交易。交易公司负责售后服务,比如保险等。

# 6.4 二手车评估的基本原理

## 6.4.1 二手车的定义

1. 二手车的定义

二手车是指在公安交通管理机关登记注册,在达到国家规定的报废标准之前或在经济实用寿命期内服役,并仍可继续使用的机动车辆。

2005 年 10 月 1 日,由商务部、公安部、国家工商总局、国家税务总局联合发布的《二手车流通管理法》正式实施。此办法总则的第二条对二手车定义为:二手车是指办理完注册登记手续到达国家制度报废标准之前进行交易并转移所有权的汽车(包括三轮汽车、低速载货车,即原农用车)、挂车和摩托车。

2. 购买二手车的优势

(1)经济实惠

二手车一般都不是时下车市最新的车型,一般要落后 2 年。同一品牌同一车型的二手车,晚买 1 ~2 年,就可以节省几千甚至几万元。另外,随着油价的上涨,市民出行成本不断加大。如果市民经济不是很宽裕,购车只为了代步,买辆二手车还是很划算的。

(2)折价率低

任何一辆汽车,只要在车管所登记落户后,它每年的价值都在不断下降。一般来说,一年后要贬值 20% ,两年后要贬值 35% ,三年后贬值达 50% 。据二手车评估统计,越是高档车折价率越大,每年折价率会高达 1 万多元。

(3)刮碰不心疼

不少买车的人都是新手,通常被戏称为“马路杀手”。由于驾车经验、驾驶技术不足,在路上难免会刮刮碰碰,如果是新车一有刮碰就得喷漆、维护,累加起来也是不小的一笔费用。

而买台二手车,即使发生刮碰,这种心疼的感觉也会小很多。

(4)零件好配

买辆新上市的车,一旦出现故障,一般会出现跑了很多地方汽车零配件仍难买到的情况。但如果买台二手车,就不再用为买汽车零配件难而担心。因为一般的二手车都是2年以前的车型,针对该车的零配、美容、保养等汽车服务行业已经非常健全和成熟,有关汽车的配件也比较充足,车主一般都不用再为买不到汽车配件而四处奔波。

(5)冷门车

二手车分热门车型和冷门车型。热门车型和冷门车型在市场上的折价率也不一样。同样热门和冷门车辆以后的保养价格也不一样,包括配件的购买。所以建议大家购买热门车型。当然冷门车辆价格更便宜。

无论购买新车还是购买二手车,一定要根据自己的经济实力,做到理性消费。

### 6.4.2　二手车评估

1. 二手车评估的定义

二手车评估是依法设立,具有执业资质的二手车评估机构和二手车评估人员,接受国家机关和各类市场主体的委托,按照特定的目的,遵守法定或公允的标准和程序,运用科学的方法,对经济和社会活动中涉及的二手车所进行的技术鉴定,并根据鉴定结果对二手车在鉴定评估基准日的价值进行评估估算的过程。

2. 我国二手车评估法律规范体系的现状

我国的资产评估行业起步于1989年,经过20多年的快速发展,我国资产评估行业在促进资产顺畅流转、维护市场秩序、规范资产运作和促进经济体制改革等方面发挥的作用十分突出。但是,我国的评估行业管理呈现多头化、经验化,缺乏行业相关的发展总体规划,法律规范体系呈现出资产评估专门法律缺失、行业标准和职业标准多种并存,行业的监管也十分薄弱。二手车评估作为资产评估行业的重要组成部分,它的发展、规范对整个资产评估行业的健康发展有着至关重要的作用。

由于我国二手车流通起步较晚,加之一直以来二手车都被消费者打上信息不透明、诚信缺失、质量不过关、售后无保障等贬义标签,由于二手车评估存在着行业法规不完善、流通体系不健全、交易行为不规范、交易秩序混乱等问题,极大地制约了二手车的发展。要想健全二手车评估的法律规范体系,首先要充分认识二手车评估法律规范的现状。

3. 我国二手车评估法律规范体系的现状

我国二手车行业从20世纪90年代初起步,到1998年国内贸易部发布第一部与二手车交易有关的法规《旧机动车交易管理办法》,二手车交易由此开始步入规范化轨道。2013年5月出台了由中国汽车流通协会起草、商务部审批的国内首个二手车评估标准《二手车鉴定评估技术规范》。随着新规范的出台,二手车交易市场上车辆评估标准不统一、交易不合理等乱象或将被终结。同时,新规范的出台在一定程度上也是对资产评估行业法律体系的进一步完善。

新规范只是二手车评估法制化的开始。随着我国汽车产业的发展,二手车市场已经成为汽车市场重要的组成部分。2013 年是中国二手车行业发展的第 14 个年头。在过去的 13 年中,我国二手车市场发展迅猛,交易量从 2000 年的 25.2 万辆增加到 2012 年的 480 万辆,增长了 18 倍,增幅远高于新车交易量,交易金额超过了 3000 亿元。但是与国外成熟的二手车市场相比,我国二手车市场仍处于初级阶段,二手车的评估仍停留在"人评"阶段,加之二手车评估法律法规的空白,这成为我国二手车交易市场健康快速发展的瓶颈。因此,健全资产评估尤其是二手车评估方面的法律规范体系是刻不容缓的工作。

4. 国外二手车评估法律规范体系的建设经验

在汽车工业发达国家,二手车市场已经是一个十分成熟的市场,健全的法律法规体系也是其二手车评估市场健康运行的有效保障。

(1)日本二手车评估法律规范体系的建设

在日本,二手车评估方面的法律制度比较全面。针对二手车的交易,涉及的交易合同可以通过《民法》和《商法》的规制;涉及汽车交易方面有《汽车抵押法》保障主体的债权、《分期付款销售法》和《旧物营业法》等保障整个交易过程;涉及二手车评估时对汽车的检验有《道路运输车辆法》等的保障。对于二手车的评估主要是通过行业协会监督来完成。日本的评估协会通过制定相关的评估准则和严格的评估制度规制二手车评估行业。同时又对法律法规的执行大力督导,保证二手车评估市场的秩序井然。如对二手车评估师资格的获取要求非常苛刻,对二手车销售门店的监管也很全面。

(2)美国二手车评估法律规范体系的建设

美国政府和汽车经销商非常重视二手车市场的发展,通过制定各种规章制度,建立起了一套比较完善的二手车评估、认证、置换、拍卖、收购和销售体制。美国联邦贸易委员会颁布的《二手车法规》是针对二手车流通管理的最重要的法律。另外,美国各州也自行制定了二手车交易相关法规,对二手车交易建立了更加细致的标准和要求,进一步规范了二手车市场。

(3)德国二手车评估法律规范体系的建设

在德国,与二手车有关的法律法规有两部:一是保护交易过程的法规,规定了置换、付款等方面的内容;二是二手商品交易的法律,该法律实际上是针对所有二手商品的,不单单指二手汽车,其中规定了什么状态的汽车才能提供给用户。有了这两部法律保护二手车交易就更加合理合法,并能够保证交易中任何一方的利益。

(4)墨西哥二手车评估法律规范体系的建设

墨西哥二手车市场除了有经营普通商品的有关法律法规外,还受特定行业管理法规的规制,其中最具约束力的是一部专门关于旧车经营者必须遵守的旨在保护消费者利益的法规。法规针对旧车经营者与消费者订立的合同、旧车的检修检验手续合格与否、对保质期、保修期、违约处罚等项目的具体说明都有严格的规定,能够很好地保障消费各方的权益。

国外针对资产评估行业立法状况,主要有单行的行业自律、归属于其他部门法以及行业法律与其他部门法相结合的三种模式。结合我国的具体国情和不同评估行业的实际情况,在制定法律规范和准则的时候要统筹兼顾,具体条规应全面、合理、科学,以提高有法可依的实用性。

5. 我国二手车评估法律规范体系存在的问题

纵观目前我国的二手车交易市场,再对照西方成熟的汽车市场,我们可以看到,无论是在法规、车辆信息、车辆评估、交易价格,还是在经营者诚信、售后质量、全国性流通及金融保险等方面,二手车评估市场都还没有建立或者说没有一整套真正完善的综合保障体系。尤其是法律规制体系的不健全,导致了我国二手车评估市场的乱象丛生。虽然我国已经相继出台了一些二手车评估相关法律法规,诸如 2005 年的《二手车流通管理办法》和 2006 年的《二手车交易规范》,但仍不能全面的规制二手车评估市场,而且其中还存在很多问题。

(1)在法律规范和准则的操作性方面,法律规范大多过于抽象,大多是原则性规定,给评估师或者相关人员的理解带来很大的弹性空间,实务中真正适用起来难以操作;对有些事项规定得很详细,但是由于实务中的情况是千变万化的,这就出现法律法规或准则对新出现的问题无法对照适用。

(2)行业法律法规与其他经济类法律法规不衔接。公司法、证券法等法律都有有关评估师的规定,但有些规定与财政部等部门颁布的有关规章制度不相衔接,使评估师在具体适用时无所适从。

(3)法律责任的适用存在问题。由于评估行为是经济行为,我国相关法律法规对责任人适用却是刑事责任,这种经济民事行为能力刑事化的规定与目前法律法规体系的建设不相符合。另外,有些法律规范对法律责任的规定过于空洞,法理不充分,缺乏司法实践的可操作性。

(4)立法的严肃性有待提高。针对同一问题多个规范之间可能有相悖之处。

除此以外,还存在诸如政出多门、执业标准不统一、评估机构对政府部门依赖过强,以及行业自律和政府监管不相协调等问题,这都会影响评估法律规范体系的完善。

6. 完善我国二手车评估法律规范体系的建议

宏观来看,我国资产评估相关法律规范的立法宗旨是:规范资产评估行为,保护资产评估当事人合法权益和公共利益,促进资产评估行业健康发展,维护社会主义市场经济秩序。二手车评估作为资产评估的重要组成部分,其相关立法更应秉承这一宗旨,我们认为具体应该重点把握好以下 4 个方面:

(1)制定相关法律规范和准则时,二手车评估当事人的权利和义务是必须明确,同时资产评估行业基本制度也必须规范。

将制定评估基本准则、资格考试制度、执业注册制度、行业监管制度、行业自律制度等作为立法重点,对注册评估师、评估机构、委托人的权利义务以及他们之间的法律关系加以明确。

(2)制定相关法律规范和准则时,应该既要符合国情又要与国际通行准则接轨,坚持市场配置资源的原则,还要遵循二手车评估行业的市场属性。

二手车评估行业是一个以市场价值理念为基础的综合性中介服务行业,相关立法和准则的制定要在借鉴国外成熟市场经验的基础上,充分考虑我国社会主义市场经济发展的要求以及二手车评估行业发展的现状,同时也反映国际评估准则的基本精神,还要适应行业发展趋势,具有一定的前瞻性。

(3)二手车评估法律规制体系的完善离不开部门协调配合的行政管理体制的建立。针对目前政出多门、执业标准不统一的问题,要以"统分结合"为指导原则,在逐步统一市场准入、统一基本准则和统一法律责任的基础上,实行不同评估类别之间既有区别也有融合、各有关行政管理部门在协调配合机制框架下的部门分工负责制,以解决我国目前"政出多门、执业标准不统一"等问题。同时,还要明确行业自律职责和监管责任,为进一步理顺评估行业管理体制、促进行业健康发展确立基础。

(4)二手车评估法律规制体系的完善离不开行业自律。对于涉及资产所有者和交易当事人权益的资产评估行业,在很多时候还涉及国家利益、社会公众利益,政府的行政监管更多时候只是出问题了才介入行政手段,评估行业整体的健康发展离不开行业自律组织。评估行业标准的制定、相关法律法规和标准的执行落实都应当由评估协会等行业组织来完成,例如注册评估师的资格考试、职业信用的监督以及执业注册、注册评估师和评估机构遵守执业准则、后续教育的组织实施等应更多地发挥行业自律组织的作用。

### 6.4.3 二手车评估的原则

正确理解和把握二手车鉴定评估的原则,对于选择科学、合理的二手车鉴定评估方法、提高评估效率和质量具有十分重要意义。二手车鉴定评估的工作原则是评估机构与评估工作人员在评估工作中应遵循的基本原则,包括合法性原则、独立性原则、客观性原则、科学性原则、公平性原则、规范性原则、专业化原则和评估时点原则等。

1. 合法性原则

二手车鉴定评估行为必须符合国家法律、法规,必须遵循国家对机动车户籍管理、报废标准、税费征收等政策要求,这是开展二手车鉴定评估的前提。

2. 独立性原则

独立性原则一是要求二手车鉴定评估机构和工作人员应该依据国家的法规和规章制度及可靠的资料数据,对被评估的二手车价格独立地做出评估结论,且不受外界干扰和委托者的意图影响,保持独立公正;二是评估行为对于委托当事人应具有非利害和非利益关系。评估机构必须是独立的评估中介机构,评估人员必须与评估对象的利益涉及者没有任何利益关系。决不能既从事交易服务经营,又从事交易评估。

3. 客观性原则

客观性原则要求鉴定或评估结果应以充分的事实为依据,在鉴定评估过程中的预测推理和逻辑判断等只能建立在市场和现实的基础资料以及现实的技术状态上。

4. 科学性原则

科学性原则是指二手车鉴定评估机构和人员须运用科学的方法、程序、技术标准和工作方案开展活动。即根据评估的基准日、特定目的,选择适用的方法和标准,遵循科学的程序实施操作。

5. 公平性原则

公平、公正、公开是二手车鉴定评估机构和工作人员应遵守的一项最基本的道德规范。

要求鉴定评估人员的思想作风应当公正无私，评估结果应该公道、合理，决不能偏向任何一方。

6. 规范性原则

规范性原则是要求鉴定评估机构建立完整、完善的管理制度，严谨的鉴定作业流程。管理上要建立回避制度、审复制度、监督制度，作业流程制度要科学、严谨。

7. 专业化原则

专业化原则要求二手车鉴定评估工作尽量由专业的鉴定评估机构来承担。同时还要求二手车评估行业内部存在专业技术竞争，以便为委托方提供更多的选择余地；要求鉴定评估人员接受国家专门的职业培训，职业技能鉴定合格后由国家统一颁发执业证书，持证上岗。

8. 评估时点原则

评估时点，又称评估基准日、评估期日、评估时日，是一个具体日期，通常用年、月、日表示，评估额是在该日期的价格。二手车市场是不断变化的，二手车价格具有很强的时间性，它是某一时点的价格。在不同时点，同一辆二手车往往会有不同的价格。

依据评估时点原则，评估实际上只是求取某一时点上的价格，所以在评估一辆二手车的价格时，必须假定市场情况停止在评估时点上，同时评估对象即二手车的状况通常也是以其在该时点时的状况为准。"评估时点"并非总是与"评估作业日期"（进行评估的日期）相一致的。一般将评估人员进行实车勘察的日期定为评估时点，或因特殊需要将其他日期指定为评估时点。确立评估时点原则的意义在于：评估时点是责任交代的界限和评估二手车时值的界限。

## 6.4.4 二手车鉴定评估的程序

二手车鉴定评估作为一个重要的专业领域，呈现出情况复杂、作业量大的趋势。在进行二手车鉴定评估时，应分步骤、分阶段地实施相应的工作。从专业评估的角度而言，二手车鉴定评估大致要经历以下阶段。

1. 接待客户，明确评估业务基本事项

接待客户时具体应了解的情况：

（1）客户基本情况，包括车辆权属和权属性质。

（2）客户要求：客户评估目的、期望使用者和完成评估时间。

（3）车辆使用性质：了解车辆是生产营运车辆还是生活消费车辆。

（4）车辆基本情况：包括车辆类别、名称、型号、生产厂家、初次登记日期、行驶里程数、所有权变动或流通次数、落籍地、技术状态等。

2. 验明车辆合法性

查验可交易车辆，对不可交易车辆，除特殊需要外，不进行技术鉴定和价值评估。

（1）核查车辆来历和处置的合法性，查看《机动车登记证书》或产权证明。

(2)核查车辆使用和行驶的合法性,检查手续是否齐全、真实、有效,是否年检,检查《机动车行驶证》登记的事项与车辆牌照和实物是否相符。

3.签署二手车鉴定评估业务委托书

《二手车鉴定评估业务委托书》是鉴定评估机构与委托方对各自权力、责任和义务的约定,是一种经济合同性质的契约。

(1)二手车鉴定评估委托书应写明:委托方和评估机构的名称、住所、工商登记注册号、上级单位、鉴定评估资格类型及证书编号;评估目的、评估范围、被评估车辆的类型和数量、评估工作起止时间、评估机构的其他具体工作任务;委托方须做好的基础工作和配合工作;评估收费方式和金额;反映评估业务委托方和评估机构各自的责任、权利、义务以及违约责任的其他具体内容。

(2)二手车鉴定评估委托书必须符合国家法律法规和二手车鉴定评估行业管理规定,并做到内容全面、具体,含义清晰准确。

(3)涉及国有资产占有单位的二手车鉴定评估项目,应由委托方按规定办妥有关手续后再进行评估业务委托。

4.拟定评估计划

二手车鉴定评估机构要根据评估项目的规模大小、复杂程序、评估目的做出评估计划。

(1)二手车鉴定评估人员执行评估业务时,应该按照鉴定评估机构编制的评估计划实施,以便对工作做出合理安排,保证在预计时间内完成评估项目。

(2)二手车鉴定评估人员应当重点考虑以下因素:

①被评估车辆和评估目的;

②评估风险、评估业务的规模和复杂程度;

③相关法律、法规及宏观经济近期发展变化对评估对象的影响;

④被评估车辆的结构、类别、数量、分布;

⑤与评估有关资料的齐备情况及变现的难易程度;

⑥评估小组成员的业务能力、评估经验及其优化组合;

⑦对专家及其他评估人员的合理使用。

5.二手车的技术鉴定

(1)技术鉴定要达到的基本目的

①为车辆的价值估算提供科学的评估证据;

②为期望使用者提供车辆技术状况的质量公证;

③为车辆发生的经济行为提供法律依据。

(2)技术鉴定要达到的基本事项

①识别伪造、拼装、组装、盗抢、走私车辆;

②鉴别手续牌证的真伪;

③鉴别由事故造成的严重损伤;

④鉴别由自然灾害(水淹、火烧)造成的严重损伤;

⑤鉴别车辆内部和外部技术状况。

(3)技术鉴定应检查的部位和检查的项目

①静态检查;

②动态检查;

③仪器检查。

6. 市场调查与资料搜集

进行市场调查与资料搜集的目的是确定被评估车辆的现行市场价格。进行市场询价时,应重点作好以下工作:

(1)确定被评估车辆基本情况(车辆类型、厂牌型号、生产厂家、主要技术参数等)。

(2)确定询价参照对象及询价单位(询价单位名称、询价单位地址、询价方式、联系电话或传真号码、询价单位接待人员姓名等),并将询价参照对象情况与被评估车辆基本情况进行比较,在两者相一致的情况下,咨询到的市场价格才是可比的、可行的。

(3)确定询价结果。市场调查和询证资料经过整理,就可以编制成《车辆询价表》。《车辆询价表》也是二手车鉴定评估主要的工作底稿之一。

7. 价值评定估算

(1)确定估算方法

①二手车鉴定评估应熟知、理解并正确运用市价法、收益法、成本法、清算价格法以及这些评估方法的综合运用。

②对同一被评估车辆宜选用两种以上的评估方法进行评估。

③有条件选用市价法进行评估的,应以市价法为主要的评估方法。

④营运车辆的评估在评估资料可查并齐全的情况下,可选用收益法为其中的一种评估方法。

⑤二手车鉴定评估一般适宜采用市价法和成本法进行评估。

(2)评价评估结果。对不同评估方法估算出的结果,应进行比较分析。当这些结果差异较大时,应寻找并排除出现的原因。对不同评估方法估算出的结果应做如下检查:

①计算过程是否有误;

②基础数据是否准确;

③参数选择是否合理;

④是否符合评估原则;

⑤公式选用是否恰当;

⑥选用的评估方法是否适宜评估对象和评估目的。

(3)在确认所选用的评估方法估算出的结果无误之后,应根据具体情况计算求出一个综合结果。

(4)在计算求出一个综合结果的基础上,应考虑一些不可量化的价格影响因素,对结果进行适当的调整,或取用或认定该结果作为最终的评估结果。

(5)当有调整时,应在评估报告中明确阐述理由。

8. 编写和提交二手车鉴定评估报告书

(1)编写二手车鉴定评估报告书。可分为以下两个步骤:

第一步:在完成二手车鉴定评估数据的分析和讨论上,对有关部分的数据进行调整。由具体参加评估的二手车鉴定评估人员草拟出二手车鉴定评估报告书。

第二步:将鉴定评估的基本情况和评估报告书初稿的初步结论与委托方交换意见,在坚持独立、客观、公正的前提下,认真分析委托方提出的问题和建议,考虑是否应该修改评估报告书,对报告书中存在的疏忽、遗漏和错误之处进行修正,待修改完毕即可撰写出正式的《二手车鉴定评估报告书》。

(2)提交二手车鉴定评估报告。二手车鉴定评估机构撰写出正式的鉴定评估报告书以后,经过审核无误,按以下程序进行签名盖章:先由负责该项目的二手车鉴定评估人员签章,再送复核人审核签章,最后送评估机构负责人审定签章并加盖机构公章。

《二手车鉴定评估报告书》签发盖章后即可连同作业表等送交委托方。

## 6.5　二手车评估的方法与程序

二手车的价值评估方法是确定二手车评估值的具体途径和手段,需要根据实际可用的条件、数据和被评估车辆的技术鉴定状况来选择。从评估对象角度看,二手车属于固定资产类,因此与其他资产评估方式相同。二手车评估必须遵照资产评估的基本理论,以《国有资产评估管理办法》为依据,主要有重置成本法、收益现值法、现行市价法和清算价格法 4 种估价方法。

### 6.5.1　重置成本法

重置成本法是指在现时条件下重新购置一辆全新状态的被评估二手车所需的全部成本(即完全重置成本,简称重置全价),减去该被评估二手车的各种陈旧贬值后的差额作为被评估二手车现时价格的一种评估方法。

1. 基本计算公式

$$\text{被评估二手车的评估值} = \text{重置成本} - \text{实体性贬值} - \text{功能性贬值} - \text{经济性贬值} \tag{6-1}$$

$$\text{被评估二手车的评估值} = \text{重置成本} \times \text{成新率} \tag{6-2}$$

重置成本是购买一辆全新的与被评估二手车相同的二手车所支付的最低金额。

2. 重置成本的形式

(1)复原重置成本:指用与被评估二手车相同的材料、制造标准、设计结构和技术条件等,以现时价格复原购置相同的全新车所需的全部成本。

(2)更新重置成本:指利用新型材料、新技术标准、新设计等,以现时价格购置相同或相似功能的全新车所支付的全部成本。

在进行重置成本计算时,应选用更新重置成本。如果不存在更新重置成本,则再考虑用复原重置成本。

3. 影响二手车价格变化的因素

(1)二手车的实体性贬值。实体性贬值也称有形损耗,是指机动车在存放和使用过程中,由于物理和化学原因而导致的二手车实体发生的价值损耗,即由于自然力的作用而发生的损耗。

(2)二手车的功能性贬值。功能性贬值是由于科学技术的发展导致的二手车贬值,即无形损耗。

(3)二手车的经济性贬值。经济性贬值是指由于外部经济环境变化所造成的二手车贬值。外部经济环境包括宏观经济政策、市场需求、通货膨胀、环境保护等。外界因素对二手车价格的影响不仅是客观存在的,而且对二手车价格影响还相当大,所以在旧机动车的评估中不可忽视。

## 6.5.2　收益现值法

1.收益现值法及其原理

收益现值法是将被评估的车辆在剩余寿命期内预期收益用适用的折现率折现为评估基准日的现值,并以此确定评估价格的一种方法。

采用收益现值法对旧车辆进行评估所确定的价值,是指为获得该机动车辆以取得预期收益的权利所支付的货币总额。

从原理上讲,收益现值法是基于这样的事实,即人们之所以占有某车辆,主要是考虑这辆车能为自己带来一定的收益。如果某车辆的预期收益小,车辆的价格就不可能高;反之车辆的价格就高。投资者投资购买车辆时,一般要进行可行性分析,其预计的内部回报率只有在超过评估时的折现率时才肯支付货币来购买车辆。应该注意的是,运用收益现值法进行评估时,是以车辆投入使用后连续获利为基础的。在机动车的交易中,人们购买的目的往往不是在于车辆本身,而是车辆获利的能力。因此该方法较适用投资营运的车辆。

2.收益现值法评估值的计算

收益现值法的评估值的计算实际上是对被评估车辆未来预期收益进行折现的过程。被评估车辆的评估值等于剩余寿命期内各期的收益现值之和,其基本计算公式为:

$$P_t=\sum_{k=0}^{n}\frac{A_t}{(1+i)^t}=\frac{A_1}{(1+i)}+\frac{A_2}{(1+i)^2}+\cdots+\frac{A_n}{(1+i)^n} \tag{6-3}$$

式中:$A_t$——未来第 $t$ 个收益期的预期收益额,收益期有限时(机动车的收益期是有限的),$A_t$ 中还包括期末车辆的残值(在估算时,残值一般忽略不计);

$n$——收益年期(剩余经济寿命的年限);

$i$——折现率;

$t$——收益期,一般以年计。

当 $A_1=A_2=\cdots=A_n$ 时,即 $t$ 从 $1-n$ 未来收益分别相同为 $A$ 时,则有:

$$\begin{aligned}P_t&=\sum_{k=0}^{n}\frac{A_t}{(1+i)^t}=\frac{A_1}{(1+i)}+\frac{A_2}{(1+i)^2}+\cdots+\frac{A_n}{(1+i)^n}\\&=A\left[\frac{1}{(1+i)}+\frac{1}{(1+i)^2}+\cdots+\frac{1}{(1+i)^n}\right]\end{aligned} \tag{6-4}$$

$$=A\frac{(1+i)^{n}-1}{i(1+i)^{n}}$$

式中，$\frac{1}{(1+i)^{t}}$称为现值系数；$\frac{(1+i)^{n}-1}{i\cdot(1+i)^{n}}$称为年金现值系数；$t$为收益期。

例如：某企业拟将一辆10座旅行客车转让，某客户准备将该车用作载客营运。按国家规定，该车辆剩余年限为3年，经预测得出3年内各年预期收益的数据见表6-1。

**预期收益表** 表6-1

| 预期收益表 | | | | |
|---|---|---|---|---|
| 条目 | 收益额/元 | 折现率/% | 折现系数 | 收益折现值/元 |
| 第一年 | 10000 | 8 | 0.9259 | 9259 |
| 第二年 | 8000 | 8 | 0.8573 | 6894 |
| 第三年 | 7000 | 8 | 0.7938 | 5557 |

可以确定评估值为：$P_t=92594-68544.5557=21670$ 元

3. 收益现值法评估参数的确定

(1)剩余经济寿命期的确定

剩余经济寿命期是指从评估基准日到车辆到达报废的年限。如果剩余经济寿命期估计过长，就会高估车辆价格；反之，则会低估价格。因此，必须根据车辆的实际状况对剩余寿命做出正确的评定。对于各类汽车来说，该参数按《汽车报废标准》确定是很方便的。

(2)预期收益额的确定

在收益法实际运用中，收益额的确定是关键。收益额是指由被评估对象在使用过程中产生的超出其自身价值的溢余额。对于收益额的确定应把握收益额及其构成两个方面。

①收益额是车辆使用带来的未来收益期望值，是通过预测分析获得的。无论对于所有者还是购买者，判断某车辆是否有价值，首先应判断的是该车辆是否会带来收益。对其收益的判断，不仅要看现在的收益能力，而且更重要的是预测未来的收益能力。

②收益额的构成(以企业为例)目前有3种观点：第一，企业所得税后利润；第二，企业所得税后利润与提取折旧额之和扣除投资额；第三，利润总额。

针对旧车的评估特点与评估目的，为估算方便，推荐选择第一种观点，目的是准确地反映预期收益额。为了避免计算错误，一般应列出车辆在剩余寿命期内的现金流量表。

(3)折现率的确定

确定折现率，首先应该明确折现的内涵。折现作为一个时间优先的概念，认为将来的收益或利益低于现在的同样收益或利益。且随着收益时间向将来推迟的程度而有系统地降低价值。同时，折现作为一个算术过程，是把一个特定比率应用于一个预期的将来收益流，从而得出当前的价值。从折现率本身来说，它是一种特定条件下的收益率，说明车辆取得该项收益的收益率水平。收益率越高，车辆评估值越低。因为在收益一定的情况下，收益率越高，意味着单位资产增值率高，所有者拥有资产价值就低。折现率的确定是运用收益现值法评估车辆时比较棘手的问题。折现率必须谨慎确定，折现率的微小差异，会带来评估值很大的差异。确定折现率，不仅应有定性分析，还应寻求定量方法。折现率与利率不完全相同，利率是资金的报酬，折现率是管理的报酬。利率只表示资产(资金)本身的获利能力，而与使用条件、占用者和使用用途没有直接联系，折现率则与车辆以及所有者使用效果有关。一般来说，折现率应包括无风险利率、风险报酬率和通货膨胀率。无风险利率是指资产在一般条件下的获利水平，风险报酬率则是指冒风险取得报酬与车辆投资中为承担风险所付代价的比率。风险收益能够计算，而为承担风险所付出的代价为多少却不好确定，因此风险收益率不容易计算出来，只要求选择的收益率中包括这一因素即可。

每个企业都有具体的资金收益率，因此在利用收益法对机动车评估选择折现率时，应该进行本企业、本行业历年收益率指标的对比分析。但是，最后选择的折现率应该起码不低于国家债券或银行存款的利率。

在使用资金收益率指标时，应充分考虑年收益率的计算口径与资金收益率的口径是否一致。若不一致，将会影响评估值的正确性。

4. 收益现值法评估的程序

(1)调查、了解营运车辆的经营行情和消费结构。

(2)充分调查、了解被评估车辆的技术状况。

(3)确定评估参数，即预测预期收益，确定折现率。

(4)将预期收益折现处理，确定旧车评估值。

5. 收益现值法评估应用举例

某人拟购一辆二手桑塔纳轿车用于出租车经营，经调查得到以下数据：车辆 1997 年 4 月登记，累计行驶 18.3 万公里，目前车况良好，能正常运行。如用于出租，全年可出勤 300 天，每天平均毛收入 450 元。评估基准日是 1999 年 2 月。

从车辆登记日起至评估基准日止，车辆投入运行 2 年。根据行驶公里数和车辆外观和发动机等技术状况看来，该车辆投入出租营运，还算正常使用、维护之列。根据国家有关规定和车辆状况，车辆剩余经济寿命为 6 年。预期收益额的确定思路是：将一年的毛收入减去车辆使用的各种税和费用，包括驾驶人员的劳务费等，以计算其税后纯利润。根据目前银行储蓄年利率、国家债券、行业收益等情况，确定资金预期收益率为 15%，风险报酬率 5%，具体计算见表 6-2。

**收益计算表** 表 6-2

| | |
|---|---|
| 预计年收入 | 0.0450 × 300 = 13.5 万元 |
| 预计年支出(每天耗油量 75 元，年工作日 300 天) | 0.0075 × 300 = 2.25 万元 |
| 日常维修费 | 1.2 万元 |
| 平均大修费用 | 0.8 万元 |
| 牌照、保险、养路费及各种规费、杂费(每天付 85 元) | 3.0 万元 |
| 人员劳务费 | 1.5 万元 |
| 出租车标付费 | 0.6 万元 |
| 故年毛收入 | 13.5 − 2.25 − 1.2 − 0.8 − 3.0 − 1.5 − 0.6 = 4.15 万元 |
| 所得税(年收入 3 万～5 万元，所得税率 30%) | 4.15 × 30% = 1.245 万元 |
| 故年纯收入 | 4.15 × (1 − 30%) = 2.9 万元 |
| 折现率(车辆剩余使用寿命为 6 年，预计资金收益率为 15%，再加上风险率 5%) | 15% + 5% = 20% |

假设每年的纯收入相同,则由收益现值法公式求得收益现值,即评估值为:

$$P_t = A\frac{(1+i)^n - 1}{i(1+i)^n} = 2.9 \times \frac{(1+0.2)^6 - 1}{0.2(1+0.2)^6} = 9.6(\text{万元})$$

6. 采用收益现值法的优缺点

(1)采用收益现值法的优点:与投资决策相结合,容易被交易双方接受;能真实、较准确地反映车辆本金化的价格。

(2)采用收益现值法的缺点:预期收益额预测难度大,受较强的主观判断和未来不可预见因素的影响。

## 6.5.3 现行市价法

现行市价法是通过市场调查,选择一个或者多个与被评估车辆相同或相似的车辆作为参照物,分析参照物与评估车辆的差异,经过调整,计算出二手车的评估价格。如无可参照车辆,可从本地区近期的交易记录中调取相同车型、鉴定分值相近,或从相邻区域的成交记录中调取相同车型、鉴定分值相近的成交价格,并综合车辆技术状况鉴定分值加以修正。

现行市价法的适用条件为:一是具有公开活跃的二手车市场,因为现行市价法在二手车市场上通过选取参照物对二手车进行价格评估,评估的过程中所有数据都是来自市场,二手车市场越活跃,评估的结果越准确,交易越公平。二是能够筛选出若干二手车交易实例,对筛选出的二手车进行综合分析后,评估人员找到至少 2 个以上二手车参照物。

## 6.5.4 清算价格法

1. 清算价格法的概念

清算价格法是以清算价格为依据来估算二手车价格的一种方法。所谓清算价格是指企业在停业或破产后,在一定的期限内拍卖资产(如车辆)时可得到的变现价格。清算价格法的理论基础是清算价格标准。

2. 清算价格法的基本原理

清算价格法在原理上基本与现行市价法相同。所不同的是迫于停业或破产,清算价格往往大大低于现行市场价格。这是由于企业被迫停业或破产,急于将车辆拍卖或出售。

3. 清算价格法的应用前提和适用范围

(1)清算价格法的应用前提

以清算价格法评估车辆价格的前提条件有以下 3 点:

①以具有法律效力的破产处理文件或抵押合同及其他有效文件为依据。

②车辆在市场上可以快速出售变现。

③所卖收入足以补偿因出售车辆的附加支出总额。

(2)清算价格法的适用范围

清算价格法适用于企业破产、资产抵押和停业清理时要出售的车辆。

①企业破产。当企业或个人因经营不善造成的亏损严重,到期不能清偿债务时,企业应依法宣告破产。法院以其全部财产依法清偿其所欠债务,不足部分不再清偿。

②资产抵押。资产抵押是以所有者资产作抵押物进行融资的一种经济行为,是合同当事人一方用自己特定的财产(如机动车辆)向对方保证履行合同义务的担保形式。提供财产的一方为抵押人,接受抵押财产的一方为抵押权人。抵押人不履行合同时,抵押权人有权利将抵押财产在法律允许的范围内变卖,从变卖抵押物价款中优先受偿。

③停业清理。停业清理是指企业由于经营不善导致严重亏损,已临近破产的边缘或因其他原因将无法继续经营下去,为弄清企业财物现状,对全部财产进行清点、整理和查核,为经营决策(破产清算或继续经营)提供依据,以及因资产损毁、报废而进行清理、拆除等的经济行为。

4. 影响清算价格的主要因素

在二手车评估中,影响清算价格的主要因素包括破产形式、债权人处置车辆的方式、车辆清理费用、拍卖时限、公平市价和参照车辆价格等。

(1)破产形式

如果企业丧失车辆处置权,出售的一方无讨价还价的可能,则以买方出价决定车辆售价;如果企业未丧失处置权,出售车辆一方尚有讨价还价余地,则以双方议价决定售价。

(2)债权人处置车辆的方式

按抵押时的合同契约规定执行,如公开拍卖或收回。

(3)车辆清理费用

在企业破产等情况下评估车辆价格时,应对车辆清理费用及其他费用给予充分的考虑。如果这些费用太高,拍卖变现后所剩无几,则失去了拍卖还债的意义。

(4)拍卖时限

一般来说,规定的拍卖时限长,售价会高些;时限短,则售价会低些。这是由资产快速变现原则产生的特定买方市场所决定的。

(5)公平市价

公平市价是指车辆交易成交时,使交易双方都满意的价格。在清算价格中卖方满意的价格一般不易求得。

(6)参照车辆价格

参照车辆价格是指在市场上出售相同或类似车辆的价格。一般来说,市场车辆价格高,车辆出售的价格就会高,反之则低。

## 6.5.5 二手车评估方法的选择

1. 二手车主要评估方法的区别与联系

(1)重置成本法与收益现值法

重置成本法侧重对车辆过去使用状况的分析,是基于对历史的分析,加之对现时的比较后得出结论。收益现值法的评估要素完全是基于对未来的分析,不考虑被评估车辆过去的情况怎样,不把被评估车辆已使用年限和使用程度作为评估基础。

(2)重置成本法与现行市价法

重置成本法也是一种比较方法,侧重于性能方面。比如评估一辆旧汽车时,首先考虑重新购置一辆全新的车辆需花多少成本;再考虑旧汽车的陈旧状况和功能、技术情况。现行市价法侧重于价格分析,十分强调市场化程度。如果市场很活跃,参照物很容易取得,那么运用现行市价法所取得的结论就会更可靠。运用重置成本法时,也许只需有一个或几个类似的参照物即可。但是运用现行市价法时,必须有更多的市场数据。

(3)收益现值法与现行市价法

现行市价法和收益现值法结合起来评估车辆的价值,是市场发达国家相当普遍的做法。收益现值法中预期收益、折现率等的确定,都具有人的主观性。这些参数在运用收益现值法评估车辆价值时必须明确,在市场发达的地方,解决的方式便是寻求参照物,通过选择参照物,进一步计量其收益折现率及预期收益,然后将这些参照物数据比较有效地运用到被评估车辆上,以确定车辆的价值。把收益现值法和现行市价法结合起来使用,其目的在于降低评估过程中的人为因素,更好地反映客观实际,从而使车辆的评估更能体现市场观点。

(4)清算价格法与现行市价法的联系与区别

清算价格法与现行市价法的联系:主要表现在二者都是按照市场的价格来确定的。

清算价格法与现行市价法的区别:现行市价是公平市场价格;而清算价格是非正常市场上的拍卖价格,一般会低于现行市场价格。

2. 二手车估价方法选用分析

(1)常见评估方法的适用范围分析

①重置成本法的适用范围。对在用车辆,可直接运用重置成本法进行评估,无须做较大的调整。在我国汽车交易市场运用现行市价法和收益现值法的客观条件受到一定的制约,而清算价格法仅在特定的条件下才能使用。

②收益现值法的适用范围。运用收益现值法进行汽车评估的前提:被评估车辆具有独立的、能连续用货币计量的可预期收益。如在车辆的交易中,人们购买的目的不在于车辆本身,而是车辆的获利能力时,可用收益现值法进行车辆价值的评估。该方法较适于从事营运的车辆。

③现行市价法的适用范围。市场前提在于现行市价法是借助于参照物的市场成交价或变现价运作的(该参照物与被评估车辆相同或相似)。因此,一个发达活跃的车辆交易市场是现行市价法得以广泛运用的前提。可比性前提在于运用该方法评估车辆市场价值的合理性与公允性,在很大程度上取决于所选取的参照物的可比性如何。

(2)常见评估方法的优劣比较

在上述3种主要的评估方法中,如果选用现行市价法评估,由于我国二手车交易市场发育不完全,很难寻找与被评估车辆在车辆型号、交易日期、使用情况等因素相同的参照车辆;采用收益法评估时,由于投资者对预期收益额预测较难把握,受较强的主观判断和未来不可预见因素等缺点的影响,所以这两种评估方法在二手车鉴定评估中较少被选用。而重置成本法因其估测所需的数据较为客观,而且收集相关数据资料信息便捷,评估结果也较为客观,评估理论贴近二手车的实际状况,所以在二手车市场评估实务中常被采用。

根据上述3种评估方法的比较以及对影响二手车价值因素的分析中可知,对二手车的价值评估来说,在考虑影响二手车主要价值因素下,现行市价法和收益现值法都不宜采用,只有重置成本法最适合二手车的价值评估。可以说,重置成本法是最有效的二手车估价方法,也是适用于二手车价值评估的主要方法。我们在此得出,常见的二手车评估方法:在现行市价法、收益现值法、清算价格法和重置成本法4种方法中,重置成本法是最有效的估价方法。在此我们建议,在二手车估价过程中,应尽量使用重置成本法作为估价方法。

# 6.6 二手车的交易与管理

## 6.6.1 政府、行业协会及市场管理

1. 政府管理

政府有关智能部门负责对各地二手车交易市场规划和规范的协调、指导和管理,主要行驶以下职权:

(1)拟定该地区二手车交易的法规。

(2)制定该地区交易市场的设点规划。

(3)审批本市交易市场的设立。

(4)协调二手车交易活动中有关管理部门的相互关系。

各地的公安行政管理部门按照各自的法定职责,负责二手车交易的有关监督管理工作。

2. 行业协会的管理

中国二手车行业协会成立于2010年6月,是经中华人民共和国民政部业务指导的社团组织,地址设在北京。它是由二手车销售企业、二手车拍卖企业、二手车鉴定评估、经纪公司、汽车配件、摩托车及配件销售企业、汽车有形市场、汽车俱乐部、汽车装饰美容及用品销售服务企业、汽车租赁企业,地方二手车行业组织,相关科研、教学单位、社会团体,相关媒体、网站以及个人自愿参加的全国性汽车服务贸易行业社团组织。

该协会以服务政府、服务行业、服务企业、服务社会为根本宗旨,以推进二手汽车行业发展为主要任务,通过系统、科学、扎实、有效的工作,实现辅助政府管理、推动行业发展、促进市场成长、维护消费权益、体现服务价值的理想目标。

3. 市场管理

二手车交易市场作为市场的经营管理者,主要负责对驻场经营或经纪业者的服务与管理,遵循“公开、公平、公正”的原则来组织场内的二手车集中交易,主要做到:

(1)规范二手车交易市场经营者主体资格和交易行为。检查二手车交易市场经营者(含各类二手车集中交易场所经营者)是否具备二手车交易市场规定资格、是否符合国家《二手车交易规范》要求。

(2)规范二手车经销及二手车经纪类公司(中介、信息服务公司)经营行为,检查二手车经纪类公司是否按规定进入了规范的二手车交易市场从业,是否存在场外经营、占道经营

现象。

(3)查处二手车经销及二手车经纪类公司有无交易或销售盗抢车、报废车、非法拼(改)装车、证件手续不全车辆等国家禁止交易车辆的现象,以及是否存在虚假广告和其他欺诈消费者行为。

(4)严厉打击二手车经销及二手车经纪类公司偷税漏税、无照经营、超范围经营和以车辆“挂靠”为幌子的二手车经营行为,以保证国家税费足额征收,车主个人合法财产得到有效保护。

## 6.6.2 我国二手车市场发展现状及特点

我国二手车交易市场是随着社会主义市场经济的发展而逐步形成的。特别是近几年,随着国家经济的发展和人民的生活水平的提高,私人购车的比例逐年增加,一些经济型轿车逐步进入了家庭,成为人们生活中的代步工具。目前,国内汽车消费正处在初级阶段,人们的汽车消费心理还不是十分成熟,有些人基本是在盲从或头脑发热的情况下买到并不十分适合于自己的汽车,还有一些高收入的消费者淘汰原有的二手乘用车而去买新款轿车,而这部分消费者的收入还不足以达到每家拥有一辆以上轿车的水平,因此只能把自己的二手乘用车卖出,再去买新车。

有学者分析,只有当轿车售价为月人均收入的 14 倍时,轿车才能进入家庭。根据国内轿车价格行情推算,一个消费者如想购买一辆售价为 10 万元的轿车,目前的月收入必须在税后达到 1 万元以上。在中国,达到这个水准的人毕竟是少数。所以有相当一部分的消费者只有通过购买二手乘用车来圆自己的“汽车梦”。按照汽车业界的经验,新旧车交易比 2:1被认为是二手乘用车交易高峰到来的起点。国内的汽车销售结构也已基本接近这一比例,所以我们正站在门槛上迎接二手车交易高峰的到来。

经过多年发展的国内二手乘用车市场逐渐形成了以下几个特点:

(1)政府扶植二手乘用车交易政策的实施,使二手乘用车交易量快速增长,消费者得到了实惠。

(2)二手车的流向是从经济发达地区向欠发达地区流动,从高收入者向低收入者流动。

(3)二手车资源丰富、价格低廉,受到部分消费者青睐。2002 年以来各种款式及品牌新轿车频频问世,加快了轿车消费者换车的频率;加上中国加入世贸组织后进口汽车关税下降,进口汽车数量增长,丰富了二手车市场的资源,带动了车价下降。

(4)二手车拍卖、新车置换为二手乘用车市场注入了新的活力,进而加快了与国际接轨的步伐。

国内二手车市场正处于起步阶段,发展也相对滞后,与发达国家之间的差距还相当明显,还有非常大的发展空间。

## 6.6.3 我国二手车市场存在的主要问题

尽管我国二手车有着巨大的市场潜力和广阔的发展前景,但目前我国二手车市场仍然存在着较突出的问题。

1. 二手车交易市场功能单一

目前，我国各地二手车交易市场的职能非常简单，仅限于提供场所、办理手续、收取交易费等，缺乏必要的服务功能、服务设施和服务手段。而有的几乎没有任何售后服务，造成二手车的交易无任何保证，消费者的利益得不到保障，尚未发展成为真正意义上的经营主体。

2. 受新车频繁降价的影响，二手车经营风险增加

一般来说，新车价格下降10%，其二手车价格同步下降7%左右，有时甚至更高。新车价格的不稳定使二手车的经营单位承担着巨大的经营风险。

3. 行业诚信缺乏有效监督

二手车交易市场是严重的信息不对称市场。信息不对称，往往会引发道德风险和逆向选择问题，导致旧车市场资源配置方面的无效率。在旧车交易过程中，消费者是信息弱势群体，由于信息不对称，卖方为了获取利益，常常隐瞒旧车缺陷，消费者购买旧车往往面临质量欺诈、价格欺诈、购买非法车辆等风险。结果，旧车市场难以取得消费者信赖，许多潜在的旧车需求难以转化为真正的市场需求。被诚信问题所困扰的还包括提供汽车消费信贷的金融机构。

4. 交易行为不规范，缺乏相关行业标准

虽然各城市都有合法的旧车交易市场，但旧车流通的渠道仍十分复杂，场外交易、私下交易、甚至违法交易的行为仍十分普遍。当前各地二手车交易市场中，二手车交易业务基本以二手车经纪人为主。名义上是代办过户，实际上是一种汽车经销行为。他们低价购入二手车之后加价卖出，但不缴纳销售环节的增值税等，导致了国家税收的大量流失。特别是由于个别经济人素质不高，在经营过程中有以次充好等欺骗消费者现象，给二手车市场造成了不良影响。同时，在我国二手车同行业缺少必要的行业规范和行业标准，进入流通的二手车都需要提供那些技术数据没有明确的规定，也没有一个统一的标准，造成有相当一部分二手车在售前未进行技术检测，很难保证交易车辆能达到安全和环保要求，消费者利益难以得到有效保证。

5. 评估缺乏标准与规范，评估行为随意性大

旧车评估与鉴定是一项技术性很强的工作，需要专门的设备和技术人员。但是我国目前还没有完整统一的二手车价值评估标准和汽车残值发布制度。即便是旧车鉴定评估机构的设立、审批等环节，也还没有全国统一的“二手车鉴定评估机构管理办法”，使得二手车的鉴定评估没有一个明确的法律依据，而各地商品流通主管部门制定的“二手车鉴定评估机构管理办法”，又存在着很大的差异。在鉴定评估过程中，很少有企业使用配套检测设备，主要是靠评估人员通过肉眼观测，随意性很大。同时，旧车鉴定估价师的素质也参差不齐，很多旧车交易市场采用简单的“平均年限折旧法”进行价值评估，评估缺乏依据，难以为公平的市场交易提供价值尺度，无法形成公平、公正的交易环境。

6. 缺乏真正意义上的二手车经销商

现行的相关政策限制了大部分汽车经销商开展二手车经营业务。中国的二手车市场是

在1998年以后逐步形成的。当时还没有二手车经销商,是一些车贩子(又称黄牛)在进行二手车倒卖。随着中国汽车市场的不断发展,二手车市场开始出现一些规模比较小的经销商企业,尽管二手车市场有了一些规范,购买的二手车依然没有保障。所以目前缺乏运作规范、理念先进的企业从事专业的二手车经销。

7.尚无完善的全国二手车交易市场信息网络系统

国内二手车交易市场的信息十分散乱,无法形成规范稳定的二手车交易氛围。二手车的异地流通也是不可能完成的任务。各地二手车交易市场准入、交易方式、交易功能和交易程序等方面存在差异,导致各地交易市场的业务主要面向本地区。而由于缺乏跨地区二手车流通的市场网络,致使二手机动车信息资源闭塞,无法进行全国性、地区性的资源调剂,使各地二手车市场无法开展交流合作,阻碍了二手车市场的发展。

8.二手车的更新补贴未能完全发挥作用

1995年,为了加速老、旧车报废更新工作,促进我国汽车工业的发展和交通运输事业的发展,经国务院批准,每年从征收的车辆购置附加费中拿出3亿元,对全民和储运运输企业更新的国产客车、货车进行定额补贴,每辆车补贴3500元。但是1999年由于等待国家对车辆购置附加费进行税费改革,汽车更新补贴没有落实,给全国汽车更新工作带来了一定的难度。2000年全国汽车更新领导小组办公室取得财政部、交通部同意,向国家争取了4.66亿元,对1999年和2000年更新的13.3万辆更新车辆进行优惠补贴。财政部、商务部2005年发布了对报废汽车的资金补贴政策,补贴标准为人民币4000元/辆。补贴标准虽然比前几年稍有提高,但目前仍然有相当部分已经到报废时间的车辆没有更新,仍在继续使用。这些车或流向不发达地区,或经非法改装继续使用。

9.过多的政府部门插手二手车管理

在我国二手车交易中,政府过多的部门插手管理,过多文件和条条框框制约了二手车市场本应有的客观的发展。社会的高速发展是对政府管理者水平的考验,政府有关部门在做出决策之前应聘请专家,多听各个方面的意见。政府部门应在如何促进市场经济的发展,引导和教育消费者如何购买二手车方面下功夫。

## 本章小结

本章主要内容包括汽车置换的概念、种类、必然性与优点;车置换的现状及发展前景、汽车置换服务的业务流程;二手车的定义、二手车评估的定义、基本原理以及评估的基本程序;二手车评估的4种方法及二手车的交易与管理等内容。

下列问题覆盖了本章的主要学习内容,可以利用以下线索对所学内容做一次简要的回顾。

1.汽车置换服务概述

(1)汽车置换的概念和种类

(2)汽车置换必然性和优点

(3)汽车置换的价格影响因素

2. 汽车置换的现状及发展前景
(1)我国汽车置换的现状
(2)我国汽车置换的发展前景
3. 汽车置换服务的业务流程
(1)我国二手车置换贸易的主要流程
(2)国外汽车置换贸易流程
4. 二手车评估的基本原理
(1)二手车的定义
(2)二手车评估及评估原则
(3)二手车鉴定评估的程序
5. 二手车评估的方法与程序
(1)重置成本法
(2)收益现值法
(3)现行市价法
(4)清算价格法
(5)二手车评估方法的选择
6. 二手车的交易与管理
(1)政府、行业协会及市场管理
(2)我国二手车市场发展现状及特点、存在的主要问题
(3)我国二手车交易市场发展趋势及重要意义

# 自测题

**一、多项选择题**(下列各题的备选答案中,有两个或两个以上选项是正确的,请把正确答案的序号填写在括号内)

1. 汽车置换的种类主要有(　　)。
   A. 只置换新车,不单纯回收　　B. 置换新车,单纯回收均可
   C. 同品牌的旧车换新车　　D. 用多品牌置换某一品牌新车的业务
2. 汽车置换的优点主要有(　　)。
   A. 周期短时间快　　B. 4S 店置换二手车品质有保证风险小
   C. 有利于净化市场增强市场竞争力　　D. 汽车厂商有多种促销让车主受益
3. 在汽车置换中,不同的车型置换有不同的价格,影响二手车置换的因素主要有(　　)。
   A. 新车降价、车辆手续　　B. 市场占有量、车身颜色
   C. 车型配置、使用年份　　D. 保养好坏
4. 我国汽车置换发展趋势主要有(　　)。
   A. 交易数量接近甚至超过新车　　B. 二手车价格接轨国际市场
   C. 二手车成为新的利润增长点　　D. 二手车市场实现从卖方向买方的过渡

5. 二手车鉴定评估的工作原则是评估机构与评估工作人员在评估工作中应遵循的基本原则，包括（　　）。

A. 合法性原则、独立性原则　　B. 客观性原则、科学性原则

C. 公平性原则、规范性原则　　D. 专业化原则和评估时点原则

**二、判断题**（在括号内正确打√，错误打×）

1. 汽车置换是指消费者用二手车的评估价值加上另行支付的车款，从品牌经销商处购买新车的业务。（　　）

2. 根据对市场现状的基本认识，我国二手车市场亟待解决的问题是：交易手续烦琐、交易行为不规范、交易功能落后、交易服务不健全等。（　　）

3. 二手车是指在公安交通管理机关登记注册，在达到国家规定的报废标准之前或在经济实用寿命期内服役，并仍可继续使用的机动车辆。（　　）

4. 二手车评估是依法设立，具有执业资质的二手车评估机构和二手车评估人员，接受国家机关和各类市场主体的委托，按照特定的目的，遵守法定或公允的标准和程序，运用科学的方法，对经济和社会活动中涉及的二手车所进行的技术鉴定，并根据鉴定结果对二手车在鉴定评估基准日的价值进行评估估算的过程。（　　）

5. 在汽车工业发达国家，二手车市场已经是一个十分成熟的市场，健全的法律法规体系也是其二手车评估市场健康运行的有效保障。（　　）

**三、简答题**

1. 什么是汽车置换？它有哪些种类？
2. 汽车置换必然性、优点以及价格影响因素。
3. 简述汽车置换的现状及发展前景。
4. 简述汽车置换服务的业务流程。
5. 简述二手车的交易与管理。
6. 简述我国二手车置换贸易的主要流程。
7. 简述国外汽车置换贸易流程。
8. 论述二手车评估的方法与程序。
9. 简述论述二手车评估的基本原理。

# 第7章　汽车租赁服务

## 导言

本章主要介绍汽车租赁的定义、分类及有关法律法规;我国的汽车租赁业;汽车租赁企业运营实务;汽车租赁企业的经营管理模式以及汽车租赁企业如何防范可能遇到的风险。在此基础上,对汽车租赁进行深入了解。本章的学习内容力求使学生掌握汽车租赁服务基础知识,为继续学习相关章节打下坚实的基础。

## 学习目标

1. 认知目标

(1)熟悉汽车租赁的定义、分类及有关法律法规。

(2)掌握汽车租赁企业的经营管理模式以及汽车租赁企业如何防范可能遇到的风险。

2. 技能目标

(1)熟悉我国的汽车租赁业。

(2)熟悉汽车租赁企业运营实务。

3. 情感目标

(1)发挥自主学习的能力、收集学习资料的能力。

(2)发挥分析资料的能力、归纳总结关联知识点的能力。

## 7.1　汽车租赁概述

汽车租赁被称为“朝阳产业”,它因为无须办理保险、无须年检维修、车型可随意更换等优点,以租车代替买车来控制企业成本,这种在外企中十分流行的管理模式,正逐渐受到国内企事业单位和个人用户的青睐。汽车租赁作为中国新兴的交通运输服务业务,是满足人民群众个性化出行、商务活动需求和保障重大社会活动的重要交通方式,是综合运输体系的重要组成部分。促进汽车租赁业健康发展,是转变交通运输发展方式、推进现代交通运输业发展的重要举措。对完善综合运输体系,转变道路运输发展方式,提高车辆、道路、停车场地等社会资源的利用效率,带动旅游业、汽车工业、金融保险业的发展,提高人民生活质量,都具有重要的现实意义。

## 7.1.1 汽车租赁的定义

租赁,是一种以一定费用借贷实物的经济行为,出租人将自己所拥有的某种物品交与承租人使用,承租人由此获得在一段时期内使用该物品的权利,但物品的所有权仍保留在出租人手中。承租人为其所获得的使用权需向出租人支付一定的费用(租金)。

我国首次对汽车租赁做出定义的是国内贸易部于 1997 年 8 月 13 日颁布并实施的《汽车租赁试点工作暂行管理办法》,对汽车租赁做出如下定义:汽车租赁为实物租赁,是以取得汽车产品使用权为目的,由出租方提供租赁期内包括汽车功能、税费、保险、维修及配件等服务的租赁形式。由于管理职能的变迁,交通部和国家计划委员会联合颁发的《汽车租赁业管理暂行规定》中界定:汽车租赁是指在约定时间内租赁经营人将租赁汽车交付承租人使用,收取租赁费用,不提供驾驶劳务的经营方式。

随着汽车租赁行业在国内各大城市的兴起,各地方政府相继颁布了相关行业管理办法。其中对汽车租赁的定义也做了相应的说明和阐述。通过总结各种汽车租赁的概念和界定,本教材认为:汽车租赁是指在约定时间内,租赁经营人将租赁汽车(包括载货汽车和载客汽车)交付承租人使用,不提供驾驶劳务的经营方式。汽车租赁的实质是在将汽车的产权与使用权分开的基础上,通过出租汽车的使用权而获取收益的一种经营行为,其出租标的除了实物汽车以外,还包含保证该车辆正常、合法上路行驶的所有手续与相关价值。不同于一般汽车出租业务的是,在租赁期间,承租人自行承担驾驶职责。汽车租赁业的核心思想是资源共享,服务社会。

## 7.1.2 汽车租赁的分类

按照不同的分类标准,汽车租赁具有不同的分类方法,常见的有按照租赁期长短、按照经营目的、按照租赁的形式等进行分类。

1. 按照租赁期长短划分

1997 年颁布实施的《汽车租赁试点工作暂行管理办法》中,按照租赁期的长短将汽车租赁分为长期租赁和短期租赁。在实际经营中,一般认为 15 天以下为短期租赁,15 ~ 90 天为中期租赁,90 天以上为长期租赁。

(1)长期租赁

是指租赁企业与用户签订长期(一般以年计算)租赁合同,按长期租赁期间发生的费用(通常包括车辆价格、维修维护费、各种税费开支、保险费及利息等)扣除预计剩存价值后,按合同月数平均收取租赁费用,并提供汽车功能、税费、保险、维修及配件等综合服务的租赁形式。

(2)短期租赁

是指租赁企业根据用户要求签订合同,为用户提供短期内(一般以小时、日、月计算)的用车服务,收取短期租赁费,解决用户在租赁期间的各项服务要求的租赁形式。

2. 按照经营目的划分

汽车租赁按照经营目的划分为融资租赁和经营租赁。融资租赁是指承租人以取得汽车产品的所有权为目的,经营者则是以租赁的形式实现标的物所有权的转移,其实质是一种带有销售性质的长期租赁业务,一定程度上带有金融服务的特点。经营性租赁是指承租人以取得汽车产品的使用权为目的,经营者则是通过提供车辆功能、税费、保险、维修、配件等服务来实现投资收益。

3. 按照租赁形式分

按照租赁形式汽车租赁可分为融资租赁与经营租赁。

在国际汽车消费市场,消费者一般通过 3 种方式实现汽车消费:现金购买、消费信贷和融资租赁。融资租赁是指出租人拥有汽车所有权,并通过租赁的方式获取租金,而将与租赁汽车所有权有关的风险和利益几乎全部转移给承租人的一种经济行为。

汽车融资租赁是指出租人根据承租人对租赁汽车的特定要求和对供货人的选择,出资向供货人购买租赁物件,并租给承租人使用;承租人则分期向出租人支付租金,在租赁期内租赁物件的所有权属于出租人所有,承租人拥有租赁物件的使用权。租期届满,租金支付完毕并且承租人根据融资租赁合同的规定履行完全部义务后,对租赁物的归属没有约定的或者约定不明的,可以协议补充;不能达成补充协议的,按照合同有关条款或者交易习惯确定,仍然不能确定的,租赁物件所有权归出租人所有。

经营租赁是为满足承租人临时或季节性使用资产的需要而安排的"不完全支付"式租赁。它是一种纯粹的、传统意义上的租赁。承租人租赁资产只是为了满足经营上短期的、临时的或季节性的需要,并没有添置资产上的企图。经营租赁泛指融资租赁以外的其他一切租赁形式。租赁开始日租赁资产剩余经济寿命低于其预计经济寿命 25% 的租赁,也视为经营租赁,而无论其是否具备融资租赁的其他条件。

汽车融资租赁与汽车经营租赁的区别主要在于:利用汽车租赁的目的不同;法律关系有所不同;权利与义务不同。

4. 按照租赁汽车级别分类

不同客户对汽车租赁的需求程度以及对租赁汽车的要求不同。按照租赁汽车级别的高低及车型差异,可划分为高端汽车租赁、中端汽车租赁及低端汽车租赁 3 类。

### 7.1.3 汽车租赁行业的有关法规

1. 立法现状

1998 年,交通部、国家计划委员会联合发布了《汽车租赁业管理暂行规定》,以部门规章的形式对汽车租赁业进行了规范,并设定了汽车租赁行政许可。2004 年,《中华人民共和国行政许可法》(以下简称《行政许可法》)实施后,部门规章无权设定行政许可。鉴于此,2007 年 12 月,交通部发布了《关于废止 47 件交通规章的决定》,废止了《汽车租赁业管理暂行规定》。至此,国家层面关于汽车租赁的立法出现了空白。在地方层面,许多地方对汽车租赁立法进行了有益探索,一些地方在道路运输条例或者出租汽车条例中对汽车租赁进行了规定,一些地方单独制定了关于汽车租赁的政府规章及其配套规范性文件,如 2010 年昆明市和大连市分别出台了《昆明市汽车租赁管理办法》和《大连市汽车租赁管理规定》。以北京市为例,北京市汽车租赁管理的法律依据是 2002 年《北京市汽车租赁管理办法》,但自《行政许可法》施行后,《北京市汽车租赁管理办法》中有关许可的条款和内容取消,并且很多内容已不适应行业发展的需要。为适应《行政许可法》施行后的新形势和汽车租赁行业管理与发展的新要求,北京市发布了《汽车租赁经营服务规范》《北京市汽车租赁经营备案管理办法》《北京市汽车租赁行业监管考核办法》《汽车租赁经营车辆安全技术管理规定》等地方标准和规范性文件,基本形成了汽车租赁行业管理制度体系。这些制度是在行业企业充分参与和支持下形成的,有效地促进了北京市汽车租赁行业的良好发展。

2. 法律依据不足

目前,各个地方关于汽车租赁的立法要么内容过于简单,要么法律位阶较低,不能给汽车租赁行业发展和政府管理提供充足的法律依据。以北京市为例,《行政许可法》施行后,北京市原有"办法"中有关许可的条款和内容取消,再加上"办法"制定时受当时情况局限,没有充分体现事后监管内容和监管机制措施,致使行业管理的依据严重缺失。北京市交通委运管局目前推行的一些管理措施都不具有法定的强制效力,例如已经出台的《汽车租赁经营服务规范》,属于非强制性的地方标准;《北京市汽车租赁经营备案管理办法》和《北京市汽车租赁行业监管考评办法》属于规范性文件,建立了备案和监管制度。但是,规范性文件不具有强制性,无权对不申报备案或企业违规行为设定行政处罚措施,造成了汽车租赁经营信息可备案也可不备案,监管考评可评也可不评的行业管理被动局面,在行业规模不断扩张的同时,经营发展中的散、滥、无序等诸多问题也暴露出来,行业管理部门对企业经营难以有效监管。近年来,汽车租赁企业经营范围和业务模式不断扩充变化,租赁大客车、租赁货车相继出现并快速增多;融资租赁、以租代买、转租、长短租业务模式并存。这些新的事物和问题很难通过现行地方性法规、规章等规范和解决。

3. 我国汽车租赁业发展的立法对策

为解决我国汽车租赁行业存在的问题,促进我国汽车租赁行业健康发展,建议在将来的汽车租赁行政法规或规章中写入以下内容。

(1)汽车租赁的定位

确立汽车租赁行业功能定位是汽车租赁立法的基础。在综合分析汽车租赁多重功能、行业特点与汽车租赁市场内在本质的基础上,建议将汽车租赁定位为服务于人民生产、生活的多功能的现代服务业的重要组成部分。

(2)适用范围

适用范围的确定关系到汽车租赁业务拓展和行业发展前景。为适应经济社会发展对汽车租赁业发展的客观需求,建议尽可能扩大汽车租赁的业务范围,明确租赁车辆类型包括小客车、小货车、大客车,并且允许带驾驶员或代雇驾驶员租赁。

(3)行业管理方式

在汽车租赁业许可管理方式取消后,在立法中确立新的行业管理方式非常重要,主要包括:

①明确汽车租赁行业管理范围、管理体制和职责分工;

②在既有管理经验基础上,确立备案制度的法律地位;

③明确汽车租赁行业协会的法律地位及权责,充分发挥汽车租赁协会管理作用;

④进一步强化政府服务职能,解决汽车租赁行业缺乏上下游行业政策支持的问题;

⑤明确工商、公安交通管理等有关行政主管部门按照各自的职责,依法对汽车租赁实施监督管理。

(4)信息化建设

信息化建设对解决当前困扰汽车租赁业发展困境能起到重要作用。

①要建立汽车租赁信息化系统和共享平台,提高行政管理和企业管理效率;

②要建立信用体系,依法公布汽车租赁经营者信用信息,合法管理租车人信用信息,维护公平的市场秩序。

(5)经营规范

规范汽车租赁企业的经营行为,是维护汽车租赁市场秩序,保障汽车租赁各方当事人合法权益的重要内容,其建议主要有:

①明确企业经营场所、车辆管理、驾驶员管理、诚信管理、合同管理等规范;

②明确汽车租赁各方的权利义务;

③明确监督管理等相关制度,提高企业经营服务质量。

(6)服务监管

建议转变汽车租赁行业管理方式,加强和完善事后监管,主要包括:

①确立违法经营行为的法律责任,通过设定行政处罚,提高监管的力度;

②完善投诉机制,建立汽车租赁的大众监督机制;

③规范市场秩序,明确实行质量信誉考核制度;

④规范执法行为,确保监督的有效性。

(7)安全监管

确保汽车租赁行业公共安全尤为重要。建议由公安机关负责汽车租赁行业的治安管理,交通行政主管部门负责汽车租赁行业的行政管理工作,工商、公安交通管理等有关行政主管部门按照各自的职责,依法对汽车租赁活动实施监督管理。建议明确企业的安全义务和责任,包括安全管理、车辆维护和检测、从业人员管理等制度。

## 7.2　我国的汽车租赁业

汽车租赁行业作为一个新兴行业,具有鲜明的行业特征。在国外,汽车租赁行业经过数十年的发展,已经成为一个具备相当规模,市场非常成熟规范的产业。汽车租赁服务由于其车辆利用率高,使用维护成本低等特点,近些年在我国出现了爆发式的发展。尤其在实行小客车总量调控的一线城市,汽车租赁服务吸引了大量的私人和商务用车需求,大量的中小公司纷纷涌入汽车租赁行业。

### 7.2.1　国外汽车租赁业发展现状与趋势

1. 国外汽车租赁行业发展阶段分析

目前在发达国家,汽车租赁业已经发展了很长一段时期,从 1918 年美国人雅克布创办了首家汽车租赁公司到2014年汽车租赁产业在我国蓬勃发展，历经了近一个世纪的快速发展。国外汽车租赁业的发展经历了一个明显的变化过程。

(1)萌芽起步阶段

汽车租赁行业的萌芽起步阶段是在20世纪初至20世纪30年代末。美国人乔桑德斯首先将汽车租赁业务扩展到了美国的21个州。同一时期一位名叫雅各布的美国人在芝加哥创办了首家汽车租赁公司，之后被美国出租汽车巨头赫兹收购，并更名为“赫兹汽车租赁公司”。

(2)快速发展阶段

汽车租赁行业的快速发展阶段是在20世纪40～60年代。第二次世界大战后的美国经济全面复苏并高速增长，汽车工业的发展以及人们生活水平的提高促使小客车在美国迅速普及，越来越多的美国人转向自驾出行，而汽车租赁行业方便、快捷、人性化的服务正好满足了人们的用车需求。另外，由于汽车生产商、金融资本的介入以及信息技术的发展，汽车租赁行业进入了快速发展的时期，一些国际知名的汽车租赁企业也相继成立，如赫兹、安飞士等。

(3)调整成熟阶段

汽车租赁行业的调整成熟阶段是21世纪初。进入21世纪后，由于受到网络经济泡沫破灭、“9·11”事件、2008年金融危机等事件的影响，国外汽车租赁行业产生了停滞甚至是负增长。汽车租赁企业的车辆数以及市场收入情况都有明显的不平稳情况。

2. 国外汽车租赁行业特点分析

经过了近百年时间的发展，国际汽车租赁业已经基本发展成熟，其经营业务不断拓展，经营范围几乎覆盖世界各个角落，在不断发展的过程中也形成了自身的特点，并呈现了极强的竞争优势。

(1)汽车租赁行业规模化程度高

以美国汽车租赁市场为例，通过多年不断地兼并与重组，汽车租赁行业市场集中度逐年上升，规模化程度较高。位居前5名的汽车租赁企业所占市场份额，已经从2005年的84%上升到2010年的93.9%。

(2)汽车租赁业与汽车产业紧密结合

作为汽车产业链的重要组成部分，汽车租赁行业扮演着中间人的角色。由于汽车租赁企业主要的租赁标的物为汽车，因而汽车产业的发展直接影响着汽车租赁业的发展。在整个汽车产业链中，汽车制造商是汽车租赁的产业链上游，二手车交易市场与各种消费群体是产业链下游，而汽车租赁的主要作用就是促进汽车所有权、使用权的转移以及货币资本的循环流通。

(3)良好的外部配套环境

以美国为主的北美地区和欧洲，高效率的全球化信息网络平台和卫星导航系统已经广泛应用；以高速公路为纽带的道路基础设施都已经比较完善；建立了完善的个人信用评估和社会信用保障体系，并在此基础上逐渐形成了良好的社会道德水平和个人自律能力；形成了以小客车为主要交通出行方式的高质量日常生活消费方式。

## 7.2.2 我国汽车租赁业发展现状

1. 我国汽车租赁行业发展阶段分析

截至2014年，中国汽车租赁车辆总数约为40多万辆，汽车租赁市场总规模超过450亿元。汽车租赁业呈现由中东部向西部地区、从大城市向中小城市扩展的趋势。我国汽车租赁业是具有极大发展潜力的行业，但同时也面临着巨大的国际竞争压力。我国汽车租赁业的发展可以分为两个阶段。

(1)培育起步阶段

我国第一家汽车租赁企业——北汽九龙福斯特汽车租赁公司于1989年5月成立，1989年8月1日该公司正式运营。之后的十年间，我国陆续成立了一些经营规模相对较大的汽车租赁企业。2002年与2003年，赫兹租车公司与安飞士公司相继在中国成立分公司，这标志着我国汽车租赁行业进入了国际化竞争的新阶段。

(2)快速发展阶段

2005年以来，我国汽车租赁行业呈现出快速发展的势头。随着我国改革开放的不断深入，国家经济建设成果不断显现，汽车产业随着人们生活水平的不断提高而蓬勃发展，汽车产业化进程不断完善，汽车的价格随之下降，为我国汽车租赁行业的快速发展打下了坚实的基础。

2. 我国汽车租赁行业特点分析

近些年，我国汽车租赁业在面临巨大的发展机遇的同时，也承受着来自欧美等发达国家的国际化企业的竞争压力。汽车租赁行业在我国由东部向西部地区，从大城市向中小城市加速发展的同时，也显示出了一些自身的特点。

(1)租赁公司大多数为小型企业

由于我国汽车租赁业起步比较晚，大部分企业运营车辆数不足50辆，属于小型企业。这就导致了我国汽车租赁市场规模化程度还比较低，相比国外成熟的汽车租赁行业，还缺少高度规模化、集中化的大型企业。截至2010年，我国汽车租赁市场还非常分散，前5名汽车租赁公司仅占市场总规模的9%左右。

(2)缺乏完善的诚信体系

现阶段我国汽车租赁市场还没有建立完善的诚信体系，严重影响了汽车租赁行业的健康发展，导致现阶段我国大部分城市的租车手续还比较烦琐，难以达到国外只凭驾驶证就可以租车的便捷程度，给消费者带来了不便。同时由于保证金额相对较低，车辆骗租现象时有发生，客观上又为租车手续的简化设置了障碍。

(3)网络化、品牌化经营水平较低

我国汽车租赁行业起步时间比较晚，网络化水平还不够高，国内一些大型汽车租赁企业已经基本实现网络化经营，但大部分中小型企业还处在较低的网络化水平上。在最近几年汽车租赁行业的快速发展形势下，涌现了一批比较有特色的汽车租赁品牌，但国内知名品牌数量不足，很多品牌只局限于一个城市或一个区域内发展。

(4)行业缺乏自律,企业间存在无序竞争

一些地方的汽车租赁业虽然已经成立行业协会,但是会员数量不多,覆盖面有限。企业间缺乏沟通和协作,在激烈的市场竞争中,价格大战时有发生,市场利润率降低,制约了行业健康良性发展。

(5)人们受固有的消费观念束缚,宁愿买不愿租,市场有待进一步培育

按照汽车租赁业的国际发展规律,如果一个城市的人均 GDP 达到 1 万美元,该城市的汽车租赁业将进入大发展时期。但是,我国的传统消费观念是以“拥有”而不是“使用”为导向,大量汽车进入家庭,造成城市交通拥堵不堪、汽车使用率低、停车难等一系列问题。

### 7.2.3　汽车租赁业发展趋势

1. 规模化发展

从国外汽车租赁行业的发展历程来看,不断提高汽车租赁市场的集中度,充分发挥规模化的经营优势是汽车租赁业的发展方向。对于汽车租赁行业来说,小客车是主要的租赁标的物,但由于汽车租赁企业很难获得具有独特功能的小客车,难以提供其他企业无法提供的“独一无二”的服务。因此,这就需要汽车租赁企业实现规模化经营,通过降低生产成本来提高利润率。

2. 差异化发展

个人租车方面,短途旅游、婚庆用车、上下班通勤等需求越来越多;企业租车方面,融资租赁、以租代买的出现也丰富了汽车租赁业务的形式。一直以来,汽车租赁行业习惯于利用汽车租赁合同签订的时间长短来将汽车租赁业务分为短期租赁与长期租赁两种类型,但通过近几年汽车租赁行业的快速发展,汽车租赁服务呈现出多元化发展的态势,可租赁的车型种类得到了极大的丰富。

3. 网络化发展

汽车租赁企业通过网络化经营可以有效地减少企业经营风险,更好地实现共享客户资源、优化租赁车辆调度的目标。消费者通过覆盖范围广泛的汽车租赁门店可以实现异地租还车,享受快捷方便的租车业务。汽车租赁业务的网络化发展,有利于为客户提供多方位的优质服务和产品,最终实现规模化经营的最优化和利润最大化,有利于汽车租赁企业拓展市场,扩大品牌影响力。

4. 品牌化发展

国外汽车租赁企业普遍重视汽车租赁服务的品牌化经营,通过建立统一的服务标准、员工服饰、服务电话等,尽可能地让消费者得到高水平、一致化的服务体验。而除少数汽车租赁企业外,我国大多数汽车租赁企业的品牌化发展意识仍需进一步提升,需要制订更清晰的发展战略和目标,并建立完善的企业发展机制,通过科学合理的管理制度,不断提高服务意识和服务质量,朝着品牌化的方向发展。

5. 信息化发展

通过信息化办公、门店联网、网上促销等信息化手段,可以使企业经营成本大幅降低。

企业不必再投入大量资金用于线下推广业务，而是以较少的投入通过网络平台提高自身知名度。由于网络具有覆盖面广、客户精准率高的特点，因此通过信息化手段可以做到事半功倍的效果。此外，汽车租赁企业往往会有多家门店经营汽车租赁企业，而实现多个门店的联网经营，也主要依靠信息化的手段。

# 7.3 汽车租赁企业运营实务

## 7.3.1 汽车租赁的投资与租赁价格

1. 汽车租赁企业的运营成本构成

汽车租赁企业的运营成本是指汽车租赁企业在向客户提供租赁服务（包括汽车功能、税费、保险、维修及配件等）的过程中发生的相应损耗和管理费用。主要包括以下内容：

(1)车辆维修、检测费用。

(2)职工工资福利。

(3)财务成本。

(4)各种税费，包括一次性税费（车辆购置附加费、牌照费）和每年固定税费（保险费、营业税、养路费、车船使用税、交通费等）。

(5)经营场所场租费用。

(6)不可预计风险准备费用。

(7)其他经营管理费用，如办公费、广告宣传费、救援费用等。

2. 确定租赁价格

汽车租赁价格是指在单位时间内（一般以日或月计），汽车租赁经营者向承租人提供包括汽车功能、税费、保险、维修及配件等综合服务所收取的费用。可分为日租价、月租价、超时价和协议价。

汽车租赁价格由运营成本、营运利润、国家税金3部分组成。影响租赁价格的因素有企业管理水平、服务水平、客户消费水平、国家物价政策、相关行业价格水平、社会经济发展水平等。

制定汽车租赁价格时应考虑以下因素：

(1)车辆售价。

(2)车辆标准。

(3)车辆技术等级。

(4)汽车附件设施。

(5)汽车排量。

(6)车辆折旧程度。

(7)服务项目。

(8)租期长短（租赁率）。

(9)客户支付承受能力。

(10)价格浮动(季节、节日、区域、时段、特殊服务)等(参考国际收费标准)。

例如,北京飞越凯旋商务服务有限公司的汽车租赁业务主要有商务租车、旅游租车和班车租赁等,表7-1是北京飞越凯旋商务服务有限公司的4种车型租赁价格,表7-2是中汽联拓汽车租赁(北京)有限公司汽车租赁价格。

**北京飞越凯旋商务服务有限公司的四种车型日租赁价格一览表** 表7-1

| 车 型 | 全天包车 | 半天包车 | 超时加收 | 超公里加收 | 机场接送 |
|---|---|---|---|---|---|
| 新款帕萨特 | 8小时100公里600元 | 4小时50公里400元 | 50元/小时 | 5元/公里 | 单程300元(司机工资+车费+油费),另付费用:高速费+停车费 |
| 新款奥迪A6L | 8小时100公里700~800元 | 4小时50公里500元 | 50元/小时 | 5元/公里 | 单程400元(司机工资+车费+油费),另付费用:高速费+停车费 |
| 奔驰S350 | 8小时100公里1600元 | 4小时50公里1000元 | 100元/小时 | 10元/公里 | 单程800元(司机工资+车费+油费),另付费用:高速费+停车费 |
| 别克GL8 | 8小时100公里600元 | 4小时50公里400元 | 50元/小时 | 4元/公里 | 单程350元(司机工资+车费+油费),另付费用:高速费+停车费 |

**中汽联拓汽车租赁(北京)有限公司汽车租赁价格** 表7-2

| 品 牌 | 排量/L | 挡 位 | 日租/元 | 月租/元 |
|---|---|---|---|---|
| 奔驰E260 | 2.6 | 自动 | 1000 | 18000 |
| 宝马525 | 3 | 自动 | 1000 | 18000 |
| 奔驰商务 | 3 | 自动 | 1500 | 20000(限年租) |
| 新款别克商务GL8 | 3 | 自动 | 900 | 10000起 |
| 奥迪A6 | 2.0T\2.5 | 自动 | 900 | 11000起 |
| 全新丰田汉纳达 | 2.7 | 自动 | 900 | 10000起 |
| 全新帕萨特 | 1.8T | 自动 | 500 | 8000起 |
| 全新凯美瑞 | 2.0\2.4 | 自动 | 400 | 7500起 |
| 全新本田雅阁 | 2 | 自动 | 400 | 7500起 |
| 全新迈腾 | 1.6T | 自动 | 400 | 8000起 |
| 本田CRV | 2.4 | 自动 | 400 | 7000起 |

续上表

| 品　　牌 | 排量/L | 挡　　位 | 日租/元 | 月租/元 |
|---|---|---|---|---|
| 丰田 RAV4 | 2.4 | 自动 | 400 | 7000 起 |
| 现代 ix35 | 2 | 自动 | 400 | 7000 起 |
| 帕萨特领驭 | 1.8T | 自动 | 300 | 6500 起 |
| 马自达 6 | 2 | 自动 | 300 | 5000 起 |
| 本田思域 | 1.8 | 自动 | 300 | 4800 起 |
| 现代索纳塔 | 2 | 自动 | 260 | 3800 起 |
| 现代悦动 | 1.6 | 自动 | 260 | 4000 起 |
| 现代悦动 | 1.6 | 手动 | 200 | 3600 起 |
| 现代伊兰特 | 1.6 | 自动 | 260 | 3800 起 |
| 现代伊兰特 | 1.6 | 手动 | 200 | 3500 起 |
| 桑塔纳 3000 志俊 | 1.8 | 手动 | 200 | 4300 起 |
| 别克商务 GL8 陆尊 | 3 | 自动 | 600 | 7500 起 |
| 瑞风商务 | 2 | 手动 | 400 | 4500 起 |
| 金杯 | 2 | 手动 | 300 | 3800 起 |
| 别克凯越 | 1.6 | 自动 | 200 | 3500 起 |
| 丰田威驰 | 1.5 | 自动 | 150 | 3000 起 |
| 捷达 | 1.6 | 手动 | 150 | 3000 起 |
| 中华 H530 | 1.6 | 自动 | 150 | 3000 起 |

## 7.3.2　汽车租赁企业的机构设置与业务流程

1. 汽车租赁企业的岗位设置与业务流程

汽车租赁企业必须合理设置其工作岗位，明确各部门的分工与职责，同时确保各部门间协调，以使汽车租赁企业能够正常运作。汽车租赁企业通常设有业务部、车管部、财务部、行政部，大型连锁经营的汽车租赁企业还设有网络发展部等部门。在实际运作中，工作人员数量和岗位的具体设置可根据站点规模、租赁车辆数量、经营状况而定。

岗位工作职责如下：

(1)总经理助理

在总经理领导下负责办公室的全面工作，努力作好总经理的参谋助手，起到承上启下的作用，认真做到全方位服务。

①负责出租车辆的采购及保险等前期事务的办理；

②协助总经理做好经营服务各项管理并督促、检查落实贯彻执行情况；

③负责各类文件的分类呈送，请集团领导阅批并转有关部门处理；

④协助总经理调查研究、了解公司经营管理情况并提出处理意见或建议，供总经理

决策；

⑤做好总经理办公会议和其他会议的组织工作和会议记录。做好决议、决定等文件的起草、发布；

⑥做好企业内外文件的发放、登记、传递、催办、立卷、归档工作；

⑦负责保管使用企业图章和介绍信；

⑧负责企业内外的公文办理，解决来信、来访事宜，及时处理、汇报；

⑨负责上级领导机关或兄弟单位领导的接待、参观工作。

(2)运营总监

①制定公司车辆净收入的销售任务，实现所确认的销售目标；

②完成销售团队的筹备组建；

③公司汽车租赁业务的具体营销推广方案制订与实施管理；

④拓展公司租赁业务，进行大客户的日常维护工作；

⑤公司日常业务管理，人员管理；

⑥组织并协调大客户的车辆使用情况，根据需要调动相关人员提供上门服务；

(3)市场业务部经理

①负责本部的租车与收车的正常工作；

②负责本部业务的开发与拓展；

③负责本部的人员管理并监督其工作；

④对客户造成的车损及时定损并汇总上报总部协调安排修理或报保险；

⑤及时清偿追缴本部门的外欠账，确保公司正常运转；

⑥监督驾驶员的验车工作；

⑦完成领导交办的其他工作。

(4)业务专员

①接待客户，认真执行总部所下发的价格规定，严禁私自抬高或降低价格；

②每天在租车、收车的第一时间通知总部且督促驾驶员按照验车工序进行车辆查验；

③做好每天租车、收车、记录及计算机的录入工作；

④租车人及担保人的身份验证：认真对照，检验证件真假，有疑问拒租或向上级请示；

⑤签订租车合同，做到严密、无遗漏，严禁涂改且不允许重复使用一份合同；

⑥对租车款做到记录清楚，填写当天车辆承租表，做好周报、月报，交于财务统计；

⑦认真配合公司每月各项工作的抽查及基础财务查账；

⑧分部之间车辆调动，认真填写车辆交接记录清单，做到调后有据可查；

⑨在调车或外出办公期间不准办私事；

⑩完成领导交办的其他工作。

(5)策划推广专员

①在部门经理的领导下，负责公司所有线上活动方案的撰写、实施与管理；

②根据推广方案按时完成线上推广任务，对推广效果进行跟踪、评估；

③及时提出网络推广改进建议，给出实际可行的改进方案并实施；

④利用QQ、论坛、微信、微博等多种网络推广方式和相关产品推进工作；

⑤负责网络渠道的开发和活动任务的拓展；

⑥负责网络渠道的软文编辑、撰写；

⑦负责各类活动资料的搜集、整理分析工作；

⑧负责建立并管理各类资源档案；

⑨完成领导交办的其他工作。

(6)综合管理部经理

①协助领导安排好日常工作，办理日常行政失误，协调平衡公司各部门及社会有关部门的工作；

②及时掌握政府的政策、法规；

③组织和准备公司各类回忆，并做好会议记录；

④负责公司证照的年检、审验，及政府有关部门的接待和协调。

(7)人事专员

①负责公司的人事管理(劳动合同、人员招聘、录用、培训、解聘、员工绩效考核)、考勤的管理及工资单的制定；

②员工的奖惩单内容的填写上报并存入员工档案。

(8)售后服务专员

①对车辆的保养、维修及时登记，每周五向总部上报保养车辆；

②客户发生车辆车损，及时报保险，并填写车损确认单，车损收费及时上报财务，每周五上报总部；

③负责车辆的卫生，做到日日清洁，包括内、外卫生，车辆收回后立即进行清洁卫生，避免发生未观察到的外观漏洞；

④负责公司车辆证照管理。

2. 汽车租赁业务流程

汽车租赁业务包括租车、还车和实施救援 3 个方面，为了提高服务质量、控制运营风险，汽车租赁企业应制定合理、严格的业务流程。

(1)租赁流程

1)客户接待。接待服务是企业服务人员了解客户需求，推进租车服务的过程。服务员工需要经过岗位培训、掌握必要的礼仪和业务知识，上岗时应统一着装，佩戴标志，仪表整洁，举止文明，礼貌待客。要全面准确地介绍经营服务、项目、价目和租车手续。在介绍租车价格时，特别要向客户说明常规租金标准和额外收费项目。还要帮助客户选择车型，测算费用，确定租车计划。涉外接待服务要遵循涉外礼仪，提供租车咨询外语服务，配备外文查询资料。

2)承租人身份核实。承租人是指租用车辆的客户，包括自然人、法人或其他团体。承租人身份核实是指企业对承租人提供的信息、资料进行核查、比对，验证其合法有效身份，这是维护出租方合法权益和公共安全利益的重要环节和关键流程。企业在进行承租人身份核实时，应该借助公安机关和工商管理部门等进行承租人身份核查、筛选。对于个人客户，应当查验其居民身份证、机动车驾驶证等有效证件；团体客户，应当查验其营业执照、组织机构代码证书、机动车驾驶人员的机动车驾驶证、经办人员的居民身份证及授权经办书；会员客户租车可以由企业自行简化查验手续，提供便利服务。企业在查验承租人身份时，认为有必要提供担保的,可以要求承租人提供担保人和担保书,同时对对担保人是否具备相应的民事责任、能力进行核实。查验核实承租人身份后,企业应当及时登记,完整保存承租人、担保人的有关信息、资料,积累和备份承租人信息和租用信息,以及其他信息。企业对承租人的有关信息,负有保密义务,不得将提供服务过程中获得的公民个人信息出售或者非法提供给他人。

对于顾客来讲,租车前要先对租车的手续有所了解。租车手续很简单,只要提供身份证和驾驶证,签订租赁合同,交上规定的押金即可。

汽车租赁公司一般要求客户持有本人有效身份证件(国内第二代身份证、港澳居民来往内地的通行证、台湾居民来往大陆的通行证、国际护照)、国内有效驾驶执照、有效期内的国内/国际信用卡等证件。

对于不符合租车要求的,工作人员可向客户说明公司的规定,取得顾客的理解。

3)租赁合同与告知。租赁合同是租赁双方就租车、用车、收费以及相应权利、义务签订的合同,双方租赁意愿和约定事项必须通过签订租赁合同予以确认。告知是指企业向客户交付车辆时以书面和口头形式说明车辆正确使用、安全驾驶和检测、维护救援等租后服务事项以及需要特别声明的其他问题。告知是汽车租赁企业必须履行的程序和义务。

企业应当完整保存已经签订的租赁合同、书面告知书和增补条款以及担保书、授权经办书等附件资料。在合同履行过程中,还可能出现合同事项变更、续签或提前终止等情况,相应的资料也应当完整保存,这些资料的数据、信息都应录入计算机系统,实行信息化管理。

4)收取租金和保证金。租金是汽车租赁企业向承租人收取的车辆使用费。保证金也称押金,是为了保证租赁双方履约、守约,由企业向承租人预先收取的一定金额的担保费用。企业应当按合同约定的金额和方式收取租金和保证金,并开具正式发票。保证金不能挪作他用,不得在租赁合同正常执行期内冲抵租金,在车辆归还以及合同约定时间执行完毕后,保证金应当退还承租人。

5)发车交接。发车交接是租赁双方现场交车、试车和清点行车牌证、随车物件的重要程序,是租前阶段的最后一个环节。租赁双方在验车后没有异议的情况下,双方需要在发车交接单上签字确认。

6)救援服务。救援服务是指承租人在车辆使用过程中发生事故、出现故障无法正常行驶又不能自行处理时,由企业人员或协作单位赶赴现场,对车辆实施排障、维修或替换,以保证租车服务能够延续。企业应当按照租赁合同规定,及时有效地提供车辆救援服务,企业履行救援服务义务包括两个方面。

①应当有完备的救援服务预案。按车辆总数的1%预留待租车辆,以备救援时替换;按租赁车辆0.5%配备救援工作车和相应的救援人员;备有车辆易损备件、易耗油品(机油、制动液、冷却液、玻璃水)、便携机具和通信照明等应急用品,并有序就位;设置救援服务电话,保证24小时有人值守,企业也可以与专业救援单位(新通救援)或汽车维修企业订立委托救援服务合同,由被委托单位承担救援服务。

②及时有效地提供现场救援服务。接到承租人的救援电话后,应当准确记录情况,根据救援需求和救援预案实施救援,事发地点在本市城区或单程20公里以内的,应当在2小时以内到达现场;超过这一范围和行程的,应当向承租人预告到达时间,或者双方协商,采取其他便携的救助措施。救援人员抵达后,故障车辆2小时内无法恢复正常行驶的,企业应当向承租人

提供相应功能和租价的临时替换车辆，或者双方协商采取其他的补救措施。车辆需送修的，由企业负责送修，或者委托承租人到指定地点送修，修理费用和其他有关费用依据相关责任和合同的约定合理承担。因承租人责任造成的车辆送修和车辆停用，需要向承租人收取车辆维修费用和停运损失费，企业应当向承租人明示修理项目、修理工时、修理费用等原始清单。

7）在租车辆召回。在租车辆是指已经交付承租人使用的车辆。在租车辆到达规定的里程或时限，需要维护时，企业应当及时召回车辆进行维护，或者委托承租人到指定的维修企业进行维护，维护费用由企业承担。在租车辆需要依法进行安全技术检测时，企业应当及时召回送检，并承担检验费用。车辆租出后，发现安全隐患的，无论是出厂存在的安全隐患，还是使用过程中出现的安全隐患，企业应立即告知承租人停驶，并及时采取上门维修或送修等处置措施，在租车辆因维护、检验、停驶而影响承租人正常使用的，企业应当提供替换车辆。

8）服务监督。服务监督是一项重要的综合性基础工作，贯穿租赁服务的全过程，是企业随时获取服务信息，不断改进服务质量的一项有效措施。企业应当在随车的服务监督卡上，公示服务监督投诉电话号码或互联网址，随时接受承租人的意见和投诉。企业对承租人的意见和投诉应当详细记录，认真查证，妥善处理，并在一周内予以回复。租赁车辆归还时，应当征求承租人对服务的书面意见。

9）收车交接。收车交接是在租赁车辆归还时，双方对照发车时的交接单，对车辆完好状况和随车附件进行检验，检验无误的，在车辆交接单上注明，双方签字认可。收车交接时，如果双方发现车辆异常损坏或部件缺失，应当及时界定责任，并依照租赁合同确定相应的赔偿或补偿责任，无法及时界定责任或租赁合同没有事先约定的，双方应当本着公平、公正、诚信的原则协商处理，协商不成的，可以依法履行调解、仲裁或诉讼程序。租赁车辆归还后，企业要及时将车辆租用期间的情况记入单车管理档案，同时将有关数据信息，录入计算机管理系统。

10）收车结算。租赁车辆归还后，租赁双方应及时依照合同及收费标准进行费用结算，各项结算单据应当完整保存。企业应当通过计算机系统进行月度、季度、年度经营核算，实行信息化管理，并依照规定向运输管理部门报送有关数据信息。

（2）汽车租赁合同（参考文本）

**汽车租赁协议书**

甲方：　　　　　　　　身份证号码：

乙方（盖章）：

甲、乙双方本着平等公平、互惠互利的原则，在中华人民共和国法律、法规规定的范围内，在诚实守信、友好协商的基础上，达成以下协议：

一、乙方为甲方提供设备齐全、车况良好、运行安全可靠、证件齐全的车辆，车辆基本情况如下：

| | | | |
|---|---|---|---|
| 车辆品牌 | | 车牌号 | |
| 车辆类型 | | 车身颜色 | |
| 车辆登记日期 | | 有效日期至 | |

二、双方约定，车辆租赁费用为　　元/月，合同签订后　　日之内一次性支付。

三、协议期限为1年:从　　日至　　日止。

四、协议期内汽车所有权属于乙方,甲方只有使用权,不得转租、转借、抵押和进行客运以外的货运行为或其他任何侵犯甲方车辆所有权的行为。

五、甲方的权利和义务

(一)甲方有权要求乙方按协议约定交付所用的车辆。

(二)甲方应及时足额的交付车辆抵押金。

(三)甲方应按协议约定正常使用车辆。因使用保管不妥当造成车辆损失的,如轮胎单独损坏,车辆被水淹及排气管的水中启动或被水淹后操作不当致使发动机损坏等,由甲方承担赔偿责任。

(四)甲方在租赁期间内配合乙方进行正常保养及年检的责任,按期进行保养,如遇年检时正常年检。

(五)车辆租赁期间的油料费用、停车费、过路过桥费、高速公路费、违章罚款等费用,由甲方承担,乙方提供相关单据发票,实报实销。

六、乙方的权利和义务

(一)按时向甲方交付协议约定车辆。

(二)协助甲方处理车辆保险事故及修理受损车辆。

(三)在下列任何一种情况发生时,乙方有权解除协议,收回车辆。

(1)甲方利用甲方车辆进行违法犯罪活动的;

(2)甲方不按协议约定使用甲方车辆的;

(3)未经乙方同意,甲方将乙方提供的车辆转租他人的。

七、除符合本协议约定的或法律规定的解除协议的条件外,当事人变更解除协议必须签订书面协议。

八、协议期满,甲方续约的,应在协议期满前5日内办理续约手续。

九、本协议一式两份,由甲乙双方各持一份,签字、盖章后生效。

甲方(盖章签字):　　　　签订时间:年　　月　　日

乙方(盖章签字):　　　　签订时间:年　　月　　日

## 7.3.3　汽车租赁企业的客户管理

1. 汽车租赁客户

目前,国内汽车租赁市场的客户可以划分为以下两个层次。

第一层次:单位用车。主要以三资企业、中小企业为主,一般用于满足企业经营及公务、商务活动的需要,这部分消费占整个汽车租赁市场的57%左右。

第二层次:家庭、个人用车。主要以中高收入家庭为主,其主要用途为家庭旅游、探亲访友、临时外出等,这部分用车占整个汽车租赁市场的43%左右。

租赁汽车的主要用途依次为:国家企事业单位和三资企业公务用车;节假日郊游私人用

车;接站及陪同用车;买车前的试开和做教练车使用等。而在汽车租赁市场的庞大消费群体中,最主要的消费者是三资企业的职员,占整个消费群体的50%;另外,个体或私企单位以及新闻、医疗、金融机构的员工也占有一定的比例。根据发达国家汽车进入家庭的经验,只有当家庭平均年收入的1.5倍相当于一辆轿车的价格时,才将会有大量的家庭购买汽车。

公务用车制度的改革也给汽车租赁业的发展带来有利条件。目前,大多城市已积极推行公务用车制度的改革。这对于汽车租赁业来说无疑是一个好消息。新的公务用车制度将取消公务用车,各级公务员按行政级别来补贴交通费。各单位现行的上下班交通用车制度也将改革,各单位原则上不再保留上下班交通车,上下班的交通方式将由个人自主选择。如此,必将极大地促进汽车租赁业的发展。

中外合资企业、外商独资企业和私营企业的不断增加也为汽车租赁业创造了更多的商机。对于各种合资、独资企业来说,他们精于计算,不愿用宝贵的流动资金去购买汽车,变成固定资产放在家里,而租车费用是计入成本的,不同于买车用款为税后利润,而且租车还可以免去保险费、车船使用费以及日常维修费、管理费等,因此他们也乐意租车而不愿买车。

2. 客户管理

客户管理是指将现实的和潜在的业务往来者(客户)进行区分归类,记录其相关的基本概况、有关信息及业务往来情况,定期进行整理、补充、分析,并对相关信息进行充分利用。客户管理是汽车租赁企业的一项非常重要的日常工作。其重要性主要体现在3个方面:一是高水平的客户管理工作是租赁服务质量的主要体现;二是良好的客户管理工作是市场推广工作的重要组成部分;三是规范的客户管理工作是杜绝“骗租”、降低租赁经营风险的有效手段。

3. 普通客户管理

(1)初次客户管理

①应严格、详细审查有关证件,限制从严,必要时应进行多方调查;

②要填写问卷,进行心理测试;

③有可能时,联网查询各种信息,加以核实;

④将有关资料录入计算机信息管理系统进行管理。

(2)常规客户管理

①确认本人身份与计算机档案资料是否相符,本人身份资料有无变动;

②查阅以往租车情况,有无违规记录,确定其资信水平;

③对信誉较差的客户,应加以必要的限制。

4. 会员制客户管理

会员制客户管理旨在改善汽车租赁企业与客户之间关系,它实施于汽车租赁企业的市场营销、销售、服务和技术等与客户有关的领域。其指导思想是为了解客户的需求并对其进行系统化的分析和及时提供服务,在此基础上进行“一对一”的个性化服务,提高客户的满意度和忠诚度,为汽车租赁企业带来更多的利润,也可以更为有效地杜绝骗租风险。

(1)入会。

①自然人或法人团体均可申请入会,自然人凡年龄在18周岁(含)以上、持有有效证件

的客户,均可申请入会;

②申请人需提供详细资料和证明、证件;

③担保人提供相关资料的证明、证件,俱乐部会员介绍入会者优先;

④填写入会申请书;

⑤俱乐部进行审验、核定;

⑥缴纳抵押金及会费;

⑦颁发会员证。

(2)建立会员档案,掌握每一位会员的驾驶水平、租车时间、兴趣爱好,以便更好地为客户服务。

(3)必要时对会员可以进行资格再审查,1~2年验证身份1次。

(4)会员资料的内容应该经常更新。

(5)会员必须与俱乐部签订汽车租赁合同。

(6)会员租车只需出示会员证即可。

(7)会员租车在15天内,不需缴纳押金。

(8)会员租车提供10%以上幅度的优惠价格,与此同时还实行积分制。

(9)会员在特许连锁或行业内合作企业间,实现异地通租通还,可得到异地服务的方便。

(10)会员还能得到俱乐部提供的其他服务和优惠(如旅游、餐饮、住宿及购物等)。

### 7.3.4 汽车租赁企业的车辆管理

车辆管理是汽车租赁企业的一项非常重要的基础性工作,其管理水平直接关系和影响到租赁服务水平的高低乃至整个企业能否正常运转。车辆管理工作主要包括以下几个方面。

1. 车辆养护

(1)每日例行养护制度

①检查外观。从左前门起,查看全车漆面有否新的划伤;玻璃状态、后视镜、前后照灯的状况等;

②目视4个轮胎的胎压情况。如果某一轮胎胎压低,应及时补充并查明原因。

③目视车下的地面上是否有油污、水迹。一旦发现,应查明原因,修复后再行驶。

④进入驾驶座位,启动发动机,观察仪表盘上指示灯的工作情况,有无警告灯闪烁或常亮。

⑤检查刮水器工作是否正常;

⑥检查转向信号灯工作是否正常;

⑦在启动过程中和启动发动机后,发动机是否有异常声音;

⑧检查空调是否制冷、有无异常声音;

⑨检查车内、外卫生,是否干净,有无异味;

⑩行进检查,行车前应先踏几下制动踏板,感觉制动踏板高度是否正常;

⑪检验员做好详细的检查记录,向值班领导汇报汽车技术状况,根据情况提出报修

项目；

⑫及时排除异常情况。

(2)每周例行养护制度

①检查润滑油油面的高度。检查的条件：发动机水温需要达到80℃以上，发动机停止运转，车辆处于水平位置，等待3～5分钟后，拔出油尺，用干净的针织布或棉丝将其擦拭干净后，再将油尺插到底，然后拔出油尺检查油面的位置。

②检查其他各种液面的高度，发现问题，应及时解决。

③检查备胎的气压情况，标准气压值见油箱盖处。一般情况下，小客车的轮胎气压为2.3～2.5kg/cm$^2$，备胎2.5～2.9kg/cm$^2$。

④检查全车外部的灯光情况，特别是后部制动灯，如有灯泡不亮，应及时更换。

以上养护必须每周进行一次。做到有病早知道、早预防，避免病重麻烦多。

⑤检验员做好详细的检查记录，向值班领导汇报汽车技术状况，根据情况提出报修项目。

⑥及时排除异常情况。

(3)每月例行养护制度

经过一个月的行驶，在每周检查的基础上，需要增加以下几个方面的检查：

①发动机皮带的检查。有无裂纹、松紧，如出现裂纹应及时更换。

②发动机的密封性。主要检查发动机表面有无渗漏现象。

③目视散热器与冷凝器间是否有脏物堵塞。特别在夏季，如果其间隙中有赃物，将会影响到空调的制冷效果，需要用压缩空气进行清理。

④检查刮水器的清洁程度和喷嘴的方向位置。在操作清理前风窗玻璃时，发现刮水片刮不干净时，需尽快更换。

⑤检查所有轮胎的气压，包括备胎。

⑥检查轮胎花纹深度及磨损情况。轮胎花纹的磨损极限深度为1.6毫米，轮胎胎面应磨损均匀。如出现偏磨或者磨损异常，需要到维修站进行检查和调整；磨损严重，需更换轮胎。

⑦检查蓄电池装头表面是否有腐蚀物，如有白色或绿色污染物，用热水冲洗即可，避免用硬物或者拆下装头进行清洁。

⑧检验员做好详细的检查记录，向值班领导汇报汽车技术状况，根据情况提出报修项目。

⑨及时排除、修正异常情况。

(4)强制养护制度

①保养空气滤清器：每行驶3000公里要进行空气滤清器的保养，及时更换空气滤芯。

②更换润滑油：每行驶5000公里要更换1次。

③四轮定位：当车辆行驶时出现转向发沉、发抖、跑偏、不正、不归位、漂浮、颠颤、摇摆或轮胎单边磨损、波状磨损、块状磨损、偏磨等不正常的现象时，就必须进行四轮定位。

④制动片更换：车辆行驶2～3年，要更换新的制动片。

⑤更换燃油泵：车辆行驶2～3年，要清洗或更换燃油泵。

⑥正时皮带更换:车辆行驶 7 万 ~10 万公里,要更换正时皮带。

⑦其他:车辆行驶 4 年后,车内的各种橡胶管老化、硬化,漏油、漏液的问题就会出现。要及时更换这些橡胶管。5 年左右的散热器易被化学物质腐蚀,如果散热器漏液,要及时更换。

2. 待租车辆标准

待租车辆应达到"一格、二准、三齐、四无、五清"标准。

(1)一格

待租车辆必须保持有一格以上的燃油量。

(2)二准

准时、准确地把车送交给客户。

(3)三齐

①证件齐:待租车所有证件要齐全有效(行驶证、购置证、养路费证、营运证等);

②备件齐:待租车所有备件要齐全、完好(备胎、轮胎套筒、千斤顶、防盗锁、灭火器、警示牌等);

③照明灯光齐:前照灯、后照灯、转向灯、制动灯、防雾灯、警示灯、车内灯。

(4)四无

①无故障:待租车机械性能、操作系统没有故障存在;

②无残缺:待租车外表、车内、车门没有损坏、脱落等现象;

③无划痕:待租车外观没有明显划印痕迹;

④无异味:待租车内没有其他异味。

(5)五清

①车身清洁:待租车外观清洁明亮(前后风窗玻璃、左右后视镜、左右车门、轮胎、轮毂干净);

②车内清洁:待租车座椅、靠背、脚垫、扶手、安全带、行李箱清洁干净;

③发动机清洁:待租车发动机外表必须清洁干净;

④仪表盘清洁明亮:待租车仪表盘必须清洁,明亮,没有灰尘;

⑤随车工具及备胎清洁:待租车的随车工具、备胎清洁干净,没有油污。

3. 车辆出勤管理

(1)租赁车辆发车管理

①保证所有营运车辆符合待租标准,处于待租状态。

②接到发车信息后,立即同接待部确认发车时间、地点、车型、价格、押金、客人姓名、联系方式及其他要求。

③从接待部领取所发车辆的钥匙、证件、租车合同、验车单等手续。

④主动与客人取得联系,进一步确认发车时间、地点、车型、价格、押金等。

⑤提前 10 分钟到达指定地点,做好验车、发车准备。

⑥主动向客人问好,并检查客人的身份证、驾驶证、来程机票或其他有效证件。通过 GPS 监控中心核对客人的身份证和驾驶证,请客人提供其住宅固定电话号码,以进一步确认

客人身份。

⑦与客人一起验车。

a. 详细查验车辆的外观,从车体油漆、部件、装饰、灯罩到底盘和轮胎,伤痕的长度、面积、部件的数量等,都要在验车单上做详细记录。

b. 查验车内饰、部件的完好情况,并记录。

c. 启动发动机,查验仪表盘的各项显示,记录公里数、存油量、机油表、水温表等各项数据。查验灯光、空调、刮水器、音响、制动、电动门窗和天窗是否正常。

d. 向客人讲解并示范该车的各项操作:空调、灯光、天窗、音响等。

e. 打开发动机罩,给客人讲解并示范如何检查和添加冷却液、润滑油。

f. 签订租车合同,收取押金。

g. 给客人安全驾驶的提示和建议。

h. 帮助客人解决其他问题。

⑧发车完毕后,第一时间将租车合同手续、押金交回接待部。

⑨将发车情况和客人的其他要求告诉接待部值班人员。

(2)租赁车辆收车管理

①接到收车信息后,及时与将要还车的客人取得联系,确定还车时间、地点、租金计算办法等内容。

②在租赁结算单上填好已知的收费项目和应收款金额,准备好租车合同、应退款项、违章保证金收据;安排车队人员负责收车,要当面向收车人交代清楚收车时间、地点、客人联系方式、租金结算等事宜。

③收发车人员与客人见面后,先向客人问好,感谢客人选择本公司的车辆。

④认真检查车辆外观、内饰、发动机、燃油量、里程等,并询问客人该车在运行中存在哪些问题或故障隐患,并做好车辆状况的详细记录。

⑤根据燃油量、公里数,计算超油费、超公里费,并填入应收款项目。

⑥如果有车损,要及时报告车队队长,根据车损情况,确定客人赔偿金额;严重车损或有争议的要及时到修理厂定损或报保险公司。车损情况及处理办法都要记录在验车单上。

⑦收车人必须在结算单上填写应收款项、应退款项、退还押金,并在收款人栏签名。

⑧收车结束及时将合同单、车辆交回公司接待部;接待人员审查合同手续、结算单、证件、汽车钥匙,在收发车单上登记时间、车况,并签名。完结后将车辆钥匙、证件交专管员保管。

a. 有故障的车辆,收车人员应详细登记并向车管责任人报告故障情况,由车队另行办理送修手续。

b. 车内外不清洁的车,在交回租车合同手续后,由收车当事人负责送洗。

(3)带驾租车

①配驾驶员的租车业务,要开具《营业派车单》,详细注明用车时间、租金、服务费、用途、结算办法等。

②所有出车业务都要填写发、收车登记表。

③带驾租车业务结束后,根据营业派车单和实际还车时间结算租金,并做好详细的登

记;填写当日报表,以派车单驾驶员联作为凭证,随日报表一起交财务部门。

④检查证件、车况、汽车钥匙,并在收发车登记表上验收登记。

(4)公务用车

各部门因业务需要的公务用车,需本部门向公司领导申请,说明用车事由、时间;并由接待部开具派车单,经公司领导签字同意后,接待部方可发放汽车钥匙和相关证件。

(5)跟踪管理

①密切关注并掌握每一台出勤车辆的情况。

②出场超过3天的车辆要主动与驾车人联系,询问车辆性能和状况。

③每天通过GPS查询车辆的位置。

④做好跟踪服务和温馨提示。

⑤帮助解决驾驶中遇到的各种问题。

(6)道路救援

①车队每天24小时都要有值班或待命的驾驶员。

②在接到道路救援信息后,立即与客人确认需要救援车辆的车号,事故发生的时间、地点、基本情况。

③将事故信息反馈给车队主管领导,车队主管领导根据事故发生的情况,制订道路救援方案,并向公司领导汇报。

④车队难以处理的情况,应通知修理厂到现场救援。

⑤到达现场后,首先安抚客人,根据事故的现场情况确定报警、报保险公司。

⑥尽量给客人提供替换车辆,费用的结算严格按照租车合同执行。

⑦每次道路救援后都要做好书面记录。

4. 车辆维修管理

(1)车辆维修遵守"先申请,后修理"的原则

①车辆管理人员要对自己管理的车辆做好详细的检查,如有故障,做到以下4点:

a. 到底出现了什么故障?

b. 引起这个故障的根本原因是什么?

c. 有哪几种解决办法?

d. 你认为用那种方法合适?

②填写故障登记表,并报车队领导核查,并确定解决方案。

③如果需要送修理厂的,要填写"维修申请单",送修理厂检查。

④由2个以上的修理厂提供维修方案和报价单,报送车队领导审核;维修总费用在200元以下的,由车队领导批准并签字确定;维修总费用在200元以上的,车队领导必须书面报公司领导审核。

⑤紧急情况,车队领导不在场的,需有2名以上的车管人员签字,并将维修方案和报价单直接报公司领导审核。

⑥每辆车送修前,必须查阅该车历史的修车记录,查对本次故障是否和原来的修理项目相同或相关,是否还在保修期内;如果和原来的修理项目相同、相关,或还在保修期内,由原修理厂负责免费修理或更换配件。

⑦记录送修时间,并通知接待部该车预计修复日期。

(2)车辆修复后的出厂检查

①车辆维修完毕后要认真检查,保证彻底修复完成。

②由车管员和车队领导对该车进行验收,验收合格后,记录详细的出厂日期、公里数、维修项目、配件单、结算单、保修日期或保修里程。

③车辆通过验收回到公司后,车管员将《维修申请单》《结算单》交公司领导审核。审核通过后,《结算单》一式两份,原件交财务部门审核,附件和《维修申请单》一并存入该车的维修档案。

(3)保险理赔

①需要做保险理赔或可以做保险理赔的车辆,一定要进行保险理赔。

②为保证修车质量,进行保险理赔的车辆,要严格按照本制度第4条"车辆维修管理"的规定进行。

5. 证件、档案及年审管理

(1)保证所有车辆的证件、手续齐全、有效。

(2)为每辆车单独建立车辆档案,包括车辆照片、发动机拓号、车架拓号、行驶证复印件、购置证、保险单、营运证等所有相关手续。

(3)为每辆车单独建立车辆维修、保养记录的详细档案。包括每天的车辆检查养护记录、车辆维修申请单、维修结算单、单车修理项目和费用的统计表。

(4)所有车辆都要有备用钥匙,并妥善保管。

## 7.3.5　汽车租赁企业的风险防范

汽车租赁行业是一个重资产投入、高成本、低利润的服务行业,其主要风险有2点:一是租赁车辆交通违法中的风险;二是租赁车辆被骗的风险。而在这2个风险中,令企业最为"头痛"的当属骗租风险,此问题的持续存在,严重制约了汽车租赁业的健康发展。因此,汽车租赁企业要提高防范意识,采取有效措施,提高抵御风险的能力。

1. 目前我国骗租风险的主要特征

分析国内近两年的骗租案件,发现主要有以下几方面的共同特征:

(1)越来越多的骗租人持真实的证件行骗。

(2)骗租者的身份主要是赌徒,为了偿还赌债或急于弄钱翻本,他们盯上了行骗门槛较低的汽车租赁企业。

(3)被骗车辆的处理方式:一般是抵押或当给一些地下"寄卖行""典当行""投资公司"。

(4)被骗车辆的种类:中高档租赁车辆符合骗租者"以小博大"的目标,被骗风险较大。

(5)发生的骗租案件大多涉及大案,骗租者从几家甚至十几家租赁公司骗租,有的涉及团伙作案。

2. 规避汽车租赁风险的技术手段

面对上述问题,租赁公司各显神通,采用各种手段来控制自己的资产风险,相互之间

借鉴与学习,租赁行业对风险的控制和管理上升到了一定的水平,归纳起来有以下几个方面:

(1)身份核实

身份核实是对承租方的单位及个人资料,通过专业的网站核实,以保证初期资料的真实可靠,这样可以直接筛除掉以假证件骗租的信息。

(2)信息核实

①与工商局联合,在工商网上查询承租方单位的真实性和开业情况,筛除营业情况不佳的企业租赁车,同时可以得到准确的注册登机情况。

②与公安局的身份证查询网络联合,查询承租方的身份证件的准确性,防止冒用或假身份。

③与公安局共享资源,筛除有犯罪历史的人员,防止恶意骗租。

(3)办理优质会员制

租赁公司为了发展自己的客户群体,对一些自信能力相对较高的稳定消费人群,发展成自己的固定会员。在会员系统内定期进行活动,一是为了稳定自己的客户群,二是为了与会员保持一定的密切联系,以降低会员的信用风险。

(4)借助银行信用平台

银行业有着完善的信用评级体系,对不同收入及消费人员,也按照此体系进行了信用分级。一部分租赁公司已经充分借鉴了这个优势,与银行互换客户,只要是银行方面的优质客户,仅需要提供身份证、驾驶证及相应的信用卡,就可以完成租赁程序,同时也给予这类客户一定的优惠,吸引优质客户租赁车辆。

(5)行业黑名单共享

各个省市的租赁公司都组成了租赁协会,协会的主要工作之一就是促进行业发展,各个成员公司有义务将出现坏账及骗租的客户名单提供给协会,协会在行业内通报,以最快的速度防止诈骗犯在行业内流窜。

(6)卫星定位系统(GPS)的使用

现在很多租赁公司都已使用GPS的跟踪功能,以控制车辆的越界行驶和丢失车辆的找寻,特别是零租业务比较多的公司,GPS成了车辆的必备设备。

### 3. 企业内部规避风险的管理手段

汽车租赁公司要发展壮大,更需要加强公司自身的经营管理,做到预防为主,主动出击。

(1)设立风险控制部门

成立专门风险控制单位,其功能是调查并符合承租方提供的资料,必要时上门面谈。对于出现缴费滞纳的承租方,实施技术手段追缴车辆及租费。

(2)细分客户

面对不同的客户群体,要求不同的资信证明。比如对企业法人就仅需要企业营业执照和身份证及委托文件等就可以正式办理;而对个人用户,更多的是需要有稳定收入来源及固定住址的证明。

(3)车辆分级

将车辆分为低、中、高几个级别的类型,并针对不同的信用等级承租方,提出不同的租赁条件要求,或提供证明文件不同、或提供押金不同、或要求租期长短不同,迫使有恶意的承租方将可见利润降到最低,放弃冒险。

(4)应收账款追缴

在国内目前经济形势下,无论租赁公司的现金管理多么完善,都会出现应收账款回收的问题。分析原因有几点:①承租方的后付款周期比较长;②承租方的管理人出现意外,不能按照正常程序完成支付;③承租方现金出现短缺,造成支付困难;④承租方是借用租赁车辆抵债融资,本身就没有支付能力。

前两种情况一般通过短时期就可以缓解,但后两种情况对租赁公司十分不利。面对这种情况,租赁公司在管理上应该采取的措施是:每月复核承租方的付款情况,是否为约定的正常支付,对有拖欠情况的承租方进行甄别,如出现不良情况,提前收车;在签署合同时,对一般的中小型企业及个人,除了按规定审核信用外,一定要收取一定比例的押金,以保证短期欠款的收回;对拖欠款超过3个月的承租方,首先要收回车辆,其次要准备使用民事诉讼的手段来保障租赁公司的利用。

(5)信用卡约定划账

现在国内外的银行系统已经有了预约划账服务,即承租方在提供了自己的信用卡信息后,租赁公司可以按照实际使用情况,在租期结束后(或之前),从承租方的信用卡中划入相应的应支付费用。由于有银行的监督,双方都自觉进行公平交易。

(6)发展全国网络站点

建议一些有实力的公司,在国内几个经济比较发达的地区发展业务,一是可以扩大自己的客户群体,提高投资的收益率;二是这些后发展的客户群,与北京、上海等地的初期业务类似,都是一些比较有名气的企业和个人有租赁的需求,经营风险比较小。

4.关于防范和化解汽车租赁风险的几点体会

(1)汽车租赁行业是一个重资产、高风险又存在充分竞争的行业,面对不断变化的经营环境,汽车租赁企业应该未雨绸缪,一方面借助科技力量,及时更新防范骗租风险的手段,不断增强自我保护的能力;另一方面更重要的是租赁企业要加强自身内力的锻炼,不断提高管理水平,着重于风险的事前和事中防范,增强防骗租能力和风险及时处理能力,及时将风险"拒之门外"和化险为夷。

(2)汽车租赁企业应该一如既往地紧紧依靠公安、法律部门,为自己营造一个安全的经营环境,真正消除骗租风险的隐患。2012年山西省出台的《山西省汽车租赁管理办法》,明确规定骗租属于违法行为,定性为经济诈骗,为今后汽车租赁企业维权提供了依据。汽车租赁企业应该继续加强与公安法律部门的沟通,获得支持和帮助,使汽车租赁业的未来发展之路变得更为坚实和平坦。

(3)防范和化解汽车租赁风险离不开行业之间的密切合作。汽车租赁企业需要进一步加强业内的信息汇集,实现业内客户信用信息的共享,如租车信息、不良客户信息、黑名单信息等。建议成立全省乃至全国性汽车租赁协会,行业协会可定期发出预警,公布近期作案的不法分子及其作案手段,提醒租赁企业加强防范,减少因信息不畅引发的系列案件。同时,加强与交管部门合作,建立租赁车辆信息档案系统,当租赁车辆违章时,交管部门及时反馈信息至租赁协会,以便汽车租赁企业迅速采取措施避免损失,从而降低汽车租赁企业承担的风险。

# 7.4 汽车租赁企业的经营管理

## 7.4.1 汽车租赁企业的经营模式

目前,国外汽车租赁公司的运作模式可谓花样繁多,如连锁加盟、特许加盟,等等。

在汽车租赁业最为发达的美国,汽车租赁市场主要由几家规模较大公司所占据,如赫兹(Hertz)、安飞士(Avis)、国民(National)、巴杰特(Rudget)等公司。这些公司背靠大型的汽车生产商或金融财团,如福特汽车公司是巴杰特的大股东,通用汽车公司是赫兹汽车租赁公司的大股东。这些公司通常采取全国连锁的方式,分支机构遍布各大都市,在甲地租车可在乙地还车,途中车辆遇到故障,租赁公司立即提供代用车辆供完成未完的旅程。这些公司的服务较好,车辆性能好,而租车价格也不高,到了周末假期更有折扣优惠。

除通过收购、连锁的方式扩大规模外,这些公司还通过品牌输出吸收加盟的办法扩大经营点。如巴杰特公司的加盟店,可以从巴杰特公司获得以下的帮助和支持:

(1)技术服务:提供新车型的技术资料,维修方法等。

(2)介绍客户:把准备到达这一地区的客户及时介绍给加盟店。

(3)广告宣传:巴杰特在美国家喻户晓,加盟店不用另外支付广告宣传或其他宣传费。

(4)信用支持:通过巴杰特总部,加盟者可以获得一定的信贷额度,一般通过提供车的方式兑现。加盟者从巴杰特总部获得 10 辆福特汽车,通过租金还贷,一年后福特公司把汽车收回,拍卖车款返还加盟店。

在美国,大型的汽车租赁公司汽车更新很快,有的一年就更新。如赫兹汽车租赁公司有 50 万辆车,更新周期只有半年。正因为如此,美国二手汽车市场也十分发达。

信用卡是在美国租车旅游中一个不可或缺的良伴,"一卡在手万事不愁"。信用卡可用以支付加油费用、旅社房租、餐厅账单及购买物品等费用,比旅行支票更为便利好用。在发卡银行计算机连线网路所及处,更可利用信用卡从自动柜员机提取现款、转账或支付出门前忘记缴纳的电话、水电账单。万一信用卡遗失,只要立即申报,持卡人可以免除极大部分因他人冒用所产生的损失,最多只偿付 50 美元。有了以上两大工具,在美国租车就十分方便,不用受烦琐手续的困扰。

在意大利和西班牙,"机场租车"占了整个租车业务的大部分,而在法国、英国和德国,大部分业务是从机场以外的地点租车。意大利和西班牙机场租车业务活跃的原因是这两个市场对外国游客和休闲租车的依赖性较大。在意大利,不管是从机场租车还是从非机场的地点租车,其主要用途都是以商务为主。

在法国,目前许多中小企业开始借助租车公司管理车辆,即由租车公司管理政府部门或企业的汽车,公司对车辆管理和汽车使用有一套规章制度。可以是租车公司根据企业需要购车、办理手续、负责保养维修,公司拥有汽车的所有权;也可以是企业选择汽车,出资拥有所有权,但各种手续和车辆维修由租车公司负担。

在德国,行业整合使汽车租赁经营商数目减少了17.9%。几家最大的公司依靠强大的财力和航空公司、铁路部门合作,为顾客提供“集成式”服务。而小型的汽车租赁经营商几乎只经营礼车租赁以及类似服务。

在日本,汽车销售、汽车租赁、旧车业务三位一体,走入地铁,仅需100多米就可看见一家租赁门店,办完简单的手续,就可驾驶一辆新车在日本游览了。

与国外三位一体的租赁模式不同,目前我国的汽车租赁公司大多为单兵作战,汽车租赁公司与汽车供应商、汽车销售商之间的联系很少,汽车租赁商很难从供应商手中获得非常优惠的价格,旧车辆也很难通过二手车市场及时更新。

但是,目前仍有不少公司在积极探索新的运营模式,如今日新概念投资管理公司推出的特许经营、异地租车、机场租车等,上海安吉公司推出的汽车修理加租赁经营模式、加油站加租赁经营模式和旅游业加租赁经营模式等,都为我国汽车租赁业的发展做出了有益尝试。目前,我国的汽车租赁主要经营模式如下。

1.连锁经营

汽车租赁公司在经营模式的选择上,一般均采用连锁经营的模式。连锁经营模式是指经营同类商品或服务的若干组织,以一定的形式组织一个联合体,通过企业形象的标准化、经营活动的专业化、管理方式的规范化以及管理手段的现代化,使复杂的商业活动在职能分工的基础上实现相对的简单化,从而实现规模效益。

对于汽车租赁公司来说,连锁经营模式是指某一汽车租赁公司在全国各地以连锁店的形式提供汽车租赁服务,包括汽车租赁、车辆救援、车辆维护和修理等。这种经营模式开始于欧美经济发达国家,并伴随着汽车制造业的繁荣而发展。从整体上来看,发达国家从事汽车租赁公司连锁经营在技术、管理和服务等方面经历了不断完善的过程。连锁经营有3种基本模式,即直营连锁模式、特许经营模式、自由连锁模式。

(1)直营连锁模式

直营连锁是连锁经营最基本的模式,是指总公司直接经营各个汽车租赁连锁店,即由公司本部直接经营投资管理各个汽车租赁网点的经营形态,此连锁形态并无加盟店的存在。汽车租赁公司总部采取纵深的管理方式,直接下令管理所有的汽车租赁网点,各网点也必须完全接受总部的指挥。直营连锁的主要任务在“渠道经营”,即是指透过经营渠道的拓展从消费者手中获取利润,因此直营连锁实际上是一种“管理产业”。

直营连锁模式的主要特点是各个汽车租赁连锁店所有权和经营权集中统一于总部。主要表现在:

①所有成员企业必须是单一所有者,归一个公司、一个联合组织或单个人所有,总部不向连锁店收取经营权利金。

②由总部集中领导、统一管理。总部对连锁店的约束控制能力很强,如人事、采购、计划、广告、会计和经营方针都集中统一,实行统一核算制度。各直营连锁店经理是雇员而不是所有者,各汽车租赁直营连锁店实行标准化经营管理,连锁店数量扩张速度较慢。

(2)特许经营模式

特许经营,也称特许加盟,是目前汽车租赁行业普遍采用的连锁经营模式之一。按照有关法律规定,特许经营是指特许人将自己拥有的商标(包括服务商标)、商号、产品、专利和专有技术、经营模式等以合同的形式授予受许人使用。受许人按合同规定,在特许人统一的业务模式下从事经营活动,并向特许人支付相应的费用。汽车租赁的特许经营,即汽车租赁公司授予某一候选人特许经营权,使其加入汽车租赁公司的服务网络,使用汽车租赁公司的品牌和标志,按照汽车租赁公司的统一规范进行业务运作。汽车租赁公司对特许经营点的经营进行监督和指导,并收取特许经营权使用费。

特许经营模式的主要特点是整个连锁体系由契约结合而成,连锁店所有权不属于总部。主要表现在:总部对商标、服务标志、独特概念、专利、经营诀窍等拥有所有权,权利所有者授权其他人使用上述所有权。汽车租赁公司总部约束连锁店的经营管理方式;在授权合同中包含一些调整和控制条款,以指导受许人的经营活动;汽车租赁公司总部分担各连锁店部分费用亦分享其部分利润,受许人需要支付权利使用费和其他费用。

(3)自由连锁模式

自由连锁,也称自愿连锁,即自愿加入连锁体系的商店。这种商店由于是原本就已存在,而非加盟店开店伊始就由连锁总公司辅导创立,所以在名称上自应有别于加盟店。自愿加盟体系中,商品所有权是属于加盟主所有,而运作技术及商店品牌则归总部持有。即各汽车租赁加盟店在保留单个资本所有权的基础上实行联合,汽车租赁公司总部同加盟店之间是协商、服务关系,集中购进租赁车辆、维护修理、救援等,统一制订经营战略,统一使用物流及信息设施。

自由连锁模式的各汽车租赁加盟店不仅独立核算、自负盈亏、人事自主,而且在经营品种、经营方式、经营策略上也有很大的自主权,但要按销售额或毛利润的一定比例向汽车租赁公司总部上交加盟金及指导费。汽车租赁公司总部经营的利润,也要部分返还各加盟店。同时,连锁店扩张速度较快,汽车租赁公司总部对连锁店的控制约束能力较差。

(4)三种经营模式比较

在汽车租赁三种经营模式中,特许经营模式在汽车租赁行业中最为普遍,它与直营连锁和自由连锁均有较大区别。由于直营连锁是由汽车租赁公司总部全资或控股开设连锁公司分店,各分店在总部的直接领导下统一经营,它要求总部筹集足够资金,配备大批管理人员。而特许经营中受许人是独立的企业法人,特许人无权干涉各加盟店的人事和财务管理,特许人只需选择受许人,并向其提供培训和服务即可,而无须为其提供资金。在自由连锁中,各连锁公司的店铺均为独立法人,各自的资产所有权关系不变,各成员使用共同的店名,与总部订立有采购、促销、宣传等方面的合同,并按合同开展经营活动,各成员可自由退出。自由连锁中成员店的经营自主权比特许经营加盟店多,特许经营加盟店在合同期内不能自由退出,而自由连锁店则可自由退出。

2. 与制造厂商的合作经营

汽车租赁公司一方面要扩大规模,降低经营成本;另一方面必须加强与汽车生产厂商之间的合作。从汽车租赁业的发展历史来看,自20世纪初汽车租赁行业诞生以来,汽车租赁企业就一直与汽车生产厂商保持着密切的合作关系。一方面各大汽车厂商以收购或入股的形式直接参与一些汽车租赁企业的经营;另一方面世界几大著名的租赁公司也出于经营的需要,与汽车制造厂商保持着良好的合作关系。

3. 多元化经营

汽车租赁企业可以同时开展融资租赁、二手车销售、车辆保险等与之相关的多种业务,尤其是二手车销售业务的开展,可以消化租赁业淘汰的旧车,从而有效拓宽车辆更新的空间,加快更新速度。

4. 会员制模式

由汽车租赁企业出面组建俱乐部,广泛吸纳客户成为会员。会员可享受价格优惠服务以及由消费积累而给予的奖励,从而稳定和增加服务对象,扩大经营业务。

## 7.4.2 汽车租赁企业的服务质量管理

由于汽车租赁行业在中发展时间短,相应的法律法规缺失,行业规模比较小,导致汽车租赁行业的服务质量良莠不齐。而服务质量是汽车租赁企业竞争的重要因素,服务质量直接影响着顾客的满意度和忠诚度,进而影响企业绩效,所以对服务质量的评价和管理就成了汽车租赁企业的核心和重点。因此,汽车租赁企业的服务质量管理过程也是一个让顾客的感知超出其期望的过程。

1. 服务质量要素

根据对顾客感知的相对重要性,我们可以总结出判断汽车租赁企业服务质量管理的基本要素为可靠性、响应性、保证性、移情性和有形性。

(1)有形性

是指对汽车租赁企业的经营场所提供的设施设备、内外部环境以及员工的外表等外在描述。而汽车租赁企业的设施设备主要是指企业提供的车辆,例如车辆类型、车辆型号、车辆的基本情况等;有形性是对汽车租赁企业最基本的考察,是顾客首先接触到的,也是顾客对企业直观的评价。

(2)可靠性

汽车租赁企业能够准确地、可靠地为顾客提供汽车租赁服务的一种能力,意味着汽车租赁企业以标准化的流程、无差错地准时完成顾客所期望的服务。在现实经营中,要求企业能够标准的、无差别地提供服务,避免出现错误。因为企业的差错可能会造成顾客的流失,影响企业经济效益。

(3)响应性

汽车租赁企业愿意并能够及时地对顾客提供服务的能力。与其他行业一样,让顾客无原因的等待,会对汽车租赁企业的整体评价产生消极影响。研究表明,在服务传递过程中,顾客的等候服务直接影响着企业在顾客心中的形象以及顾客满意度等,所以缩短等待时间和提高服务传递效率可以很好地提高汽车租赁企业的服务质量。这就要求汽车租赁企业把顾客的利益放在第一位,加强企业内部建设、信息化建设等,简化租车流程,及时为顾客提供服务。

(4)保证性

汽车租赁企业员工的知识、礼貌以及顾客在接受租车服务时能够产生信任的能力。一位积极热情、充分了解所提供的服务且学识渊博的服务人员能提高消费者对企业的信任。信任能力和积极热情的态度两者缺一不可,这使汽车租赁企业要加强员工培训,提高员工的工作技能和沟通技能等;通过对员工的人文教育,提高服务人员的企业归属感与荣誉感,从而积极热情地投入到工作中。

(5)移情性

汽车租赁企业能够关心照顾顾客,根据顾客的各种需求(如异地还车、车辆维修等)提供个性化的服务与人情化关怀。汽车租赁企业服务人员能设身处地为承租人着想,努力满足承租人的要求,使其发自肺腑地对企业感到满意。企业自身个性化的服务能够有效地提高汽车租赁企业的服务质量。

顾客从这 5 个方面将预期的服务与受到的服务相比较,最终形成自己对服务质量的判断。期望与感知之间的差距是服务质量的量度,可能为正,也可能为负。

2. 服务质量差距

影响顾客满意度的差距主要有:

(1)“顾客的期望”与“租赁公司对顾客期望的认知”之间的差距。

(2)“顾客的期望”与“公司内部建立的服务标准”之间的差距。

(3)“公司的服务标准”和“公司的实际服务表现”之间的差距。

(4)“公司的实际表现”和“传达给顾客的信息”之间的差距。

当然,要彻底解决以上问题,缩小差距,让客户对汽车租赁企业的服务比较满意,必须从企业实力、硬件设施、管理水平、人员素质、服务理念等方面全方位入手,从系统管理的方法着手。

### 7.4.3 汽车租赁业战略合作模式

汽车租赁是向具有用车需求又无车而用的客户提供租赁用车服务的行业。汽车租赁企业在经营过程中不但要投入大量的资金购买运营车辆、拓展销售网络、建设售后服务体系,还要耗费大量的精力评估承租人个人信用,这样就给汽车租赁企业带来了巨大的资金压力与经营风险,使企业无法将注意力集中到如何提高自身核心竞争力方面。所以,汽车租赁业通过与汽车生产厂家、银行金融业展开广泛的合作,发挥各行业的比较优势,增加企业价值链,进而创造更大的效益就尤为重要。

1. 汽车租赁企业与汽车生产厂家战略合作

目前,国外一些大型的汽车生产厂家在从事汽车生产业务同时还进入到汽车租赁领域。有的汽车生产厂家拥有依附于本集团的汽车租赁子公司开展汽车租赁业务,有的厂家与大型的汽车租赁企业进行战略合作开展业务,汽车租赁已经成为汽车工业的重要销售渠道;同时汽车租赁企业也可以从汽车生产厂家获得充足的车辆保障,双方形成利益共同体,发挥各自优势,提高经济效益。

在具体的实践过程中,汽车租赁企业以优惠的价格从厂家购买车辆或者租赁车辆,并以租金的形式向厂家支付购车款,在车辆到达更新标准的时候将车辆返回厂家进行维修保养后再投放到二手市场,这样就能够充分地获取车辆的剩余价值,在大大降低了汽车租赁企业的资金压力与经营风险的同时也增加了汽车生产厂家的汽车销量。在这种战略合作中,汽车厂商充分发挥自身的产品回收再制造能力,汽车租赁企业发挥自己的车辆销售功能,就能各取所需,共同发展。

然而在我国,由于法律制度、行业准入机制等诸多限制以及汽车生产厂家与汽车租赁企业自身能力的局限,这种行业间的合作还无法有效开展。随着时间的推移,我国的汽车生产厂家应该通过并购、参与控股等方式大胆地进入汽车租赁领域,将汽车租赁纳入企业经营业务中来,实现更为高效的公司内部管理,在拓展企业规模的同时带动汽车租赁业的发展。

2. 汽车租赁企业与银行金融业战略合作

由于我国现有的金融业法律法规禁止银行直接从事租赁业务,这就使汽车租赁业与金融业的合作成为可能。对于汽车租赁企业来说,与银行金融业的合作可以获得充足的资金支持来购买运营车辆,构建售后服务体系以及网络销售平台,还可以分享金融业巨大的客户信息,将潜在的客户需求转化为现实。同时金融业严格的个人信用评估体系也为汽车租赁企业消除了承租人欠租、骗租的后顾之忧,使汽车租赁业务更加简洁方便。另一方面,银行金融业通过与汽车租赁企业的合作可以提高闲置资金的利用率,合规的拓展了经营业务,创造新的经济来源。两个行业还可以培养双方共同的客户群体,使客户在办理汽车租赁业务或者银行金融业务时获得更加优质的客户体验,从而提高双方的企业核心竞争力,共同发展。

3. 汽车租赁企业间战略合作

汽车租赁业要想长远健康的发展就必须实现规模化经营。在实现规模化经营的过程中不但需要大量的资金投入扩大车辆规模,加强租赁站点的网络布局,还要提高自身的管理水平。因此,加强国内同行间的合作,形成一定的车队规模,减少重复投入的资源浪费,整合分散的技术优势,降低边际成本,就成为我国中小汽车租赁企业发展壮大的有效方式。另一方面,我国汽车租赁企业还应该加强与国外先进汽车租赁企业的合作,提高自身管理水平,优化经营模式,扩展企业影响力,从而提高企业的核心业务的服务质量,扩大市场份额。

### 7.4.4 汽车租赁企业的管理信息系统

汽车租赁企业管理系统不仅能提高汽车租赁系统中管理人员的管理效率,还能减少了人力资源的使用,而且使得汽车租赁方面的各项工作能够高效、完整、准确地完成。汽车租赁管理系统要对汽车租赁管理的整个过程进行模拟,做到汽车租赁管理的自动化,其管理系统租赁过程包括租赁信息管理、租赁管理、汽车管理、账单管理等。针对汽车租赁流程,系统应该有租赁信息管理功能、租赏管理功能、汽车管理功能、账单管理功能。其中租赁信息管理功能模块有租赁公告、租赁制度、租赁法规、租赁文件、租赁下载 5 个子功能模块;租赁管理功能模块有汽车出租、汽车续租、还车结算 3 个子功能模块;汽车管理功能模块有汽车基本信息、汽车维修信息、汽车加油信息、汽车出入登记 4 个子功能模块;账单管理功能模块有租赁登记表信息、付款信息、结账信息 3 个子功能模块。

传统的汽车租赁管理系统不完善,不能快速、高效地完成汽车租赁管理系统的汽车租赁工作。现在的系统采用实用的银行家算法进行开发,系统性能高效,受到汽车租赁公司的青睐,明显提高了汽车租赁管理系统的汽车租赁管理效率。这个系统的具体流程顺序是由汽车租赁管理员登录到汽车租赁管理系统,授权给各个下属管理员,管理员对租赁信息进行管理,主要进行租赁公告、租赁制度、租赁法规、租赁文件、租赁下载5项工作;租赁管理时管理员对汽车租赁系统的汽车出租、汽车续租、还车结算进行管理操作,租赁管理人员可对汽车进行管理;汽车管理工作包括汽车基本信息、汽车维修信息、汽车加油信息、汽车出入登记;还可进行账单的管理工作,主要有租赁登记表信息、付款信息、结账信息等进行一系列的操作。

## 7.5 汽车租赁合同书范本详细版

在汽车租赁合同中,租车时,应出具担保人合法有效的担保书及有效的担保证件。租车人在签订租赁合同前一定要确认车辆的合法性。以下是详细版的汽车租赁合同书范本。

**汽车租赁合同书范本**(详细版)

合同号:________

出租方:________

承租方:________

本合同签订地点:________

术语释义:

1. 出租方:租赁车辆所有权人。

2. 承租方:指依照与出租方的租赁合同约定,合法使用租赁车辆的单位或个人。

3. 担保方:指为承租方与出租方签订本合同在担保期内提供不可撤销担保的单位或个人。

4. 租赁车辆:依照租赁合同的约定,出租方提供给承租方使用的手续完备的车辆。

5. 车辆损失:指租赁车辆的丢失或非正常损坏,轮胎、工具等附件的丢失或损坏,以及由此引起的其他任何方面的损失。

依照《中华人民共和国经济合同法》及其他相关法律、法规的规定,经双方充分协商一致,就租赁汽车事宜订立本合同。

**第一条　租赁车辆的状况**

详见本合同的附件一《汽车租赁登记表》和附件二《车辆交接清单》。

**第二条　租金**

1. 每天(月)租金________元(________币)/辆,共计人民币________元,大写________元(________币),承租方于接收车辆时向出租方付清。

2. 承租方租车在________个月以上的,则在每月________日前向出租方预付下月租金。逾期交付租金,应按超时天数,向出租方交纳应交租金的________%的违约金。但违约金累计不超过________个月的租金。承租方如拖欠租金达________天以上,出租方有权收回租赁车辆并追究承租方违约责任。

3. 租赁期满承租方交还所租汽车时超出________小时按半天计费,超出________小时按全天计费。

4. 承租方以________方式(转账/现金支付)支付租金、押金。

**第三条　租车期限**

出租方将________牌车________辆,车牌号码________,从________年________月________日________时起交付给承租方使用至________年________月________日________时止收回,租赁期共________年________个月________天________时。交付地点:________

**第四条　出租方的权利和义务**

1. 拥有租赁车辆的所有权。

2. 对汽车租赁申请者及承租方的信用、信息有知情权。

3. 不承担由承租方使用租赁车辆引发的连带责任和本合同规定的风险赔付范围之外的任何经济责任。

4. 在收到承租方租金及足额押金之后,将所租赁车辆交付承租方,收款日期以支票到账或收到现金之日准。

5. 提供车辆应设备齐全,车辆状况良好,行驶证、养路费等各种证照及规费缴讫证齐全。

6. 协助承租方在租赁期内车辆保险事故的处理及车辆维护工作。

7. 负责车辆的二级维护和年检。

8. 负责办理保险公司为租赁车开办的险种。

9. 租赁期间对车辆使用情况实施监督。

10. 按________% 比例,承担租赁车辆交通事故车辆损失、车辆盗抢、第三者责任的风险。

11. 承租方拒绝接受租赁车辆在合同期间发生交通违章的处罚时,有权将合同中登记的驾驶员作为责任人提交公安交通管理部门处理。

12. 承租方还车时应保证燃油量与出租前相同,否则出租方有权收取不足部分燃油费。

**第五条　承租方的权利和义务**

1. 有权自主选择欲租车辆。

2. 于租赁合同有效期内拥有所租赁车辆的使用权。

3. 对租赁车辆承租前已有损伤、质量问题及由此造成的损失不承担赔偿、维修义务。

4. 承租方有权要求出租方赔偿租赁期间因租赁车辆质量存在问题而对承租方造成人身或者财产的损失。

5. 按期如数交纳租金和押金。

6. 自行承担租赁期内所租车辆的燃油等费用。

7. 妥善保管租赁车辆,维持车辆原状。未经出租方允许,不得擅自改装、更换、增设他物,不得改变所租车辆的车身颜色、形状。

8. 对租赁车辆进行日常维护,保持车辆良好状态。

9. 租期内应严格遵守国家各项法律法规，并承担由于违法、违章肇事等行为所产生的全部责任和损失。

10. 须承担在租期内由于承租方自身原因给承租方自己造成的各种经济损失和租车期间因违法、违章肇事等行为给出租方带来的各种经济损失。

11. 按________%比例，承担租赁车辆交通事故车辆损失、车辆盗抢、第三者责任的风险。

12. 提供真实有效的身份、职业及住址证明和担保证明。

13. 租赁车辆使用期间，发生交通事故，及时向当地公安交通、保险部门报案联系。并在________小时内通知出租方协助解决。

14. 如需续租车辆，须在本合同期满前向出租方办理续租手续，合同期满未办理手续，逾期________天（含________天）未交还车辆，除应交纳逾期期间的租金外，另交纳逾期租金________%的违约金。逾期________天以上，未与出租方办理续租手续的，出租方将向有关部门申报，由此产生的后果及费用由承租方承担。

15. 在续租期间必须告之出租方所租车辆的真实情况。

16. 租赁期满，应按时返还租赁车辆及有效证件。

17. 不得买卖、抵押、质押、转租、转借租赁车辆。

18. 租赁车辆的修理如无特别的理由，要求在出租方指定的工厂进行，否则，承租方按所拆零件价的________倍赔款，同时须归还所拆原零部件，而且必须承担由此而产生的一切责任。

**第六条　担保方责任和义务**

1. 担保方就承租方履行本合同及附件的义务负连带保证责任，担保期限从担保方签字之日算起，担保方的担保期限到期后就担保期内承租方发生的法律责任仍然有效。

2. 必须提供真实有效的身份、职业及住址证明。

3. 担保方对被担保方租赁行为暂时停止而不愿或没有能力继续担保的，需提前书面通知出租方及被担保方，并征得出租方及被担保方书面许可后方可变更或解除担保。

**第七条　押金条款**

1. 承租方应于租赁合同书签署之日一次性足额交付________币________元（大写________元）押金给出租方，押金不计利息。

2. 出租方应于租赁合同书期满或双方协议解除合同后，在无任何纠纷的情况下，除依照本合同及附件的规定应扣除的费用外，剩余押金即时归还承租方，下班之后还车，押金将于下一工作日内退还。

3. 承租方不可自行将押金抵作租金。

4. 还车结算时，由承租方预留________币________元的交通违章保证金，________日后如无违章记录则全部返还给承租方，否则出租方在代付交通违章金后将余额返还承租方。

**第八条　保险条款**

1. 出租方负责向保险公司投保以出租方为受益人的车损、盗抢和第三者责任险，若租赁方要求增保其他险种，出租方可代办手续，费用由承租方承担。

2. 承租方承租车辆期间若发生车辆被盗、报废或其他形式的灭失，承租方应向出租方支付保险公司赔付后的不足部分。

3. 承租方应在事故发生的________小时内通知出租方，并提供全部相关证明，否则承租方应承担保险事件不能赔付的责任及相关经济损失。

4. 上述保险公司险种赔偿之外的所有损失，由________方承担。出租方仅就承租方或出租方书面允许的驾驶人员发生的保险索赔事宜负有协助办理的义务。

5. 由于承租方的原因造成的保险公司拒赔及免赔的所有损失及相关费用由承租方承担。

6. 租赁期间因承租方原因车辆发生各种事故，承租方应付车辆加速折旧费，加速折旧费相当于本次事故总损失额的________%，如承租方不能取得保险公司理赔必需的有关手续，则由承租方承担全部维修费用及加速折旧费。

7. 承租方在租赁车辆期间若发生车辆被盗、报废或其他形式的灭失，承租方应负担车辆灭失之日起至出租方获得保险公司赔款时止(最长不超过________个月)的车辆租金的________%。

**第九条　违约责任**

1. 出租方、承租方双方任何一方不履行本合同项下的任一义务，均构成违约，应承担违约责任，即应向对方赔偿其违约行为造成的一切直接的和可预见的损失。若双方均有过错的，按双方各自过错大小来承担违约责任。

2. 任何一方违反本合同约定，另一方可以要求或采纳本合同和法律所允许的补救措施，包括但不限于实际履行和补偿经济损失。

3. 任何一方在收到对方的具体说明违约情况的书面通知后，应在________日内对此确认或提出书面异议或补充说明。如果在________日内不予以书面回答，则视为其接受书面通知所述内容。在此情形下，双方应对此问题进行协商，协商不成的，按本协议争议条款解决。违约方应承担因自己的违约行为而给守约方造成的经济损失。

4. 出租方未能履行向承租方提供合同约定的车辆、服务等义务时，应承担下列违约责任：

(1)经道路运输管理部门认可的专业检测机构认定租赁车辆达不到一级标准的，承租方有权解除合同，并要求出租方承担违约责任。

(2)出租方不能按约定提供故障维修、救援时，承租方有权解除合同，出租方应退还租赁车辆停驶期间租金并支付停驶期间租金________%的违约金。

(3)维修、救援后租赁车辆仍无法恢复使用功能，出租方应提供相当档次替换车或采取其他措施。否则承租方有权解除合同并要求出租方退还预交的租金、押金。此外，出租方须向承租方支付本合同约定租金总额________%的违约金。

(4)因承租方原因造成车辆损坏的，出租方应严格依照汽车维修规定的标准收取修车费用。

(5)如果因出租方非正当原因致使合同无法履行，出租方应在合同不能履行之日起________天内一次性支付给承租方补偿金________币________元(大写：________)作为对承租方的间接损失补偿。同时退还承租方已交纳的租金、押金。

(6)出租方不按合同约定交付租赁车辆给承租方，自逾期之日起每日向承租方支付违约金________币________元，但违约金累计不超过________个月的租金。出租方逾期交付租赁车辆超过________天，承租方有权单方面解除合同并追究出租方责任。

5. 承租方不能按合同约定交纳费用、使用租赁车辆、保管租赁车辆、归还租赁车辆时，应承担下列违约责任：

(1)提前解除合同归还租赁车辆的，应按未履行部分租期租金总额的________%向出租方支付违约金，已交纳租金的，出租方在扣除违约金后应将余款退还承租方。

(2)在下述任何一种情况发生时，出租方有权随时随地收回所租车辆，已收取的款项在计算所有损失后多退少补。

a. 承租方利用所租车辆从事违法犯罪活动。

b. 承租方将所租赁车辆转让、转租、出售、抵押、质押。

c. 承租方提供其他虚假情况有可能给出租方带来损失的。

d. 承租方未经出租方书面许可连续拖欠应付款项超过________日。

e. 承租方提供虚假无效身份、职业、住址证明和担保证明。

f. 承租方将租赁的车辆进行营运、体育、军事、竞赛等，严禁装载易燃易爆或腐蚀物品。

g. 承租方从事其他有损车辆所有者合法权益的活动。

(3)有以下情况之一者，给出租方造成经济损失的，承租方应作相应赔偿。

a. 承租方不按车辆性能或操作程序使用而造成的租赁车辆修理、停运损失的，承租方承担因过失被保险公司拒绝赔偿的损失。

b. 承租方应承担擅自改装、更换、增设他物等改变租赁车辆原状造成的损失。

c. 承租方应承担未协助出租方按时参加车检或维修保养而造成的损失。

d. 承租方应承担非出租方原因导致车辆被第三方扣押的责任。

e. 承租方违反交通安全法规时，应在被告知的5日内接受处罚。如拒绝接受处罚，合同中登记的驾驶员将作为违章责任人被提交公安交通管理部门处理。

f. 如果因承租方非正当原因致使合同无法履行，承租方应在合同不能履行之日起________天内一次性支付给承租方补偿金________币________元(大写：________)作为对承租方的间接损失补偿。同时________(是/否)有权要求出租方退还已交纳的租金、押金。

6. 如果双方在履行本合同中产生纠纷无法协商一致解决的，则违约方应承担守约方为维护自己权益支出的包括但不限于差旅费、诉讼费、取证费、律师费等费用。

**第十条　合同的变更和解除**

1. 本合同的变更和解除，必须经租赁双方及担保人签署书面协议方能有效。

2. 承租方在租赁到期后，如需继续使用车辆，必须到出租方重新填写《汽车租赁登记表》并缴纳租金，否则视为非法占用出租方车辆。

**第十一条　声明及保证**

1. 出租方

(1)出租方为一家依法设立并合法存续的企业，有权签署并有能力履行本合同。(此

条款视实际情况选择性适用)

(2)出租方签署和履行本合同所需的一切手续均已办妥并合法有效。

(3)在签署本合同时,任何法院、仲裁机构、行政机关或监管机构均未做出任何足以对出租方履行本合同产生重大不利影响的判决、裁定、裁决或具体行政行为。

(4)出租方为签署本合同所需的内部授权程序均已完成,本合同的签署人是出租方的法定代表人或授权代表人。本合同生效后即对合同双方具有法律约束力。(此条款视实际情况选择性适用)

2. 承租方

(1)承租方为一家依法设立并合法存续的企业,有权签署并有能力履行本合同。(此条款视实际情况选择性适用)

(2)承租方签署和履行本合同所需的一切手续均已办妥并合法有效。

(3)在签署本合同时,任何法院、仲裁机构、行政机关或监管机构均未做出任何足以对承租方履行本合同产生重大不利影响的判决、裁定、裁决或具体行政行为。

(4)承租方为签署本合同所需的内部授权程序均已完成,本合同的签署人是承租方的法定代表人或授权代表人。本合同生效后即对合同双方具有法律约束力。(此条款视实际情况选择性适用)

**第十二条　保密**

1. 双方保证对从另一方取得且无法自公开渠道获得的商业秘密(技术信息、经营信息及其他商业秘密)予以保密。未经该商业秘密的原提供方同意,一方不得向任何第三方泄露该商业秘密的全部或部分内容。但法律、法规另有规定或双方另有约定的除外。保密期限为________年。

2. 一方违反上述保密义务的,应承担相应的违约责任并赔偿由此造成的损失。

**第十三条　不可抗力**

1. 本合同所称不可抗力是指不能预见、不能克服、不能避免并对一方当事人造成重大影响的客观事件,包括但不限于自然灾害如洪水、地震、火灾和风暴等以及社会事件如战争、动乱、政府行为等。

2. 如因不可抗力事件的发生导致合同无法履行时,遇不可抗力的一方应立即将事故情况书面告知另一方,并应在________天内,提供事故详情及合同不能履行或者需要延期履行的书面资料,双方认可后协商终止合同或暂时延迟合同的履行。

**第十四条　通知**

1. 根据本合同需要发出的全部通知以及双方的文件往来及与本合同有关的通知和要求等,必须用书面形式,可采用________(书信、传真、电报、当面送交等方式)传递。以上方式无法送达的,方可采取公告送达的方式。

2. 各方通信地址如下:________。

3. 一方变更通知或通信地址,应自变更之日起________日内,以书面形式通知对方;否则,由未通知方承担由此而引起的相应责任。

**第十五条　争议的处理**

1. 本合同受________国法律管辖并按其进行解释。

2. 本合同在履行过程中发生的争议，由双方当事人协商解决，也可由有关部门调解；协商或调解不成的，按下列第________种方式解决：

（1）提交________仲裁委员会仲裁；

（2）依法向________人民法院起诉。

**第十六条　解释**

本合同的理解与解释应依据合同目的和文本原义进行，本合同的标题仅是为了阅读方便而设，不应影响本合同的解释。

**第十七条　补充与附件**

本合同未尽事宜，依照有关法律、法规执行；法律、法规未作规定的，双方可以达成书面补充协议。本合同的附件和补充合同均为本合同不可分割的组成部分，与本合同具有同等的法律效力。如本合同于补充合同条款规定不一致，以补充合同条款为准。

**第十八条　合同及附件**

《汽车承租方须知》《汽车租赁登记表》《车辆交接清单》是本合同的附件，与本合同具有同等法律效力。

**第十九条　本合同自租赁双方签字盖章后即可生效**

本合同一式三份，由出租方、承租方、担保方各执一份。三份合同内容一致具有同等效力。

**第二十条　汽车承租方须知**

为了租赁车辆的安全运营，也为了您的切身利益，请承租方记住以下条款：

1. 除您本人或您在《汽车租赁登记表》上注明的驾驶人员外，无出租方的书面许可，不允许任何人驾驶您承租的本公司车辆，否则由此造成的各种损失由承租方承担。

2. 驾驶人须持有效的中华人民共和国机动车驾驶证（驾龄一年以上）且驾驶证上准驾车类别与租用车辆相符。

3. 您承租的车辆必须在________省以内地区使用，若确需驶出上述范围，务请提前________天取得出租方书面许可并加收________币________元押金，否则一切后果由承租方自负。

4. 您应按合同规定的还车时间、地点按时归还承租车辆且车况与《车辆交接清单》中您租车前的车况登记无出入，若出现新的刮、碰、损坏等现象或设备、证件不全，您应按实际损失交纳车损费及其他相应的费用。

5. 为避免上一条情况出现，请您每天对润滑油、制动液、冷却液、轮胎气压、灯光等做常规检查，如发现问题，请及时与出租方联系。如确需添加油液，必须使用生产厂家允许的产品。还车时承租方应保持车辆的内外清洁，否则出租方将收取________元的清洁费。

6. 如果承担车辆发生故障或异常，您应立即停车与出租方联系；如未与出租方联系，继续使用造成损失将由您承担。

7. 如果承租车辆发生交通事故及其他事故，由出租方安排维修地点，您不能自行维修或自行选择维修厂家进行维修。禁止继续使用已受损的车辆，否则由此造成的各种损失由承租方承担。

8. 出租方不承担车辆租赁期间交通事故或其他事故造成的一切后果，包括有关部门的罚金。

9. 您如果在承租车辆期间遗失牌照或其他有关证件，您应承担补办费用及车辆由此停驶期间的租赁费。

10. 租车时，请您一定细心、仔细检查车辆是否正常，发现问题应在出场前解决。车辆一旦离场，车况即以离场时《车辆交接清单》为准。

11. 您不能自行卸动或拆除所租车辆的零件和备件，否则，您不但须及时归还原零件或设备，还须付给出租方最高不超过所拆零部件或设备原价________倍的违约金，车辆的防盗器遥控板若发生损坏或丢失，您应赔偿________元________币。

12. 您不能拆动车辆的里程表，若在您租车期限内有拆除现象，须交付出租方________币________元赔偿费。

13. 您不能将承租车辆当作教练车，禁止用所租车辆参加竞赛，做测试试验及其他具有损坏性质的驾驶，否则您将承担由此引起的一切损失并交付出租方不少于________币________元的违约金。

14. 禁止用承租车辆从事营利性质客货运输，禁载易燃易爆、易腐蚀物品，以及会在车中留下刺激性气味的物品。如违反以上条款，出租方将视情节轻重向您收取不少于________币________元的违约金。

15. 您使用的燃料必须符合车辆的要求（汽油车必须使用________号以上无铅汽油），否则因燃料不当造成的损坏完全由您承担。

16. 为使长期租赁车辆能保持良好状态，请您务必在租车当日确定每月何日到出租方指定的地点维修、保养一次。如每少保养一次，出租方将在您的租赁费外加收________币________元的费用，________小时为一个租赁日，月租按________天计。

17. 因欠租未还车辆产生的租金及其他法律责任由承租方承担。

18. 本《汽车承租方须知》作为《汽车租赁合同》的组成部分，具有同等效力。

以上条款已由出租方明确告知承租方、担保方，且承租方、担保方已完全理解，并认同。

| | | |
|---|---|---|
| 出租方：________ | 承租方：________ | 担保方：________ |
| 电话：________ | 电话：________ | 电话：________ |
| 住址：________ | 住址：________ | 住址：________ |
| 法定代表人：________ | 法定代表人：________ | 法定代表人：________ |
| 委托经办人：________ | 委托经办人：________ | 委托经办人：________ |
| 盖章：________ | 盖章：________ | 盖章：________ |
| 开户行：________ | 开户行：________ | 开户行：________ |
| 银行账号：________ | 银行账号：________ | 银行账号：________ |
| 营业执照统一社会信用代码：________ | 营业执照统一社会信用代码：________ | 营业执照统一社会信用代码：________ |
| 签订时间：________年________月________日 | 签订时间：________年________月________日 | 签订时间：________年________月________日 |

## 7.6 汽车租赁案例分析

以神州租车案例分析。

1. 神州租车的发展

神州租车(China Auto Rental,CAR)成立于2007年9月,总部位于北京。作为中国汽车租赁行业的领跑者,神州租车积极借鉴国际成熟市场成功的汽车租赁模式,并结合中国客户的消费习惯,为广大消费者提供短租、长租及融资租赁等专业化的汽车租赁服务,以及GPS导航、道路救援等完善的配套服务。

"这次和联想控股合作,相当于神州租车做了一次IPO(首次公开发行股票)。"神州租车总裁陆正耀笑着对《商业价值》记者表示。

陆正耀有足够的理由骄傲。联想控股以"股权+债权"的形式注资,高达12亿元控股神州租车,比很多公司上市的融资还要多。不仅如此,联想控股有限公司常务副总裁、联想投资总裁、董事总经理朱立南明确表示:"对于神州租车的资金支持会源源不断,需要多少给多少。"令陆正耀骄傲的不仅是获得的巨额资金,而是陆正耀发现租车行业这个以前看似没前途的生意正在变得风生水起,有声有色。

确实,随着中国经济的发展以及人口流动性不断加大,租车这个附属于出租车的产业已经被成功地切割出来,成为一门新生意。而就在此前不久,上海一嗨汽车租赁有限公司获得以高盛为首的投资者7000万美元的股权融资,以及国内多家银行数亿元人民币的授信和债券融资;8月初,上海强生控股有限公司购入17亿元的汽车运营类资产,其中包括上海巴士汽车租赁服务有限公司70%的股权。

原本沉寂的租车行业瞬间成为资本竞相追捧的宠儿,如此大资金量的投资行为出现"撞车",这绝对不是巧合。陆正耀显然有着自己的理解,"如果说2007年是租车行业兴起的拐点,现在就是租车行业爆发前的临界点,接下来的比拼就是看谁能够在规模上扩张得更快。"

2. 由"轻"变"重"

实际上,说起神州租车不得不先介绍一下UAA(联合汽车俱乐部),因为UAA是神州租车的前身。"UAA是汽车界里'携程网'。"陆正耀如此解释,"只不过携程网整合的是酒店,而UAA整合的是汽车服务商。"

2005年,陆正耀创建UAA,利用互联网和呼叫中心等线上工具,整合线下的汽车服务,这是区别于以往任何一个汽车俱乐部的新形态。UAA整合了汽车售后服务产业链中的全部环节,最大限度为会员提供汽车生活所需的各项服务,实现了汽车服务的全产业链整合。汽车界的"携程"便是其形象的描述。

到2007年,UAA获得了超乎想象的快速发展,营业收入达到了3.8亿元,利润近4000万元。而这一数据背后,是UAA拥有220万会员以及遍布全国2700多个市县的2万多家救援公司、修理厂、4S店强大的服务体系。这一切皆源自于UAA的核心——一个拥有3800个座席的呼叫中心。

后因汽车售后服务产品很难被标准化,驾车人和服务商之间存在"信任危机""轻资产"

模式面临着困境,陆正耀开始在众多汽车售后服务领域中寻找能够落地的商业模式。经过多次筛选,陆正耀被汽车租赁的商业模式所吸引。2007 年,汽车租赁公司不必再使用出租车牌照,“拿到全国各地的出租牌照”不再是限制租车公司全国扩张的壁垒;中国的信用体系已经建立,用信用卡租车来简化租车手续和甄别客户成为可能;汽车业连续多年持续的爆炸式增长,汽车价格不断地下降,这一切让陆正耀感觉到“租车的窗口期”已经到来。由此,2007 年,陆正耀正式创建神州租车,由“轻”变“重”。

3.“重资本”模式的落地

神州租车首先对消费者的租车心理进行了细致的分析,最终列出了消费者在租车时最关注的 3 个因素:价格、车及便利性。“价格”因素不言而喻;“车”主要指的是车况与车型,即消费者不仅希望自己租到的车要车况好,而且在车型上能有更大的挑选余地;“便利性”实际上就是交易成本。若能通过庞大、密集的网络联通全国,使消费者能够随到随提车、走到哪里都能还车,那无疑将有效提高消费者的忠诚度。通过上述分析,神州租车明确了自己的客户价值主张——为客户提供低价、便利的好车与租车服务。

经过进一步分析,神州租车意识到,要实现这一客户价值主张,需要巨大的资金。2010 年,神州租车经过慎重考虑,选择了联想控股有限公司作为战略性投资伙伴。一方面既解决了资金瓶颈问题;另一方面,也能够有效利用联想的品牌优势、管理经验和多方资源。这一战略决策不仅使神州租车从创立初期的注册资金 1 亿元人民币,扩张到目前 100 亿元可用资本,加之强大的银行授信,更使神州租车具备了快速扩张的基础和可能。神州租车的规模化战略目标是在 2015 年内获取神州租车不可动摇的市场领导者地位——全国一线城市 100% 的市场覆盖率,车辆拥有量达到 10 万辆,销售网点达到 1000 个。紧接着,神州租车制定了 3 项具体的实施步骤。

(1)划定一线城市作为核心价值市场

根据人口基数和 GDP 水平,以及经济发展水平,神州租车划定北京、上海、广州、深圳为一线城市。这些城市的机动车驾驶证持有率在全国居于前列,私车保有量很高,有照无车的人数也相当高。加之这些城市的商业活动比较活跃,因此租车需求就比较大。

同时神州租车将 30 岁以下城市白领(节假日出行需求)以及上市公司(控制成本需求)作为核心客户,不仅制订了有针对性的品牌宣传方案,还综合线下及线上(例如通过分众传媒,在高档办公楼宇、住宅小区投放广告,在新浪微博建立网络营销阵地)、新媒体(如手机 WAP)综合的品牌推广体系,针对核心消费者进行宣传。此外,神州租车联合团中央的资源,着手进行校园推广,不仅是为了使这群未来租车消费的主力军接受汽车租赁这一全新的消费观念,也是为了将他们培养成神州租车的未来忠诚客户。针对目标市场,神州租车制定了自己的客户价值主张“4 个 ANY”,即“Any one、Any where、Any time、Any car”的服务理念。通过良好的车况、广泛的车型选择、遍布全国的服务网络,力求为客户提供低价、便利的好车与租车服务;同时,神州租车还不断优化内部运营流程和管理流程,自主研发高效的后台信息处理系统,极大减少了租车的烦琐手续,不断为客户提供更好的服务体验。

(2)增强新客户体验,提高客户转换率

雄厚的资金支持所带来的规模优势使低价促销成为可能。2010 年底,神州租车推出了日租 69 元的超低价租车体验,带来当月 6000 万的收入。然而,低价策略的目的只是将新客户引进门槛,要留住这些客户,神州租车还必须在精细化增值服务方面下功夫,即要从车型、车况以及便利性方面吸引客户。

得益于雄厚的资金支持,使神州租车能够在采购车辆时,尽可能选择丰富的车型以满足消费者不同需求;而在车况方面更是实现了由原来两年淘汰提前到目前的一年半时间,这样的车辆更新时间为神州租车提升了不小的竞争力。

而对于便利性,神州租车在业内率先推出"两证一卡"的简易租车程序,即客户只要提供身份证、机动车驾驶证和信用卡就能在门店租到车。随后,神州租车扩大了全国门店布局,深入到机场、火车站、市中心以及大的社区和商务区等,同时还大力发展手机、网络、呼叫中心等渠道,一方面便于客户随到随取车,另一方面也使异地还车成为可能。这些看似简单的举措,不仅为神州租车积聚了先发优势和竞争力,也培养起客户对神州租车高度的忠诚度。从2012年1月1日起,所有级别会员,租车均不限行驶里程。目前,神州租车在全国66个城市拥有400多个服务网点,在全国如此大的范围内无时限地取消里程限制,让普通人租车出行的舒爽感受再次升级。2012年5月3日,神州租车再次进行服务升级,宣布自即日起全面取消车辆贬值损失及停收事故类停运损失费,此举也标志着汽车租赁行业开启了一个全新的运营时代。据悉,"车辆贬值损失"和"事故类停运损失费"目前普遍存在于国内的租车企业中,用户在租车过程中有时会发生车损或严重事故的情况,由此造成车辆停运无法正常运营的,租车公司为了保障自己的利益都会向用户收取一定的损失费用。神州租车打破了这一行业收费惯例,直接将其进行了取消和减免,无疑会让消费者更受益。租赁车辆受到损害之后,租车公司一般会要求消费者缴纳一定的停运损失费,发生严重事故时,维修金额超过10 000元的,客户还需另付车辆维修费的20%的车辆贬值损失,这在给用户带来经济负担的同时,也容易让客户租车时有所顾忌。神州租车新服务实施后,这些情况都将得到有效的改善。

(3)寻求全球战略伙伴

2011年,神州租车和美国最大规模的租车公司Enterprise Holdings旗下品牌Alamo达成战略伙伴协议。

作为首家提供国际自驾租车服务的本土租车企业,神州租车专门针对国内客户的消费习惯,在官网上推出了全新的中文国际租车频道。国内客户登录这个频道进入Enterprise的网站,比起自己直接到Enterprise网站去预订,价格更便宜,还可以专享到赠送租车险、赠送机场附加费、赠送无限公里数、全中文GPS语音导航等多项增值服务。

对于神州租车而言,这种合作不仅仅为国内客户多开辟了一项国际租车业务,是中国租车行业进入全球性租车服务网络的一个重要开端,而且更重要的是神州租车从国际最佳租车管理机构身上,将学习到先进的管理经验,进而将来会给消费者带来更多增值服务。神州租车目前已经在集团内部形成了完善、可复制的模式,从而实现了70%~80%的出租率,比行业平均出租率高出10%~20%的骄人业绩。截至2012年6月,神州租车在全国66个城市拥有超过600个租车网点,车队规模约32000台,服务的个人客户近百万名,企业客户数千家,是中国目前服务网络最大、服务网点最多、车队规模最大的全国性大型汽车租赁企业。

**讨论题**

(1)分析神州租车的目标市场特征和服务战略。

(2)为神州租车服务绘制服务蓝图。

(3)在服务创新方面你对神州租车有什么新的建议?

## 本章小结

本章主要内容包括汽车租赁的定义、分类及有关法律法规;我国的汽车租赁业、汽车租赁企业运营实务;汽车租赁企业的经营管理模式以及汽车租赁企业如何防范在业务中可能遇到的风险;汽车租赁企业常用的文书范本等内容。

下列问题覆盖了本章的主要学习内容,可以利用以下线索对所学内容做一次简要的回顾。

1. 汽车租赁概述

(1)汽车租赁的定义

(2)汽车租赁的分类

(3)汽车租赁行业的有关法规

2. 我国的汽车租赁业

(1)国外汽车租赁业发展现状与趋势

(2)我国汽车租赁业发展现状

(3)汽车租赁业发展趋势

3. 汽车租赁企业运营实务

(1)汽车租赁的投资与租赁价格

(2)汽车租赁企业的机构设置与业务流程

(3)汽车租赁企业的客户管理

(4)汽车租赁企业的车辆管理

(5)汽车租赁企业的风险防范

4. 汽车租赁企业的经营管理

(1)汽车租赁企业的经营模式

(2)汽车租赁企业的服务质量管理

(3)汽车租赁业战略合作模式

(4)汽车租赁企业的管理信息系统

5. 汽车租赁企业常用的文书范本

## 自测题

**一、多项选择题**(下列各题的备选答案中,有两个或两个以上选项是正确的,请把正确答案的序号填写在括号内)

1. 汽车租赁按照经营目的划分为(　　)。

A. 融资租赁　　　　B. 经营租赁

C. 汽车租赁　　　　D. 二手车置换

2. 国际汽车消费市场,消费者一般通过(　　)方式实现汽车消费。

A. 现金购买　　B. 消费信贷

C. 融资租赁　　D. 二手车置换

3. 汽车融资租赁与汽车经营租赁的区别主要在于(　　)。

A. 消费主体不同　　B. 利用汽车租赁的目的不同

C. 法律关系有所不同　　D. 权利与义务不同

4. 按照租赁汽车级别的高低及车型差异,可划分为(　　)3 类。

A. 高端汽车租赁　　B. 中端汽车租赁

C. 低端汽车租赁　　D. 融资租赁

5. 汽车租赁业发展趋势主要有(　　)。

A. 规模化发展、差异化发展　　B. 网络化发展

C. 品牌化发展　　D. 信息化发展

**二、判断题**(在括号内正确打√,错误打×)

1. 汽车租赁为实物租赁,是以取得汽车产品使用权为目的,由出租方提供租赁期内包括汽车功能、税费、保险、维修及配件等服务的租赁形式。(　　)

2. 汽车租赁的实质是在将汽车的产权与使用权分开的基础上,通过出租汽车的使用权而获取收益的一种经营行为,其出租标的除了实物汽车以外,还包含保证该车辆正常、合法上路行驶的所有手续与相关价值。(　　)

3. 经营性租赁,指承租人以取得汽车产品的使用权为目的,经营者则是通过提供车辆功能、税费、保险、维修、配件等服务来实现投资收益。(　　)

4. 汽车租赁行业作为一个新兴行业,具有鲜明的行业特征。在国外,汽车租赁行业经过数十年的发展,已经成为一个具备相当规模,市场非常成熟规范的产业。(　　)

5. 由于汽车租赁企业主要的租赁标的物为汽车,因而汽车产业的发展直接影响着汽车租赁业的发展。(　　)

**三、简答题**

1. 什么是汽车租赁? 它有哪些分类?
2. 简述汽车租赁行业的有关法规。
3. 简述汽车租赁企业的经营管理。
4. 简述汽车租赁企业的经营模式。
5. 论述国外汽车租赁业发展现状与趋势。
6. 论述汽车租赁企业运营实务。

# 第8章　汽车金融产品设计与开发

## 导言

本章主要介绍汽车金融产品的定义、特点和分类；汽车金融产品的设计的一般流程、效益评估以及开发的重点；汽车金融产品的开发与设计的作用；汽车金融产品的应用；汽车金融产品发展趋势及我国构建金融产品的必要性。在此基础上，对汽车金融产品的设计与开发进行大概了解，以便于后面对汽车金融具体业务的学习。

## 学习目标

1.认知目标

(1)熟悉汽车金融产品的定义、特点和分类。

(2)掌握汽车金融产品的开发与设计的作用。

(3)掌握汽车金融产品的设计的一般流程、效益评估以及开发的重点。

2.技能目标

(1)熟悉汽车金融产品的应用。

(2)熟悉汽车金融产品发展趋势及我国构建金融产品的必要性。

3.情感目标

(1)发挥自主学习的能力、收集学习资料的能力。

(2)发挥分析资料的能力、归纳总结关联知识点的能力。

## 8.1　汽车金融产品概述

### 8.1.1　汽车金融产品的定义

金融产品是金融机构为开展业务的需要，针对特定市场上顾客的金融需求而设计和推广的产品，其基本形式为独立的或附着于金融工具的金融服务。其构成的要素主要包括产品的主体如银行、汽车金融公司，客体如借款人，价格如利率、先决条件车型、首付等，风险控制信用评分、担保、抵押等，风险处置汽车收回、保险公司赔款等，期限、技术支持、收益等。

金融产品创新是指金融机构不断开发适应市场需求的新的业务品种。金融产品创新是金融资源供给与需求各方金融要求日益多样化、金融交易制度与金融技术创新的必然结果。

一方面,通过金融产品的创新活动最大限度地动员和分配了我国汽车金融产品的创新研究可支配的金融资源,满足了社会经济发展对金融资源的需要;另一方面,金融产品创新适应了社会财富不断增长背景下,金融投资者对投资产品的多样化需要和投资风险管理的各种要求。从而金融产品创新从金融资源供给与需求两个方面改善了金融资源的分配状况,提高了金融效率。此外,金融产品创新还使金融产业不断适应金融交易对金融中介服务的需要,适时进行金融结构的调整,并在金融结构变化中获得不断发展。

汽车金融产品类似于保险金融产品,泛指以为汽车交易及消费使用为目的以融通资金所进行的金融结构数量、期限、成本等。金融策略设计及相应的法律契约安排,是现实汽车金融所面临的各种问题的解。汽车金融产品是立足市场的供需状况,以商品标的物汽车的价值为基础,以服务为手段,以金融运作为主体,以不同群体的消费需求为对象,设计、开发出的系列化的可交易金融工具、金融服务以及各种金融策略的设计方案。具体的汽车金融产品包括 3 个方面。

第一,围绕价格最优方面的汽车金融产品。指以减少汽车消费者购车成本,成功进行汽车消费为目的,以汽车销售价格为重点的汽车金融产品。实际上是通过适当合理的金融设计、金融策划,使汽车营销的价格在销售各方面能够承受的范围内最小化,如"规模团购式汽车金融产品"等。

第二,围绕规避销售政策、制度开发的汽车金融产品。这类汽车金融产品的目的是为了消除政策、制度等社会管理因素对消费者消费能力、消费方式的限制而设计、开发的产品,特别以释放消费者未来购买力、以培养消费者新的消费方式为重点,如"投资理财式汽车金融产品"等。

第三,围绕汽车消费过程中的所必需的服务环节的便利性、经济性和保障性开发的汽车金融产品,如融资租赁、汽车保险、购车储蓄、汽车消费信用卡等。

### 8.1.2　汽车金融产品的特点

汽车金融产品的特点是由作为一般使用商品的汽车和作为金融服务的契约关系两大因素决定的。

1. 汽车金融产品的复合性

汽车金融产品是以作为交易标的物的汽车为存在及作价基础,结合了金融体系的资金融通、资本运作功能而形成的交易契约,兼有实物产品和虚拟产品的成分。汽车金融产品是有形产品和无形产品的复合,因此汽车金融产品的特性和优点既有消费者可观摩的一面(汽车产品),也有无法向消费者展示的一面(金融服务)。顾客的购买行为是以汽车产品的使用价值、汽车金融服务公司的社会信誉和金融服务的质量特点为基础来实施的。

2. 汽车金融产品的精密性

汽车金融产品要在产品的设计,包括价格、交易结构、盈利模式、风险管理等方面都要考虑得很周全。要应用金融工程和数理统计有关原理进行分析与计算。与股票、债券、银行存款等大众化的金融商品相比,汽车金融产品更复杂。对于投资者,只要知道存款本金和利息率、股票的买入价和卖出价、债券的票面价格和利息率,就很容易计算出其收益率,交易的主动权在投资者手中而不是银行、证券公司。而汽车金融产品牵涉信贷金额的大小、缴费方式、责任、利率等一系列复杂问题,由于牵涉未来收益向现阶段消费的转移问题,其中的不确定性使汽车金融产品的价值很难明确计算。

3.汽车金融产品的风险性

汽车金融产品的风险性主要指汽车金融产品的价格受到来自汽车生产企业和金融市场的双重影响越来越大,其价格变数较多。另外,消费者的个性化要求,使汽车金融产品越来越具有可变性。汽车金融服务产品的样本差很小,购买者在大范围内统计和调查中具有很大的相似性。样本差的参数可以选择平均收入、年龄、教育层次等,在社会地位、家庭收入、消费习性、职业定位上具有同构性,这样一方面使汽车金融服务产品的开发销售指向具有同一性,节约了开发销售成本;另一方面在汽车金融服务产品的风险控制上增加了难度,使其风险加大。

4.服务的延续性

服务的延续性是汽车金融产品都具有的特点,因为消费者在购买汽车金融产品后,除了使用汽车产品外,其他服务都在以后才能得以延续完成。

5.汽车金融产品合同条款的相对稳定性和复杂性

由于汽车金融产品的条款具有法律政策的背景,利率、期限和现金数量等依据一定的通用公式和平均大数原理得出,因此具有相对的稳定性。但其专业性特点决定了它具有复杂性。

6.费率的固定性和微差异性

汽车金融产品有一些费率相对固定,如利息、期限、首付款等,各公司之间差别不大,具有一定的固定性。而有一些附加费部分,如汽车金融公司用于营业开支的各种费用,受公司规模、经营管理水平、资金运作水平等多方面的影响,存在差异性。

7.汽车金融产品的时效性

汽车金融产品一旦成功销售,其时效一般都有数年时间,具体时效根据国家、地区的不同而不同。

8.汽车金融产品的选择性

汽车金融服务公司并非将汽车金融产品销售给任何愿意购买者,而是要对购买者进行风险考量,以避免风险,因此其销售具有选择性。

### 8.1.3 汽车金融产品的分类

汽车金融产品按照其设计目标大致分为以下3个方面。

(1)为了消除政策、制度等社会管理因素对消费者消费能力、消费方式的限制而设计的产品的影响,特别是以培养消费者新的消费方式、释放未来购买力为目标设计的产品,如不同还款方式的分期付款。

(2)是以提供汽车消费过程中服务的便利性、经济性、保障性为目的设计的产品,如融资租赁、信托租赁、汽车保险、购车储蓄等。

(3)是以提高资产流动性为目标而设计的产品,如汽车分期付款合同的转让与证券化、对经销商的库存融资等。

美国汽车制造商附属的专业汽车金融公司提供的汽车金融产品显现出多样性和灵活性,原因在于:汽车金融产品具有一定的专业性,与汽车的制造、销售、消费、金融过程紧密相关,汽车制造商附属的金融机构在产品开发和风险控制方面更具有专业性;汽车制造商附属的金融机构和集团公司有直接的利益关联,其主要目标是促进汽车的销售,必须对汽车销售提供连续稳定的金融服务;国外这类机构主要通过发行商业票据、公司债融资,在资金来源上具有独立性,对银行的依赖逐步减少,产品开发的资金来源和投入有保障。

## 8.2 汽车金融产品的应用

我国目前汽车金融产品还仅局限于商业银行提供的传统汽车金融服务产品,成立不久的几家汽车金融公司受到政策的种种限制也并未推出新的汽车金融产品供客户选择。汽车金融产品开发创新是中国金融体制改革的内在要求,是发展中国汽车金融产品的核心与关键。

### 8.2.1 汽车金融产品的开发与设计的作用

汽车金融产品的研发、创新和设计是其产业化的基础和汽车金融服务企业的基本生存手段。汽车金融服务市场日趋激烈的竞争及投资者偏好的多样性和易变性使得汽车金融产品需求越来越多样化,这就要求企业必须设计不同的具有价格最优化、服务最优化特性的汽车金融产品以满足不同的需求,以谋求企业更好的生存与发展。

汽车金融产品设计已经成为减少委托代理成本的有效方式。金融工具作为一类重要的契约,已被证明是解决金融交易中所有权与控制权分离状态下利益冲突的重要手段,如产权抵押贷款、信贷资产证券化等。

汽车金融服务产品设计研究是中国金融发展的内在要求。中国金融体制改革已经进入新的深化时期,利率市场化正在进行,中国加入世贸组织后,市场竞争不断加剧,风险也越来越大。为了争夺市场,防范风险,汽车金融产品创新将更加必要。

汽车金融产品设计是金融学中最难也是最富有挑战性的课题之一。因为金融产品设计是采用综合分析法,对于给定的设计目标寻求适当的金融产品结构,并进行适当定价,解决金融领域中的特殊问题(往往是通过金融交易无法解决的金融难题),设计中要综合运用经济学、金融学理论、数字计算技术和各种现代技术的运用。

### 8.2.2 汽车金融产品设计的一般流程

汽车金融产品设计的一般流程,是指目标设计、结构设计、产品定价、风险收益特性分析、产品标准化5个步骤。

1. 目标设计

汽车金融产品的设计者首先要明确汽车金融产品的结构特征,如何种期限结构或时间结构、何种选择权、固定还是浮动的现金流、应排除那些因素的影响等。这些问题的回答需要对相关的金融财务状况、个人偏好等信息进行分析,确定预算约束和成本约束。将原本比较模糊的需求提炼成具体的、可操作的结构设计目标,比如明确利益率在什么范围内变化时有价格风险,是防范信用风险还是价格风险等。设计目标的科学设定决定着其可实现性和成本的高低。设计目标的确定没有一般的方法可循,很大程度上取决于经验和设计者的爱好,然而这是产品设计成功与否的重要环节。

2. 结构设计

设计目标一旦确定,就要在既定的制度约束、市场约束、技术约束下,用金融理论做指导,选择出成本最低的产品结构设计方案。一般而言,产品结构越简单,交易双方的信息越对称,越容易被市场接受,也就越可取。结构设计有若干方法,但在具体设计中,可变参数很多,自由度很大,目前还没有适应每一种具体情况的一般方法,经验、直觉往往起着不可忽视的作用。

3. 产品定价

产品定价是最关键的设计环节,不能公平定价的产品不可能在自愿原则下交易。应用比较原理、一价定律可以对具有一定可比性的产品(相较已知价格产品)定价,但是对于不可比的创新产品往往需要创新定价方法。

4. 风险收益特性分析

明确已定价新产品的风险收益特征是这种产品的基础,可用情景缝隙、Var方法、模拟等方法来获取这些特性。

5. 产品标准化

金融产品标准化是汽车金融产品市场化的基本要求。这一步骤就是对设计的汽车金融产品进行再设计,从交易单位、计价单位、信息披露、交割方式、期限、仲裁机制等方面进行标准化,以适应大量交易的要求。诸多方面的设计应是以便利交易为导向,另外还应考虑法律、税收方面的限制及社会习惯等因素。

### 8.2.3 汽车金融产品的效益评估

汽车金融服务产品开发出后,要进行试验和评估,旨在检验产品的市场接受能力和满意程度,并及时进行改进。如有必要还要进行试销,以便为后期的进一步改进和制定营销策略提供决策依据。在试销结束后或者正式销售一段时间以后,要对产品运行情况进行经验评估,从而理性地把握产品的经营状况和未来趋势。

汽车金融产品的评估方法主要有利润率贴现法和信息反馈法。

评估一种汽车金融产品运行的效果,一种较为直接有效的办法是进行问卷调查,从用户及准用户那里得到反馈意见,并根据他们的意见和要求对产品进行改进,决定今后的营销策略。当然问卷设计要注意完整性、代表性和科学性。

### 8.2.4 汽车金融产品开发的重点

根据目前的汽车金融产品设计开发理论和国内外汽车金融产品的开发实践,各个企业在开发实践中需要把握的是汽车金融产品的价格问题。

价格问题是汽车消费市场开发汽车金融产品的切入点。如今,价格竞争、品牌竞争、服务竞争是汽车销售市场上的3种主要手段。尤其是价格竞争,在汽车金融服务市场更加具有作用力。设计开发价格方面具有竞争力的金融产品已经成为很多汽车金融服务公司的重点开发项目。汽车金融产品的价格主要包括:

(1)汽车产品价格。

(2)经销商服务价格。

(3)后续重复性服务价格(保险、检验、维修、保养、油料)。

(4)金融服务价格。

在一些新兴的汽车消费市场,价格的弹性效果一般比较强,小的降价或者变相降价都会带来销售的增加。根据对新兴汽车销售的市场价格下降空间的测度,一般在市场培育和发展的初期,降价空间较大,像中国小客车的降价空间为整车价格的20%~50%,经销商的服务价格降价空间至少为50%。这些降价空间为实际操作奠定了基础,存在着价格操作的可能性。

投资型汽车金融产品是将消费与投资密切结合的方式,是今后汽车金融服务市场发展的重点。在传统经济学中,投资与消费分属于两大不同的领域。而实际上,消费在没有实现之前完全可以以投资的方式出现,即消费不但在其完成之后可以转变成投资,而且在其完成之前也可以以投资的形式存在。投资型汽车金融产品的出现,是汽车金融服务公司金融服务能力提高和金融业向混业经营方向发展的必然要求,是汽车金融服务竞争加剧、为消费者提供增值性服务的表现。如个人金融服务中的消费储蓄、保险领域的投资联结保险等形式,但是在汽车金融产品中,这还是一个薄弱环节。

### 8.2.5 金融产品的开发与设计所需要的制度创新

结合我国汽车金融产品现状和国外的成功经验,要改变我国汽车金融产品滞后的现状,设计开发真正起到推动汽车发展作用的汽车金融产品,就必须对宏观环境和微观产品都有所创新才能使其健康发展。设计任何一种汽车金融产品都需要一个能适合并能鼓励其发展的大环境。汽车金融产品是高风险的金融产品,这必然要求一个能有效控制其风险的社会体系。要建立这样一个体系,我国现阶段最重要的是先做好个人信用管理体制和建立完善的法律制度。

1.个人信用管理体制的创新

在汽车金融发展成熟的国家,都实施了较先进的风险管理程序,将风险管理运用到整个汽车金融的全部过程。实施严密的风险管理方式的前提之一是建立完善的个人信用管理制度实施系统和个人信用体系及征信制度。建立个人信用体系后,还需要通过信用体系对个人的信用行为进行控制。银行通过信息资源库,可以及时掌握个人的就业状况、薪金水平,从而区分借款人的信用等级,控制其信用额度;劳动保障部门也可以对信用不良的个人采取限制医疗消费、扣划一定比例养老保险和失业保险金用于还款等措施;工商管理部门可根据信用信息资料,限制信用差的个人开办新公司;公安局车管所可限制不良信用个人的驾驶证年审和车辆年检;保险公司可对信用不良的个人的保险赔款进行暂扣。总之,社会各行业都可以从营造和维护社会信用环境的大局出发,发挥各自优势,积极倡导诚信消费,限制惩治不良信用者,让其为不诚信付出代价,推动社会信用体系的建立和完善。

2. 建立完善的法律制度

围绕汽车金融服务业的发展,发达国家建立了一系列相关法律法规来创造一个有利环境,而我国恰恰缺少这样一个完备的法律制度环境。美国的《公平信贷报告法》、英国的《消费信贷法》、日本的《贷金业规则法》《分期付款销售法》都对其征信制度做出了规定。将信用原则上升到法律层面,促进全民提高社会信用意识,并对个人的信息进行充分保护。而在我国,从20世纪80年代开始对征信立法的讨论,至今仍处于征信立法前期准备阶段,统一的征信法律具体出台时间还无定期。没有法律保障的个人征信体系,极易演变成“霸王条款”,变成侵害公民合法利益的帮凶。目前我国的个人征信立法还面临着不少的障碍,法制观念还没有在我国培育成熟,广大民众尚未形成信用消费的习惯,依法维权的生活方式也还未形成,社会各界尚未形成征信立法的一致动力;而银行、电信、保险、工商、税务等均认为自身最具有征信的资格和能力,造成征信主体多元化、利益被分割、部门争论激烈的局面。另外,我国法律界对个人征信的研究还太少,理论方面支撑不够,这些客观存在的困难令我国的征信立法进展缓慢。建立个人征信体系是大势所趋,在相关的征信法律法规产生之前,为了保证征信实践的规范性和权威性,政府应该出台相关的管理条例,以政府政策推动征信立法。

### 8.2.6 汽车金融产品发展趋势

美国汽车金融产品经历了如下发展过程:早期仅由银行提供汽车信贷,规模小,无法满足汽车消费需求;汽车企业组建财务公司为经销商提供库存融资,并开始提供各种面向个人的购车信贷。此时,除了银行、汽车企业财务公司,其他一些非银行金融机构也加入了金融服务行列,提供各种金融产品。汽车企业财务公司依靠其汽车制造商的支持,将各种厂商促销项目运用于金融服务,提供各种满足不同客户需求的金融产品,在汽车金融市场独占鳌头,银行纷纷缩减汽车金融业务或者退出汽车金融服务领域。汽车金融资产证券化保证了汽车金融公司的资金来源,更加巩固了汽车金融公司在汽车金融领域的主导地位。

从美国经验来看,专业汽车金融公司之所以取代商业银行成为汽车金融市场的主导力量,其原因在于汽车金融公司拥有商业银行所不具备的独特优势,具体表现为:

(1)汽车金融公司与母公司关系紧密,因此能够保证对汽车产业连续稳定的金融支持。

(2)汽车金融公司的经营专业化程度高。

(3)汽车金融公司提供多样化的综合服务。

虽然我国汽车金融发展只有短短的几十年,却与美国汽车金融业80余年发展历程有许多相似之处。在外资汽车金融公司开办以前,我国主要由银行主导汽车信贷市场。最初,以经销商为中介提供汽车贷款的"银行+保险公司+经销商"模式,这与美国经销商融资的金融产品非常相似。不同的是,美国向经销商收购债券的不仅仅包括银行,还包括汽车金融公司,而我国的汽车企业财务公司由于缺乏大规模开展经销商融资的资金支持和政策支持而无法参加债券收购。然后,由银行直接面对客户提供贷款,与美国的直接贷款产品相似。但是这两种产品在我国都未得到进一步发展,原因是我国汽车价格体系和信用体系极不完善,造成大量坏账,银行被迫收紧汽车信贷,银行主导汽车金融市场的格局面临尴尬,这与20世纪90年代以来美国金融市场上银行缩减汽车金融业务或退出汽车金融市场的局面类似。现阶段,外资汽车金融公司的开业,为中国汽车金融业注入新的活力,贷款方式更加灵活,汽车金融产品更加丰富。

虽然我国出现了汽车金融公司全面进入汽车金融市场的局面,但并不意味着商业银行要退出这一市场,这是因为:

(1)银行有充足的后备资金。汽车产业是资金密集型产业,目前我国的汽车金融机构还不能通过发行票据、资产支持证券解决资金问题,那么银行仍将作为汽车金融业的主要资金来源而存在。

(2)我国银行在消费信贷领域已经具有相对丰富的经验。银行因个人住房贷款、个人信用卡管理等业务的运作,已经初步形成了个人信用记录,有利于以后开展个人信贷消费时降低信用风险。此外,自1998年开展汽车信贷以来,无论成败,这么多年的实际操作已经给银行积累了丰富的汽车信贷操作经验。

(3)商业银行在客户资源、营销网络、社会信誉上的传统优势暂时是其他金融机构无法比拟的。

根据上述比较分析,我国汽车金融产品将跨入以汽车金融公司为主导的历史阶段,但是考虑到我国信用制度的缺失,以及银行在信贷管理和风险控制方面已经具有的经验,短时期内银行不会完全退出汽车金融市场,因此以"银行+汽车金融公司"的模式提供汽车金融产品更加符合我国国情,更加具有可行性。2006年初,我国获批筹办的首家由银行参股的汽车金融公司——东风雪铁龙汽车金融公司的诞生,也正体现了这一趋势。

## 8.2.7 我国构建金融产品的必要性

汽车金融产品是高风险的金融产品,这必然要求一个能有效控制其风险的社会体系。要建立这样的一个体系,我国现阶段最重要的是先做好个人信用管理和汽车金融风险处置制度的创新、建立完善的法律制度等。

1.个人信用管理的创新

汽车金融发展成熟的国家,都实施了较先进的风险管理程序,将风险管理运用到整个汽车金融的全过程。实施严密的风险管理方式的前提之一就是建立完善的个人信用管理制度实施系统、个人信用体系和征信制度。从源头上构建防范风险的社会框架：建立个人信用管理制度的实施系统，构建“内外相辅、信息化、产业化相结合”的制度平台，包括内部约束、外部约束、信息环境和产业程度4个层面。前两者是对于个人而言的。内部约束，主要是通过对个人进行专业的信用教育培训和科学研究，提倡和教导人应当诚信。外部约束则是在征信法制、政府监管、行业自律3个方面从外部对个人的行为进行约束，以达到规范和强制个人诚信的实施。后两者是对于配套设施而言的。个人信用的管理要有凭有据，因而信息环境的完善非常重要，不仅要建立和完善个人信用档案的数据库和信息披露的制度，而且要发展和规范个人信用征信的评估工作。这意味着在产业程度上的进一步拓展，尤其是搭建征信产业的三个层次及“征信局—公司—中介机构”的建设。贷款消费的发展是建立在发达的个人信用体系基础上的，完善的个人信用体系和征信制度是个人汽车消费信贷的放贷机构对放贷风险实施有效控制的基础和前提。中国人民银行个人征信系统在2005年8月已经实现了全国商业银行联网。建立个人信用体系后，还需要通过信用体系对个人的信用行为进行控制。银行通过信息资源库，可以及时掌握个人的就业状况、薪金水平，从而区分借款人的信用等级，控制其信用额度。

2. 完善法律制度

汽车金融服务业的发展，在发达国家建立了一系列相关法律法规，创造了一个有利环境，而我国恰恰缺少这样一个完备的法律制度环境。

（1）要有一个完备的征信法律制度

美国《公平信贷报告法》、英国《消费信贷法》、日本《贷金业规则法》《分期付款销售法》都对其征信制度做出了规定。将信用原则上升到法律层面，促进全民提高社会信用意识，并对个人的信息进行充分的保护。在具体建设征信法律方面，可以分两步来进行：一是修订现有的法律，在将来的民事立法中要明确公民有隐私权不受侵犯的权利，规定银行在何种情况下可以开放客户数据、开放的范围、目的、方式以及如何限制其处理和传播；二是制定新的法律法规，如制定信息公开法、制定个人数据保护法、制定规范征信机构的法律等。

（2）建立操作性强的担保法律制度

一是规定债权的可质押性。在发达国家中，都认可债权的可质押，从而有力地支持了汽车应收账款证券化和抵押融资，并提高了汽车金融公司的资产流动性，有力地支持了业务规模的扩大。但目前我国有关收益权质押的立法很不完善，散见于部分司法解释、部门规章和地方法规中，不成体系，效力层次也比较低；正在起草的“物权法”草案虽然明确了公路、电网收费权可以质押，但因为所规定的品种有限，仍难满足信贷业务和金融创新的发展的需要。二是浮动担保制度。这一制度在英美等国的汽车金融公司信贷融资中被广泛采用。浮动担保是企业以自己全部财产作为债权的担保，但是在担保期并不影响企业对财产的处分。这有利于汽车销售和经销商偿还贷款。考虑到我国现行企业中，除股份公司外，其资产的运作并不受资本三原则的限制，企业财务制度方面也缺乏有效的社会监督，因此允许所有企业都采取浮动抵押制度是不现实的。浮动抵押制度只能由资本稳定、财产公开、信誉较高的股份公司采用。

3. 风险处置制度的创新

再完备的信用体系也有闪失的时候。为了防止万一,必须在汽车金融风险处置制度的基础上进行创新。

(1)风险预备措施

如保留汽车的钥匙标号、安装 GPS 全球定位系统等。美国的汽车金融公司贷款卖出去的每辆车都保留钥匙的编号。当客户违约时,公司根据双方签订的合约,有权调出钥匙编号,打制一把钥匙,把车直接开走。安装 PPS 即付款保护系统,主要针对二手车市场进行制约性催收。其运作方式是通过车载电话与呼叫中心的连接,提醒还款,通过 JSM 网或者 JPS,自动地锁住汽车的油路和电路,使汽车无法使用。该系统也可提供汽车救援服务。

(2)完备的法律支持

根据美国的抵押制度,个人贷款者购车在清偿车款之前,汽车要抵押给贷款公司。如果出现不偿付汽车贷款的情况,贷款公司无须通过法院就可以直接将车扣押收汇,重新处置。

(3)灵活的风险处理方式

只要顾客不是恶意拖欠,而是因为发生了一些不可意料的事情,比如小孩突发大病意外花了一大笔钱,又如他失业了,但他二三个月后可以找到工作,只是薪水没有以前高,以前每月能够还 1200 元,现在只能还 1000 元了,公司会同意通过延长贷款期限来降低付款。

## 本章小结

本章主要内容包括汽车金融产品的定义、特点和分类;汽车金融产品的设计的一般流程、效益评估以及开发的重点;汽车金融产品的开发与设计的作用;汽车金融产品的应用,汽车金融产品发展趋势及我国构建金融产品的必要性等内容。

下列问题覆盖了本章的主要学习内容,可以利用以下线索对所学内容做一次简要的回顾。

1. 汽车金融产品概述

(1)汽车金融产品的定义

(2)汽车金融产品的特点

(3)汽车金融产品的分类

2. 汽车金融产品的应用

(1)汽车金融产品的开发与设计的作用

(2)汽车金融产品设计的一般流程

(3)汽车金融产品的效益评估

(4)汽车金融产品开发的重点

(5)金融产品的开发与设计所需要的制度创新

(6)汽车金融产品发展趋势

(7)我国构建金融产品的必要性

# 自测题

**一、多项选择题**(下列各题的备选答案中,有两个或两个以上选项是正确的,请把正确答案的序号填写在括号内)

1. 具体的汽车金融产品包括(　　)。

A. 围绕价格最优方面的汽车金融产品

B. 围绕规避销售政策、制度开发的汽车金融产品

C. 围绕汽车消费过程中的所必需的服务环节的便利性、经济性和保障性开发的汽车金融产品

D. 融资租赁、汽车保险、购车储蓄、汽车消费信用卡

2. 汽车金融产品的特点主要有(　　)。

A. 复合性、精密性、时效性与选择性

B. 风险性及服务的延续性

C. 汽车金融产品合同条款的相对稳定性和复杂性

D. 费率的固定性和微差异性

3. 汽车金融产品按照其设计目标大致分为(　　)。

A. 为了消除政策、制度等社会管理因素对消费者消费能力、消费方式的限制而设计的产品的影响,特别是以培养消费者新的消费方式、释放未来购买力为目标设计的产品,如不同还款方式的分期付款

B. 是以提供汽车消费过程中服务的便利性、经济性、保障性为目的设计的产品,如融资租赁、信托租赁、汽车保险、购车储蓄等

C. 是以提高资产流动性为目标而设计的产品,如汽车分期付款合同的转让与证券化、对经销商的库存融资等

D. 美国汽车制造商附属的专业汽车金融公司提供的汽车金融产品显现出多样性和灵活性

4. 汽车金融产品的开发与设计的作用主要有(　　)。

A. 汽车金融产品的研发、创新和设计是其产业化的基础和汽车金融服务企业的基本生存手段

B. 汽车金融产品设计已经成为减少委托代理成本的有效方式

C. 汽车金融服务产品设计研究是中国金融发展的内在要求

D. 汽车金融产品设计是金融学中最难也是最富有挑战性的课题之一

5. 汽车金融产品设计的一般流程,主要包括(　　)等几个步骤。

A. 目标设计　　B. 结构设计

C. 产品定价　　D. 风险收益特性分析

E. 产品标准化

**二、判断题**(在括号内正确打√,错误打×)

1. 金融产品是金融机构为开展业务的需要,针对特定市场上顾客的金融需求而设计和

推广的产品，其基本形式为独立的或附着于金融工具的金融服务。 ( )

2. 金融产品创新是指金融机构不断开发适应市场需求的新的业务品种。 ( )

3. 汽车金融产品类似于保险金融产品，泛指以为汽车交易及消费使用为目的来融通资金所进行的金融结构数量、期限、成本等、金融策略设计及相应的法律契约安排，是现实中汽车金融所面临的各种问题的解。 ( )

4. 汽车金融服务公司并非将汽车金融产品销售给任何愿意购买者，而是要对购买者进行风险考量，以避免风险，因此其销售具有选择性。 ( )

5. 汽车金融产品有一些费率相对固定，如利息、期限、首付款等，各公司之间差别不大，具有一定的固定性。 ( )

**三、简答题**

1. 什么是汽车金融产品？简述其特点和分类。
2. 汽车金融产品的开发与设计的作用。
3. 简述汽车金融产品设计的一般流程。
4. 简述金融产品的开发与设计所需要的制度创新。
5. 简述汽车金融产品的效益评估。
6. 简述汽车金融产品开发的重点。
7. 论述汽车金融产品发展趋势以及我国构建金融产品的必要性。

# 参考文献

[1] 强添纲,孙凤英. 汽车金融[M]. 2 版. 北京:人民交通出版社股份有限公司,2016.
[2] 谭金会,张宏,何太碧. 汽车保险与理赔[M]. 北京:人民交通出版社股份有限公司,2015.
[3] 马钧,倪明辉,何瑛,等. 汽车金融服务[M]. 北京:北京理工大学出版社,2007.
[4] 何忱予. 汽车金融服务[M]. 北京:高等教育出版社,2012.
[5] 李雪涛,严龙茂. 汽车金融理论与实务[M]. 合肥:合肥工业大学出版社,2014.
[6] 万方数据知识服务平台:http://www.wanfangdata.com.cn.
[7] 中国知网资源系统:https://www.cnki.net

# 汽车金融与服务

# 形成性考核册

国家开放大学汽车学院　编

考核册为附赠资源，适用于本课程采用纸质形考的学生。

若采用**网上形考**或有其他疑问请咨询课程教师。

学校名称：________________

学生姓名：________________

学生学号：________________

班　　级：________________

形成性考核是学习测量和评价的重要组成部分。在教学过程中，对学生的学习行为和成果进行考核是教与学测评改革的重要举措。

《形成性考核册》是根据课程教学大纲和考核说明的要求，结合学生的学习进度而设计的测评任务与要求的汇集。

为了便于学生使用，现将《形成性考核册》作为主教材的附赠资源提供给学生，采用纸质形考的学生可将各次作业按需撕下，完成后自行装订交给老师。若采用**网上形考**或有其他疑问请咨询课程教师。

# 汽车金融与服务
# 作业 1

姓　　名：__________
学　　号：__________
得　　分：__________
教师签名：__________

**一、单项选择题**（在每小题的备选答案中，选出一个的正确答案，并将其序号填在括号内。多选、错选均不得分。12 小题，每小题 2 分，共 24 分）

1.（　　）是汽车制造业、流通业、服务维修业与金融业相互结合渗透的必然结果，并与政府有关法律、法规、政策、以及金融保险等市场相互配合，是一个复杂的大系统。

A. 汽车金融服务　　B. 汽车消费信贷　　C. 汽车保险　　D. 汽车置换

2.（　　）是对申请购买汽车的借款人发放的人民币担保贷款。

A. 汽车消费信贷　　B. 汽车金融服务

C. 汽车金融工具　　D. 金融体系

3. 汽车金融服务的内容主要包括：汽车消费信贷服务、汽车保险服务、汽车租赁服务和（　　）。

A. 汽车置换服务　　B. 金融工具

C. 汽车金融公司　　D. 商业银行

4. 从发达国家的情况来看，专业的汽车金融公司比商业银行具有更明显的竞争优势，原因主要有 3 点：第一，同母公司利益紧密相关；第二，经营的专业化程度高，第三，（　　）。

A. 汽车置换服务　　B. 金融工具

C. 汽车金融公司　　D. 提供多样化的综合服务

5. 汽车金融服务产品的开发和营销是（　　）得以维持的根本。

A. 汽车消费　　B. 汽车置换

C. 商业银行　　D. 汽车金融服务

6. 按照地理范围分类，汽车金融市场可分为（　　）和国内汽车金融市场。

A. 国际汽车金融市场　　B. 地区汽车金融市场

C. 有形金融市场　　D. 无形金融市场

7. 国际汽车金融市场，由经营国际货币业务的金融机构组成，其经营内容包括（　　）、外汇买卖、证券买卖和资金交易。

A. 资金借贷　　B. 证券

C. 商业银行　　D. 股票

← 每次作业做完后，由此剪下，请自行装订。

8. 汽车金融市场主要由(　　)、融资中介及市场金融工具等三部分构成。

A. 融资主体　　B. 大额定期存单市场

C. 证券市场(包括股票市场和债券市场)　　D. 外汇市场、黄金市场和保险市场

9. 间接融资主要包括这些种类:银行信用、消费信用、货币市场及(　　)。

A. 股票　　B. 证券　　C. 商业银行　　D. 资本市场

10. 直接融资的基本特点是,拥有暂时闲置资金的单位和需要资金的单位直接进行资金融通,不经过任何中介环节。直接融资主要包括:(　　)、国家信用、消费信用及民间个人信用。

A. 商业信用　　B. 资本市场　　C. 融资主体　　D. 外汇市场

11. 目前,我国的汽车金融机构主要有(　　)、商业银行、汽车企业集团财务公司、汽车金融公司、汽车经销商、保险公司以及金融租赁公司等。

A. 汽车制造商　　B. 中国人民银行

C. 汽车销售商　　D. 汽车信贷

12. (　　)是指经中国银行业监督管理委员会批准设立的,为中国境内的汽车购买者及销售者提供金融服务的非银行金融机构。

A. 汽车制造商　　B. 汽车销售商

C. 汽车售后服务商　　D. 汽车金融公司

**二、多项选择题**(在每小题的备选答案中,选出不少于两个的正确答案,并将其序号填在括号内。多选、少选、错选均不得分。5 小题,每小题 4 分,共 20 分)

1. 从国外从事汽车金融服务的机构来看,服务提供方主要的类型有(　　)等。

A. 商业银行　　B. 汽车金融服务公司

C. 信托公司、信贷联盟　　D. 保险公司

2. 我国汽车金融服务体系面临的现实挑战主要有(　　)。

A. 汽车消费市场中贷款购车比例较小

B. 汽车金融公司在汽车信贷当中的主体地位没有显现

C. 汽车金融产品品种较少

D. 汽车金融服务软环境不理想

E. 车市步入降价周期,理性违约上升

F. 个人征信体系不完善,专业担保机构缺失使汽车金融业务风险加大

3. 完整的汽车金融业服务体系具备哪些主要职能(　　)。

A. 为厂商维护销售体系,整合销售渠道,提供市场信息

B. 为经销商提供存贷融资,营运融资,设备融资

C. 为直接用户提供消费信贷、租赁融资、维修融资、保险等业务

D. 消费信贷

4. 汽车金融公司的基本盈利模式主要包括(    )。

A. 汽车销售利润模式　　B. 保险代理利润模式

C. 维修保养利润模式　　D. 增值盈利模式

5. 汽车金融服务赢利模式可以分为(    )。

A. 基本赢利模式　　B. 增值型赢利模式

C. 间客模式　　D. 直客模式

**三、判断题**(对的划√,错的划×。16小题,每题1分,共16分)

1. 汽车金融是依托并促进汽车产业发展的金融活动。 (    )

2. 汽车金融公司与汽车制造商、经销商之间天然的内在联系,使得它能够提供包括生产、流通、消费各个环节的租赁、信贷等多品种、综合性、完善的金融服务,贯穿于汽车生产、流通和销售以及售后服务等整个过程中。 (    )

3. 发展汽车金融不仅能平衡汽车供需之间的矛盾,而且能解决整个生产流通消费的资金运转问题。 (    )

4. 汽车产业资本与金融资本的融合是汽车产业更高层次的竞争。 (    )

5. 汽车金融对汽车工业有"高价值转移性",对制造业和其他部门起带动功能。 (    )

6. 汽车金融公司包括公司法以及汽车金融公司管理办法等进行设立的公司,能够给广大的汽车消费者提供贷款的非金融机构,其范围包含了外资独资、中外合资和中资的汽车金融机构。 (    )

7. 在汽车金融公司之中,其生产资金以及销售并非是连接在一起的。 (    )

8. 在汽车消费的过程之中,汽车金融公司是十分有利的平台。 (    )

9. 现阶段我国的个人征信系统并不完善,缺乏相应的信贷风险体系对金融贷款进行风险评估。 (    )

10. 开展汽车金融业务,特别是汽车消费信贷业务的主要盈利模式就是贷款的利率。 (    )

11. 汽车金融的发展历史是一个集产业金融化、金融产业化的过程。 (    )

12. 汽车金融服务公司一般的形式及发展历程有大汽车制造企业附属型、大银行财团附属型、独立型。 (    )

13. 汽车金融服务公司采用多样化的赢利模式是汽车产业发展、汽车消费扩展和资本市场完善的表现。 (    )

14. 汽车金融的融资结构起着为汽车金融公司聚纳资金、运转资金的作用,是支撑、保证汽车金融盈利模式发挥作用控制风险的基本方法,它既受汽车金融盈利模式的支配,又反作用于汽车金融盈利模式。 (    )

15. 汽车金融服务产品的开发和营销是汽车金融服务得以维持的根本。 (    )

16. 我国汽车金融业个人信用体系缺失,信贷模式不成熟。 (    )

**四、简答题**(4 小题,每题 5 分,共 20 分)

1. 什么是汽车金融？它具有哪些特点？

2. 什么是汽车金融市场体系？它由哪些要素构成？

3. 如何对国内外汽车金融公司信用风险控制进行比较？

4. 在汽车金融服务中,如何完善信用体系？

**五、论述题**(2 小题,每题 10 分,共 20 分)

1. 论述我国汽车金融公司与商业银行的联系及原则？

2. 什么是汽车金融服务？请结合当前的社会政治经济环境,论述国内外汽车金融服务比较分析。

# 汽车金融与服务
# 作业 2

姓　　名:________

学　　号:________

得　　分:________

教师签名:________

**一、单项选择题**(在每小题的备选答案中,选出一个的正确答案,并将其序号填在括号内。多选、错选均不得分。12 小题,每小题 2 分,共 24 分)

1.(　　)作为重要的个人贷款产品,在欧美等发达国家已是成熟的金融产品,为推动小客车家庭普及化发挥了至关重要作用,同时也为开办汽车消费信贷的金融机构带来了丰厚利润。

A. 汽车消费信贷　　B. 汽车金融　　C. 金融市场　　D. 汽车市场

2. 汽车消费信贷的方式之一的"有价证券质押汽车消费贷款"主要包括:(　　)、外币存单和银行承销的国库券或其他有价证券等做质押,可以申请的汽车消费贷款。

A. 股票　　B. 证券

C. 有价证券　　D. 以银行开具的定期本

3. 当前美国的汽车消费信贷模式以(　　)和间接贷款两种方式为主。

A. 直客贷款　　B. 直接贷款　　C. 间客贷款　　D. 直间客贷款

4. 目前我国汽车消费信贷模式主要有两种:(　　)和间客式消费信贷模式。

A. 混合式　　B. 直接贷款　　C. 直客式　　D. 汽车保险

5.(　　)是银行允许购车借款者以其本人或第三人的动产作为质押物发放贷款。

A. 汽车质押贷款　　B. 汽车按揭贷款

C. 汽车抵押贷款　　D. 不动产贷款

6.(　　)是指根据国家颁布的有关法律和法规,凡是在规定范围内的单位或个人,不管愿意与否都必须参加的保险。

A. 机动车险　　B. 附加险　　C. 第三者责任险　　D. 强制保险

7.(　　)指保险车辆遭受保险责任范围内的自然灾害(不包括地震)或意外事故,造成保险车辆本身损失,保险人依据保险合同的规定给予赔偿。

A. 机动车辆损失险　　B. 附加险　　C. 第三者责任险　　D. 强制保险

8.(　　)是指被保险人或其允许的驾驶人员在使用保险车辆过程中发生意外事故,致使第三者遭受人身伤亡或财产直接损毁,依法应当由被保险人承担的经济责任,保险公司负责赔偿。

A. 玻璃单独破碎险　　B. 第三者责任险　　C. 不计免赔险　　D. 强制保险

← 每次作业做完后,由此剪下,请自行装订。

9.(　　)是车辆商业险的主要保险,其主要功能是赔偿车辆因交通事故造成的车内人员的伤亡的保险。

A. 第三者责任险　　B. 商业保险

C. 车上人员责任险　　D. 不计免赔险

10.(　　)的保险责任为全车被盗窃、被抢劫、被抢夺造成的车辆损失以及在被盗窃、被抢劫、被抢夺期间受到损坏或车上零部件、附属设备丢失需要修复的合理费用。

A. 车辆盗抢险　　B. 第三者责任险　　C. 不计免赔险　　D. 强制保险

11. 汽车保险的第三者责任险主要包括(　　)、车身划痕损失险、无过失责任险、车上人员责任险、车上货物责任险及不计免赔险等。

A. 救助特约险　　B. 强制保险　　C. 车辆盗抢险　　D. 不计免赔险

12.(　　)通常是指经特别约定,保险事故发生后,按照对应投保的主险条款规定的免赔率计算的、应当由被保险人自行承担的免赔额部分,保险人负责赔偿的一种保险。

A. 强制保险　　B. 不计免赔险

C. 车上货物责任险　　D. 无过失责任险

**二、多项选择题**(在每小题的备选答案中,选出不少于两个的正确答案,并将其序号填在括号内。多选、少选、错选均不得分。5 小题,每小题 4 分,共 20 分)

1. 汽车消费信贷的模式主要有(　　)。

A. 以车供车贷款　　B. 住房抵押汽车消费贷款

C. 有价证券质押汽车消费贷款　　D. 银行卡消费

2. 世界各汽车消费信贷成熟国家都开展了较为完善的风险管理程序,主要有(　　)。

A. 对融资对象,包括经销商和申请分期付款的融资的用户,进行严格的信用评估

B. 对融资的车辆拥有抵押权或取得所有权

C. 对存货融资的车辆,要求购买保险,并定期对库存车辆进行盘点

D. 要求有关个人提供连带保证

3. 汽车消费信贷分期付款的类型主要有(　　)。

A. 银行消费贷款方式

B. 汽车厂家金融公司贷款方式

C. 融资租赁方式,市场上主要是“开元汽车”品牌连锁机构在经营

D. 直客式消费信贷

4. 汽车保险的作用主要有(　　)。

A. 促进汽车工业的发展,扩大了对汽车的需求

B. 稳定了社会公共秩序

C. 促进了汽车安全性能的提高

D. 汽车保险业务在财产保险中占有重要的地位

5. 机动车辆损失险中，被保险人或其允许的驾驶人员在使用保险车辆过程中，因下列原因造成保险车辆的损失，保险人负责赔偿(　　)。

A. 碰撞、倾覆

B. 火灾、爆炸，按照保险合同约定为非营运企业或机关车辆的自燃

C. 外界物体坠落、倒塌，保险车辆在行驶中平行坠落

D. 暴风、龙卷风、雷击、雹灾、暴雨、洪水、海啸、地陷、冰陷、崖崩、雪崩、泥石流、滑坡

**三、判断题**(对的划√，错的划×。16 小题，每题 1 分，共 16 分)

1. 虽然汽车消费贷款风险有可能给银行带来一些额外收益，但一般情况下，风险可能造成的损失会大于可能的额外收益，对金融机构的经营活动造成负面影响。(　　)

2. 汽车消费信贷作为消费信贷的一种，或者称为汽车消费融资，是指金融机构(包括商业银行以及信贷公司或者财务公司等非银行金融机构)向经销商及用户在销售、购买汽车时提供的融资业务(贷款)。(　　)

3. 规模化和专业化已经成为国际汽车消费信贷业务最主要的特点。(　　)

4. 我国大多数消费者都是钱攒够了一次性付款购车，而真正愿意采取贷款购车的还是极少数，特别是当前贷款利率高且处于上升趋势，加之手续繁杂更是限制了消费者贷款购物的热情。(　　)

5. 当前美国的汽车消费信贷模式以直接贷款和间接贷款两种方式为主。(　　)

6. 日本的汽车消费信贷模式主要有两种，一种是以专业汽车金融机构为信贷主体，一种是以银行为信贷主体。(　　)

7. 汽车保险简称车险，是以机动车辆本身及其第三者责任等为保险标志的一种运输工具保险。(　　)

8. 汽车保险一般包括基本险和附加险两种险别，其中基本险又包括车辆损失险和第三者责任险。(　　)

9. 保险市场是指保险商品交换关系的总和，它既可以指固定的交易场所狭义的定义，也可以是所有实现保险商品让渡的交换关系的总和广义的定义。(　　)

10. 保险市场的主体是指保险市场交易活动的参与者，包括保险商品的供给者、需求方和充当供需双方媒介的中介方。(　　)

11. 汽车保险不再是以企业和单位为主要对象的业务，而逐步发展成为以个人为主要对象的业务，汽车保险正在成为与人们生活息息相关的一种保险。(　　)

12. 缮制机动车辆消费贷款保证保险保单，保险期限应长于贷款期限，保险金额不得低于贷款金额。(　　)

13. 汽车消费贷款保证保险，是一种以借款合同所确定的贷款本息为标的，投保人(即义务人或借款人)根据被保险人(即权利人或提供汽车消费贷款的银行)的要求，请求保险人担保自己信用的一种保险。(　　)

14. 多方事故的处理及索赔程序指多方肇事不涉及人员伤亡,但涉及第三者财物损失、事故责任明确的双、多方交通事故。 (　　)

15. 车险保险理赔是指保险人在保险标的发生风险事故导致损失后,对被保险人提出的索赔要求进行处理的过程。 (　　)

16. 汽车保险的理赔流程主要由:出险—报案—查勘—定损—核价—核损—核赔—支付等几个环节构成。 (　　)

**四、简答题**(4 小题,每题 5 分,共 20 分)

1. 什么是汽车消费信贷?它有哪些特点?

2. 我国汽车消费信贷发展模式有哪些?

3. 什么是汽车保险?它具有哪些特征?

4. 什么是车上人员责任险?它的保险责任有哪些?

**五、论述题**(2 小题,每题 10 分,共 20 分)

1. 结合我国汽车消费信贷的发展历史及现状,论述我国汽车消费信贷未来发展对策。

2. 简述汽车保险的理赔流程。

# 汽车金融与服务
# 作业 3

姓　　名：
学　　号：
得　　分：
教师签名：

**一、单项选择题**(在每小题的备选答案中,选出一个的正确答案,并将其序号填在括号内。多选、错选均不得分。12 小题,每小题 2 分,共 24 分)

1. (　　)是指消费者用二手车的评估价值加上另行支付的车款,从品牌经销商处购买新车的业务。

A. 汽车置换　　B. 二手车评估
C. 汽车消费　　D. 汽车保险服务

2. (　　)是指在公安交通管理机关登记注册,在达到国家规定的报废标准之前或在经济实用寿命期内服役,并仍可继续使用的机动车辆。

A. 二手车　　B. 新车
C. 汽车置换　　D. 汽车消费信贷

3. 购买二手车的优势主要有(　　)、折价率低以及零件比较好配等。

A. 车价较高　　B. 经济实惠
C. 不打折扣　　D. 车型较少,很多品牌车不参与

4. 我国二手车评估法律规范体系存在的问题有(　　)。

A. 相应的法律规范不健全　　B. 二手车价格较高
C. 人们不愿意购买二手车　　D. 没有折扣

5. (　　)是以取得汽车产品使用权为目的,由出租方提供租赁期内包括汽车功能、税费、保险、维修及配件等服务的租赁形式。

A. 汽车销售　　B. 汽车保险
C. 汽车租赁　　D. 汽车消费信贷

6. 汽车租赁按照经营目的划分为融资租赁和(　　)。

A. 汽车消费信贷　　B. 直客模式
C. 间客模式　　D. 经营租赁

7. 汽车租赁业发展趋势主要有:规模化、差异化、网络化和(　　)。

A. 品牌化、信息化　　B. 证券化　　C. 融资化　　D. 经营化

← 每次作业做完后,由此剪下,请自行装订。

8.(　　)由运营成本、营运利润、国家税金三部分组成。

A.汽车消费信贷　　B.汽车租赁价格

C.汽车融资价格　　D.新车价格

9.(　　)类似于保险金融产品,泛指以为汽车交易及消费使用为目的来融通资金所进行的金融结构数量、期限、成本等、金融策略设计及相应的法律契约安排,是现实中汽车金融所面临的各种问题的解。

A.汽车信贷　　B.汽车保险

C.汽车金融产品　　D.汽车租赁

10.汽车金融产品的评估方法主要有(　　)和信息反馈法。

A.折扣法　　B.折旧法

C.融资法　　D.利润率贴现法

11.在汽车置换中,不同的车型置换有不同的价格,影响二手车置换的因素主要有(　　)市场占有量、车身颜色、车型配置、使用年份及保养好坏等。

A.新车降价、车辆手续　　B.汽车金融产品

C.汽车租赁　　D.汽车信贷

12.国际汽车消费市场,消费者一般通过(　　)、消费信贷、融资租赁及二手车置换等方式实现汽车消费。

A.现金购买　　B.汽车保险

C.汽车金融产品　　D.汽车金融服务

**二、多项选择题**(在每小题的备选答案中,选出不少于两个的正确答案,并将其序号填在括号内。多选、少选、错选均不得分。5小题,每小题4分,共20分)

1.具体的汽车金融产品包括(　　)。

A.围绕价格最优方面的汽车金融产品

B.围绕规避销售政策、制度开发的汽车金融产品

C.围绕汽车消费过程中的所必需的服务环节的便利性、经济性和保障性开发的汽车金融产品

D.融资租赁、汽车保险、购车储蓄、汽车消费信用卡

2.汽车金融产品按照其设计目标大致分为(　　)。

A.为了消除政策、制度等社会管理因素对消费者消费能力、消费方式的限制而设计的产品的影响,特别是以培养消费者新的消费方式、释放未来购买力为目标设计的产品,如不同还款方式的分期付款

B.是以提供汽车消费过程中服务的便利性、经济性、保障性为目的设计的产品,如融资租赁、信托租赁、汽车保险、购车储蓄等

C.是以提高资产流动性为目标而设计的产品,如汽车分期付款合同的转让与证券化、

对经销商的库存融资等

D. 美国汽车制造商附属的专业汽车金融公司提供的汽车金融产品显现出多样性和灵活性

3. 汽车金融产品设计的一般流程,主要包括(　　)等几个步骤。

A. 目标设计　　B. 结构设计

C. 产品定价　　D. 风险收益特性分析

E. 产品标准化

4. 汽车租赁业战略合作模式主要有(　　)。

A. 汽车租赁企业与汽车生产厂家战略合作

B. 汽车租赁企业与银行金融业战略合作

C. 汽车租赁企业间战略合作

D. 银行之间的合作

5. 政府有关智能部门负责对各地二手车交易市场规划和规范的协调、指导和管理,主要行驶以下职权(　　)。

A. 拟定该地区二手车交易的法规

B. 制定该地区交易市场的设点规划

C. 审批本市交易市场的设立

D. 协调二手车交易活动中有关管理部门的相互关系

**三、判断题**(对的划√,错的划×。16小题,每题1分,共16分)

1. 金融产品是金融机构为开展业务的需要,针对特定市场上顾客的金融需求而设计和推广的产品,其基本形式为独立的或附着于金融工具的金融服务。(　　)

2. 金融产品创新是指金融机构不断开发适应市场需求的新的业务品种。(　　)

3. 汽车金融产品类似于保险金融产品,泛指以为汽车交易及消费使用为目的来融通资金所进行的金融结构数量、期限、成本等,金融策略设计及相应的法律契约安排,是现实中汽车金融所面临的各种问题的解。(　　)

4. 汽车金融服务公司并非将汽车金融产品销售给任何愿意购买者,而是要对购买者进行风险考量,以避免风险,因此其销售具有选择性。(　　)

5. 汽车金融产品有一些费率相对固定,如利息、期限、首付款等,各公司之间差别不大,具有一定的固定性。(　　)

6. 汽车租赁为实物租赁,是以取得汽车产品使用权为目的,由出租方提供租赁期内包括汽车功能、税费、保险、维修及配件等服务的租赁形式。(　　)

7. 汽车租赁的实质是在将汽车的产权与使用权分开的基础上,通过出租汽车的使用权而获取收益的一种经营行为,其出租标的除了实物汽车以外,还包含保证该车辆正常、合法上路行驶的所有手续与相关价值。(　　)

8. 经营性租赁,指承租人以取得汽车产品的使用权为目的,经营者则是通过提供车辆功能、税费、保险、维修、配件等服务来实现投资收益。 ( )

9. 汽车租赁行业作为一个新兴行业,具有鲜明的行业特征。在国外,汽车租赁行业经过数十年的发展,已经成为一个具备相当规模,市场非常成熟规范的产业。 ( )

10. 由于汽车租赁企业主要的租赁标的物为汽车,因而汽车产业的发展直接影响着汽车租赁业的发展。 ( )

11. 汽车置换是指消费者用二手车的评估价值加上另行支付的车款,从品牌经销商处购买新车的业务。 ( )

12. 根据对市场现状的基本认识,我国二手车市场亟待解决的问题是:交易手续烦琐、交易行为不规范、交易功能落后、交易服务不健全等。 ( )

13. 二手车是指在公安交通管理机关登记注册,在达到国家规定的报废标准之前或在经济实用寿命期内服役,并仍可继续使用的机动车辆。 ( )

14. 二手车评估是依法设立,具有执业资质的二手车评估机构和二手车评估人员,接受国家机关和各类市场主体的委托,按照特定的目的,遵守法定或公允的标准和程序,运用科学的方法,对经济和社会活动中涉及的二手车所进行的技术鉴定,并根据鉴定结果对二手车在鉴定评估基准日的价值进行评估估算的过程。 ( )

15. 在汽车工业发达国家,二手车市场已经是一个十分成熟的市场,健全的法律法规体系也是其二手车评估市场健康运行的有效保障。 ( )

16. 二手车的交易涉及评估、过户、售后服务等环节,这就需要汽车公司、汽车经销商、汽车维修企业不断更新客户数据,掌握客户动态,完善售后服务系统,与政府有关部门、保险公司、汽车维修企业和二手车交易市场建立信息共享和交流的平台,进而推动汽车售后服务的信息化建设。 ( )

**四、简答题**(4 小题,每题 5 分,共 20 分)

1. 什么是汽车金融产品?它的特点和分类。

2. 汽车金融产品有哪些效益评估?

3. 什么是汽车租赁？它有哪些分类？

4. 什么是二手车？二手车评估的方法与程序。

**五、论述题**(2 小题,每题 10 分,共 20 分)

1. 论述汽车金融产品发展趋势以及我国构建金融产品的必要性。

2. 论述汽车租赁企业的经营管理及经营模式。

# 答　题　纸